Thomas Scheuer

Marketing für Dienstleister

Thomas Scheuer

Marketing für Dienstleister

Wie Sie unsichtbare Leistungen erfolgreich vermarkten

GABLER

Bibliografische Information Der Deutschen Bibliothek
Die Deutsche Bibliothek verzeichnet diese Publikation in der Deutschen
Nationalbibliografie; detaillierte bibliografische Daten sind im Internet über
<http://dnb.ddb.de> abrufbar.

Dieser Ausgabe liegt ein Post-it® Beileger der Firma
3M Deutschland GmbH bei.
Wir bitten unsere Leserinnen und Leser um Beachtung.

1. Auflage 2005

Alle Rechte vorbehalten
© Betriebswirtschaftlicher Verlag Dr. Th. Gabler/GWV Fachverlage GmbH, Wiesbaden 2005
Lektorat: Manuela Eckstein

Der Gabler Verlag ist ein Unternehmen von Springer Science+Business Media.
www.gabler.de

Das Werk einschließlich aller seiner Teile ist urheberrechtlich geschützt. Jede
Verwertung außerhalb der engen Grenzen des Urheberrechtsgesetzes ist ohne
Zustimmung des Verlags unzulässig und strafbar. Das gilt insbesondere für
Vervielfältigungen, Übersetzungen, Mikroverfilmungen und die Einspeicherung
und Verarbeitung in elektronischen Systemen.

Die Wiedergabe von Gebrauchsnamen, Handelsnamen, Warenbezeichnungen usw. in diesem
Werk berechtigt auch ohne besondere Kennzeichnung nicht zu der Annahme, dass solche Namen
im Sinne der Warenzeichen- und Markenschutz-Gesetzgebung als frei zu betrachten wären und
daher von jedermann benutzt werden dürften.

Umschlaggestaltung: Nina Faber de.sign, Wiesbaden
Druck und buchbinderische Verarbeitung: Wilhelm & Adam, Heusenstamm
Gedruckt auf säurefreiem und chlorfrei gebleichtem Papier
Printed in Germany

ISBN 3-8349-0031-1

Vorwort

Dienstleistungen sind etwas Immaterielles, sie können Ihnen nicht auf die Füße fallen. Deshalb sind sie völlig anders zu vermarkten als einfache materielle Güter. Da Ihre Kundschaft das Produkt nicht anfassen und schon gar nicht vor dem Kauf begutachten kann, soll sie gewissermaßen die sprichwörtliche „Katze im Sack" kaufen. Aber wer kauft schon gerne etwas, was er nicht sieht? Umso schwieriger ist es für den Dienstleister, das Vertrauen der Kundinnen und Kunden zu gewinnen. Denn ohne Vertrauen werden Dienstleistungen nicht gekauft.

Mit diesem Praxisbuch möchte ich Dienstleistungsunternehmen unterstützen, ihre Leistungen besser als bisher „an den Mann" zu bringen und ihre Kunden zu Stammkunden zu machen. Das Buch ist prozessorientiert aufgebaut: Schritt für Schritt führt es den Leser durch alle Phasen des Dienstleistungsprozesses. Die verschiedenen Kontaktpunkte mit dem Kunden werden analysiert, und Sie als Leser erhalten für jeden Prozessschritt konkrete Handlungsempfehlungen, Anregungen und Tools.

Nach der Lektüre dieses Buches soll für Sie in der Vermarktung Ihrer Leistung vieles einfacher funktionieren. Das ist das Ziel, nicht in erster Linie eine Abhandlung von Methoden und wissenschaftlichen Erkenntnissen. Ein Buch für Praktiker eben. Aus diesem Grund finden Sie auch am Ende jedes Kapitels Platz für Ihr eigenes Fazit. Schreiben Sie gleich auf, was Sie durch das Kapitel gelernt haben und wie Sie es ganz konkret in Ihrem Unternehmen umsetzen möchten. Wer sich keine Notizen während des Lesens macht, dem gehen viele Erkenntnisse wieder verloren – wer kann sich schon alles merken, was auf fast 200 Seiten geschrieben steht? Nutzen Sie den freien Platz für Ihre Notizen, dann ziehen Sie langfristig mehr Gewinn aus der Lektüre.

Mir liegt aber auch daran, Sie schon im Vorfeld wissen zu lassen, dass mit diesem Buch nicht alles gesagt ist. Viele Themen können aufgrund der Informationsbreite nur oberflächlich behandelt werden. So finden Sie den Umgang mit Beschwerden hier auf wenigen Seiten beschrieben, andere Autoren machen daraus aber ganze Buchreihen. Verstehen Sie deshalb dieses Buch als einen Besichtigungsflug über das Thema Dienstleistungsmarketing. Wenn es dann für Sie detaillierter werden soll, lassen Sie sich beraten oder greifen Sie zu einem Fachbuch genau zu dem speziellen Thema.

Verzeihen Sie mir, wenn ich aus Vereinfachungsgründen recht sachlich von Interessenten oder Kunden schreibe, ohne die weibliche Form zu verwenden. Die Lesbarkeit soll hier an erster Stelle stehen, die Leserinnen mögen dies bitte entschuldigen.

Last, but not least, möchte ich vor allen Dingen den Personen danken, die durch Ihren Einsatz zum Erscheinen dieses Buches beigetragen haben: Henning Wüst, der mich seit Jahren drängte, dieses Buch zu schreiben, meiner Mitarbeiterin Annika Flohr für langwierige Recherchearbeiten in überhitzten Bibliotheken, sowie Agenten, Lektoren und natürlich meiner Frau und meinem Sohn, die das eine oder andere Wochenende ohne mich verbringen mussten.

Jetzt ist es geschafft, und ich hoffe, liebe Leser, es hat sich gelohnt. Lassen Sie es mich wissen!

Hannover, im Oktober 2005   Thomas Scheuer

Inhaltsverzeichnis

Vorwort	5
1. Die Katze im Sack	11
2. Hier sind Sie richtig! – Wie man Sie findet	15
Lernen Sie Ihre Kunden kennen	16
Wie sieht der Kaufentscheidungsprozess aus?	20
Lassen Sie sich finden	26
Geben Sie Antworten und Lösungen	28
Wo der Kunde Unsicherheit verspürt	31
So werden Sie die erste Wahl	32
3. Liebe auf den ersten Blick – der erste Eindruck	41
Überzeugen Sie im Augenblick der Wahrheit	42
Das Internet – Netz der unbegrenzten Möglichkeiten?	48
Annoncen – einfach und teuer	49
Wie Ihre Broschüren und andere Printprodukte wirken	52
Herzlich Willkommen! – Empfangsbereich und Entrances	54
Was kann ich für Sie tun? – Ihre Telefonzentrale	55
„Guten Tag, ich bin …" – Wie Sie als Person wirken	57
4. Vorsicht, Fettnäpfchen! – Der Erstkontakt	67
Schaffen Sie ein überzeugendes Umfeld	68
Gewinnen Sie durch Verlässlichkeit	71
Begeistern Sie mit Reaktionsfähigkeit und Flexibilität	73
Gewinnen Sie durch Leistungskompetenz	74
Einfühlungsvermögen gesucht …	77

Einen Schritt voraus durch Erreichbarkeit — 78

Machen Sie die Pflicht zur Kür – Ihre Präsentation vor Ort — 81

5. Schöner, besser, größer, schneller und noch viel mehr – die Erwartungshaltung — 87

Was Kunden erwarten (und warum) — 87

Treffen sich ein Amerikaner, ein Japaner und ein Deutscher … — 90

Chance und Risiko Mitarbeiter — 92

Überzeugen Sie durch Ihr Alleinstellungsmerkmal — 95

Weisen Sie Zusatznutzen aus — 96

Der Preis als wichtiges Qualitätsmerkmal — 98

6. Sie liebt mich, sie liebt mich nicht, sie liebt mich … – der Vertrauensaufbau — 103

Machen Sie Unsichtbares sichtbar — 105

Qualitätsstandards und Garantien — 108

Lassen Sie andere für Sie sprechen — 115

Lassen Sie Ihre Leistungen auszeichnen — 118

In Vorleistung gehen oder nicht? — 119

7. Spiel, Satz und Sieg – der Entscheidungsprozess — 123

Lernen Sie die Entscheider kennen — 124

Bereiten Sie entscheidungsrelevante Informationen auf — 127

Gewinnen Sie Kunden mit flexiblen Zahlungsmöglichkeiten — 129

Unternehmensphilosophie – Luxus oder Notwendigkeit? — 130

Fairness zahlt sich aus — 132

8. Mühsam ernährt sich das Eichhörnchen – der Erstellungsprozess — 137

Anspruch und Wirklichkeit — 138

„Das haben Sie uns aber nie gesagt!" – Unterschiedliche Wahrnehmungen — 140

Qualität setzt (interne) Kommunikation voraus — 143

„Ach, das reicht schon …" – Jetzt nicht aufhören! — 145

Inhaltsverzeichnis

Jedes Versprechen muss auch eingelöst werden	148
Integrieren Sie Ihre Kunden	150
9. Aber bitte mit Sahne – der Bonus	**157**
Sind Kunden jemals zufrieden zu stellen?	157
Sind Kunden jemals zu begeistern?	159
Mehr als Ihre Kunden erwarten	162
Erlebnisse führen zu Begeisterung	163
Teuer oder günstig?	165
10. Durch dick und dünn – der After Sales Service	**171**
Zeigen Sie Initiative und Verantwortungsbewusstsein	171
Wählen Sie Zeitpunkt und Form der Rechnungsstellung richtig	173
Der richtige Zeitpunkt für weitere Geschäfte	174
After Sales Service als Verkaufsargument	175
Nachher ist vorher – aktive Beschwerdepolitik fördern	177
So werden Kunden zu Stammkunden	180
Literaturempfehlungen	**185**
Stichwortverzeichnis	**187**
Der Autor	**191**

1. Die Katze im Sack

Manche Seminare und Vorträge zur Thematik „Vertrieb von Dienstleistungen" eröffne ich gerne, indem ich einem Teilnehmer ein Geschenk überreiche. Das Geschenk befindet sich in einer von zwei Tüten. Die eine Tüte ist in der Regel aus dickem, hochwertigem Papier und unverkennbar aus einem exklusiven Geschäft, die andere Tüte ist von ALDI und schon ein paar Jahre alt. Auf welche dieser Tüten würden Sie bei freier Wahl zugreifen? Welcher Inhalt wird Ihnen besser zusagen, von welcher Tüte erwarten Sie sich mehr? Exklusiv oder ALDI (als Symbol für „billig", nicht aber zwangsweise schlecht)?

Ich muss wohl nicht weiter berichten, dass nahezu jeder Proband auf die exklusive Verpackung zugreift, ohne im Entferntesten zu wissen, welcher Inhalt sich in welcher Hülle befindet. Wir alle lassen uns vom Sichtbaren beeinflussen und schließen von der Hülle aufs Innere. Am Liebsten aber ist es uns, wenn wir sehen und fühlen können, wofür wir uns entscheiden. Dann bleibt keine Unsicherheit – denn wer will das schon?

Noch problematischer wird es bei der Beschaffung von Dienstleistungen. Je hochwertiger und komplexer die Leistung ist, desto größer ist das Unsicherheitsgefühl. Denn nichts von der eigentlichen Leistung ist im Vorfeld zu sehen, wir haben das Gefühl, die „Katze im Sack" zu kaufen. Genauso geht es auch Ihren Kunden beim Erwerb von Leistungen Ihres Dienstleistungsunternehmens. Die drei wesentlichen Charakteristika von Dienstleistungen machen das Thema erst so richtig interessant: Immaterialität, Individualität und die Integration eines externen Faktors.

Durch die **Immaterialität** (engl. intangibility) der Dienstleistung hat der Interessent vor Inanspruchnahme der Leistung keine direkten Ansatzpunkte zur Bewertung der Dienstleistung und des Anbieters. Die Leistung besitzt keine physische Realität (wird daher auch als intangible Ware bezeichnet) und kann – im Gegensatz zu einem Sachgut – nicht vor der Kaufentscheidung begutachtet und mit anderen Angeboten verglichen werden. Als einzige Anhaltspunkte hat der Kunde zunächst nur das Leistungsversprechen des Anbieters und ein aufgrund verschiedener Indikatoren gewonnenes Vertrauen in seine Leistungsfähigkeit. Das Risiko einer Fehlentscheidung ist – aus Kundensicht betrachtet – ziemlich hoch, die beim Vertragsabschluss empfundene Unsicherheit groß. Ein

Reiseunternehmen bietet eine Reise nach Florida an – im Moment des Angebots und auch noch im Moment der Entscheidung ist davon nichts zu sehen. Die eigentliche Reise selbst ist auch nicht gegenständlich – spätestens nach der Rückkehr gibt es außer ein paar Bildern nichts mehr zum Anfassen. Die Leistung eines Friseurs, das Angebot einer Fluggesellschaft, die Programmierung einer Software – alles dieses ist im Prinzip nicht greifbar.

Zwei Steuerberater kommen trotz derselben Mandantenunterlagen auf unterschiedliche Ergebnisse, mehrere Vermögensverwalter werden denselben Kunden unterschiedlich beraten, und zwei Empfangspersonen im Hotel bedienen den Kunden verschieden. Die **Individualität** der Dienstleistung bedeutet, dass aufgrund der meist personalintensiven Leistungserbringung und den individuellen Anforderungen des Nachfragers jeder Leistungsprozess ein anderes Ergebnis in Zeit und Qualität zur Folge hat. Eine detailgetreue Wiederholung gibt es trotz Standardisierung kaum.

Die **Integration des externen Faktors** meint, dass ohne die aktive Mitwirkung des Auftraggebers keine Leistungserstellung möglich ist. So kann zum Beispiel eine Übersetzung oder ein Haarschnitt, die Stunden einer Fahrschule oder eine Unternehmensberatung nicht im Voraus „auf Lager" produziert werden. Zum anderen ist die Leistung eben so individuell, dass eine Vorproduktion völlig am Bedarf des Kunden vorbei gehen würde. Ebenfalls muss hierbei erwähnt werden, dass die Qualität des Ergebnisses einer Leistungserbringung nicht unwesentlich von der Mitwirkung des Kunden abhängt (Qualitätsrisiko). Wenn der Kunde dem Fotografen sagt, was er erwartet, tut sich der Fotograf leichter, als wenn er den Geschmack des Kunden „erraten" muss – was die subjektiv empfundene Qualität aus Kundensicht erheblich verschlechtert.

Durch die Immaterialität ist der Interessent nicht in der Lage, Beschaffenheit und Qualität einer Dienstleistung vor Erstellung zu beurteilen. Und durch seine eigene Mitwirkung am Erstellungsprozess ist er für das Ergebnis zumindest teils selbst verantwortlich. Das Beziehen einer Leistung fußt auf dem Vertrauen eines potenziellen Kunden an einen Anbieter und seine Leistungsfähigkeit. **Dienstleistungen werden somit zu einem reinen Vertrauensgut.**

Ihre Aufgabe als Anbieter von Dienstleistungen ist somit klar: Zur erfolgreichen Vermarktung gehört der **Aufbau von Vertrauen**. Alle Maßnahmen, die einen potenziellen Kunden zu einem Verkaufsabschluss bewegen sollen, sind vertrauensbildende Maßnahmen. Das fängt beim Werbetext an, geht über die Preisbildung und hört nicht zuletzt bei der Beschwerdepolitik auf. Jedes einzelne Instrument hat seinen Einsatz, um der aufgrund der Charakteristika der Dienstleistung vorhandenen Unsicherheit zu begegnen und Vertrauen aufzubauen.

Und wenn Sie bei Marketing sofort nur an Werbung denken, dann lege ich Ihnen das nachfolgende Schaubild ans Herz. Denn die Werbung, im Schaubild mit „Kommunikation" betitelt, ist nur ein Teil des Marketings und als einzelnes Marketinginstrument recht wirkungslos.

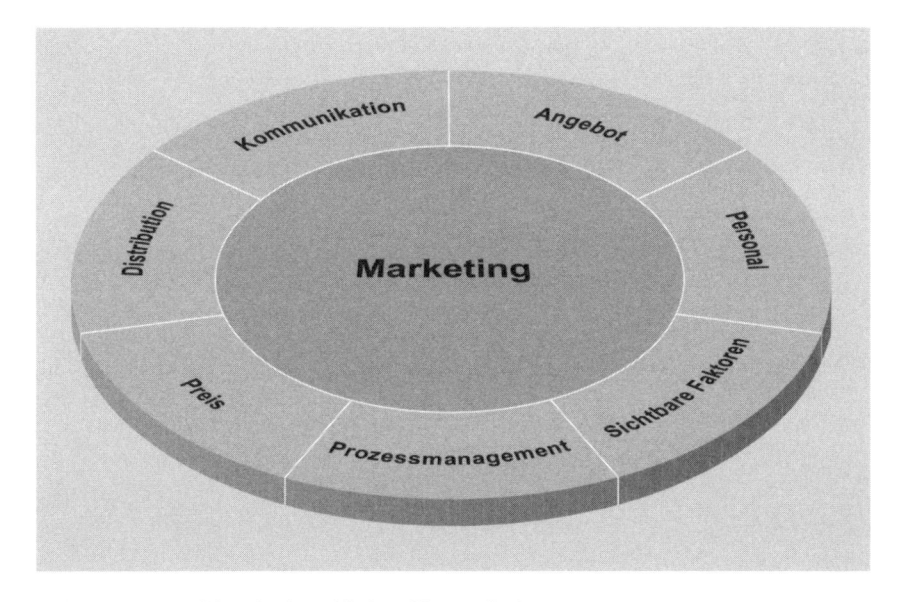

Marketing ist wesentlich mehr als nur Werbung/Kommunikation

Wenn Sie nur Werbung einsetzen wollen, um Kunden zu überzeugen, werden Sie lange auf die gewünschte Wirkung warten müssen. Sehen Sie es ganzheitlicher – und legen Sie auch Wert auf die anderen Marketinginstrumente. Damit kommen Sie schneller ans Ziel. Der Einsatz aller Marketinginstrumente (der so genannte Marketingmix) ist nötig, um mit Ihrem Angebot die gewünschte Wirkung zu erzielen und Kunden zu gewinnen.

Je mehr Unsicherheitsfaktoren (denn der Kunde weiß nicht, wofür er sich letztlich entscheidet) Sie dem Kunden durch den Einsatz verschiedenster Instrumente nehmen können, desto wahrscheinlicher ist es, dass er Ihre Leistung beziehen möchte. Werden Sie aktiv, und gewinnen Sie den Entscheidungsprozess für sich!

Bei gleichen Leistungsversprechen wird es das Dienstleistungsunternehmen schaffen, welches die Herausforderung, Vertrauen aufzubauen, am besten gemeistert hat.

2. Hier sind Sie richtig! – Wie man Sie findet

In diesem Kapitel erfahren Sie, wie Sie

- Ihre Kunden kennen lernen können (und warum),
- die erste Wahl werden,
- Antworten auf ungestellte Fragen geben,
- Unsicherheiten beim Kauf begegnen,
- Bekanntheitsgrad aufbauen,
- auf sich aufmerksam machen.

Nach Angaben des Statistischen Bundesamtes gibt es allein in Deutschland knapp drei Millionen Unternehmen (Kleinstgewerbe ausgenommen). Im Prinzip ist das gut, für das einzelne Unternehmen aber bleibt nur ein kleiner Teil des Kuchens. Denn welche von den fast 10 000 Druckereien beauftragen Sie mit der Produktion Ihrer Drucksachen oder welchen der über 15 000 allein beim Bundesverband Deutscher Unternehmensberater organisierten Berater laden Sie ein? Die Auswahl an Dienstleistungsunternehmen ist also unüberschaubar – und Ihr Unternehmen ist eines davon. Da scheint es mitunter schier hoffnungslos, gegen die Übermacht an Mitbewerbern ankämpfen zu können. Das Ziel jedes Unternehmens muss demnach sein, seinen Bekanntheitsgrad innerhalb der relevanten Zielgruppe zu erhöhen und auszubauen. Wenn Sie kein überdimensionales Werbebudget Ihr Eigen nennen können, dann bleibt Ihnen zunächst nichts anderes übrig (und das sollten Sie ohnehin tun), als sich Ihre Kunden einmal genau anzusehen und diese zu analysieren. Denn nur wenn Sie Ihre Kunden kennen, können Sie sie auch direkter und (kosten-)effektiver ansprechen. Wenn Sie wissen, was Ihre Kunden erwarten, können Sie diese Erwartungen erfüllen. Sind Sie sich darüber im Unklaren, lassen Sie sich eine Menge Gelegenheiten entgehen.

Lernen Sie Ihre Kunden kennen

Der Begriff Dienstleistung besagt schon, dass ein Dienst verrichtet wird. Und einen Dienst verrichtet man korrekt, indem man dient. Das ist heute kaum beliebt und schon gar nicht populär. Denn wer erniedrigt sich gern selbst freiwillig gegenüber einem Kunden, um zu dienen? Wer anstelle Dienstleistung lieber die Bezeichnung Service verwendet, macht die Sache auch nicht leichter: Der Begriff Service hat seine Wurzeln im Wort Sklave. Wie man es auch wendet und dreht – Fakt ist, ohne eine Herzenshaltung und Überzeugung von Dienerschaft fehlt uns schlichtweg das Fundament für eine den Kunden überzeugende Dienstleistung. „Wir möchten unseren Kunden dienen und ihnen mit unserer Leistung helfen", wäre der korrekte Ansatz. Das gilt für ein Geldinstitut ebenso wie für eine Autowerkstatt oder die Bahn. Die Lufthansa kommuniziert: „Wir sind ein Dienstleistungsunternehmen. Unsere Arbeit bezahlt der Kunde. Ihm dienen wir, für ihn leisten wir."

Die Dienstleistung selbst geschieht auf gleicher Augenhöhe und nicht in Unterwürfigkeit gegenüber dem Kunden – schließlich sind Sie ja der Fachmann, dessen Rat und Leistung gefragt ist. Aber Ihr Kunde muss merken, dass er und seine Wünsche Ihnen wichtig sind. Und Sie sich Gedanken für und um ihn machen. Ist sich der Kunde der freiwillig dienenden Haltung des Unternehmens und seiner Mitarbeiter bewusst und sieht er die Bemühungen nach diesem Motto im täglichen Umgang, hat er auch Verständnis für Dinge, die andernfalls ein ernstes Problem für ihn darstellen könnten. Würde sich der Bahnkunde ernst genommen fühlen und wissen, dass die Mitarbeiter der Bahn ihm dienen und helfen wollen, hätte er eher Verständnis für etwaige Verspätungen.

Was wir leicht beobachten können: Arroganz von Dienstleistungsunternehmen erzeugt ebensolche Arroganz auf Kundenseite (nach dem bekannten Gesetz von Saat und Ernte): Jegliches Verstehen-wollen bleibt auf der Strecke. „Friss oder stirb", lautet immer noch die Devise – und vor allem produzierende Unternehmen, die nun gerne zusätzlich Services anbieten, tun sich hier extrem schwer. Die Stiftung Warentest hat die Qualität von Servicehotlines der Notebook-Hersteller getestet: Nahezu alle weisen erhebliche Servicemängel auf. Im Bericht heißt es zu vielen Hotlines: „Mitarbeiter wirken oft unwillig". Von Dienerschaft gegenüber unserer Kundschaft sind wir als Dienstleister in den deutschsprachigen Ländern leider noch weit entfernt – aber Ausnahmen bestätigen bekanntlich die Regel. Und die gute Nachricht ist, dass wir uns auf dem Weg befinden. Je früher Sie und Ihr Unternehmen anfangen, Dienstleistung richtig zu leben, desto größer ist Ihr Wettbewerbsvorteil. Als ich in meinem Unternehmen anfing, den Kunden Garantien zu geben (damit sie sicher gehen können, dass sie auch die gewünschte Leistung in der gewünschten Qualität erhalten), konnte der

Umsatz durch Neukunden erheblich erhöht werden. Lernen Sie Ihre Kunden kennen, erfahren Sie, was ihnen wichtig ist, und beginnen Sie, Ihr Angebot entsprechend auszurichten und zu präsentieren.

Ein einfaches Beispiel: Sie können für die gleiche Leistung zwei Angebote formulieren. Entweder bieten Sie Ihrem Kunden eine Fahrt durch die Waschanlage an, oder sie bieten ihm das Versprechen, dass sein Fahrzeug außen einwandfrei sauber wird. Der Kunde möchte ein sauberes Auto – und keine Waschanlage. Die Waschanlage mag das Instrument Ihrer Tätigkeit sein. Wenn es genauso schnell und gut ginge, könnten Sie das Auto auch anderweitig reinigen. Waschanlagen sind austauschbar, die Zusicherung, ein sauberes Auto zu erhalten, allerdings nicht. Der Kunde möchte die Zusicherung, dass sein Auto einwandfrei gereinigt wird – wie, ist ihm egal. Was heißt das praktisch für den Betreiber der Waschanlage? Er muss sicher stellen, dass auch die Stellen gereinigt werden, die eine Anlage nicht erreicht (Felgen, eingeklappte Spiegel ...) – dann fühlen sich die Kunden hervorragend bedient.

In diesem Sinne stehen Sie nun vor der Herausforderung, das Angebotsportfolio so anzupassen, dass es in die Erwartungshaltung Ihrer Kunden passt. Niemand will eine Waschanlage – aber jeder will ein sauberes Auto. Wenn ich Unternehmen nach ihren Kunden und deren Wünschen frage, erhalte ich erstaunlich oft nur ein ratloses Achselzucken, und dann werden mir bestenfalls Kunden- und Referenzlisten auf den Tisch gelegt – immerhin. Aber selten macht sich jemand Gedanken über Kunden und deren Wünsche. Wenn Sie die genauen Vorstellungen kennen, kann das Portfolio angepasst oder sogar erweitert werden. Das beschert Ihnen nicht nur Umsätze Ihres Kerngeschäfts, sondern Sie erweitern Ihr Spektrum und erhalten so möglicherweise zusätzliche Einnahmequellen. Nicht nur das, sondern der Kunde fühlt sich rundum betreut und kommt gerne wieder. Dienstleister leben davon, Kunden zu bedienen, und wir sollten alles daran setzen, aus Kunden begeisterte Stammkunden zu machen.

Marketing in seiner Definition bedeutet die Ausrichtung aller Unternehmensaktivitäten an den Bedürfnissen des Marktes. Heute wird oftmals nur noch Werbung oder bestenfalls Vertriebstätigkeit als Marketing verstanden, das wird der breiten Tragweite dessen aber dadurch kaum gerecht. Denn der Vertrieb beschäftigt sich nur selten mit der Weiterentwicklung des Leistungsspektrums oder anderer wichtiger Tätigkeiten, die wir in diesem Buch ansprechen werden.

Die nachfolgende Abbildung zeigt, was ein Bildungsträger, der sich Gedanken über seine Kunden macht, außer der klassischen Lehrtätigkeit mit anbieten kann. Welchen Zusatznutzen kann ein Anbieter seinen Kunden bieten, die über einen längeren Zeitraum „Gäste" seines Hauses sind? Nahe liegend sind natürlich Leistungen, die eng an die Lehrtätigkeit anknüpfen – beispielsweise Einzel-

oder Vertiefungsunterricht, aber auch viele weitere Leistungen, die es für Kunden bequemer, einfacher und attraktiver machen (wie Kopiergeräte, PC-Arbeitsplätze mit Internetzugang, Bibliothek …), die eigentliche Kernleistung in Anspruch zu nehmen.

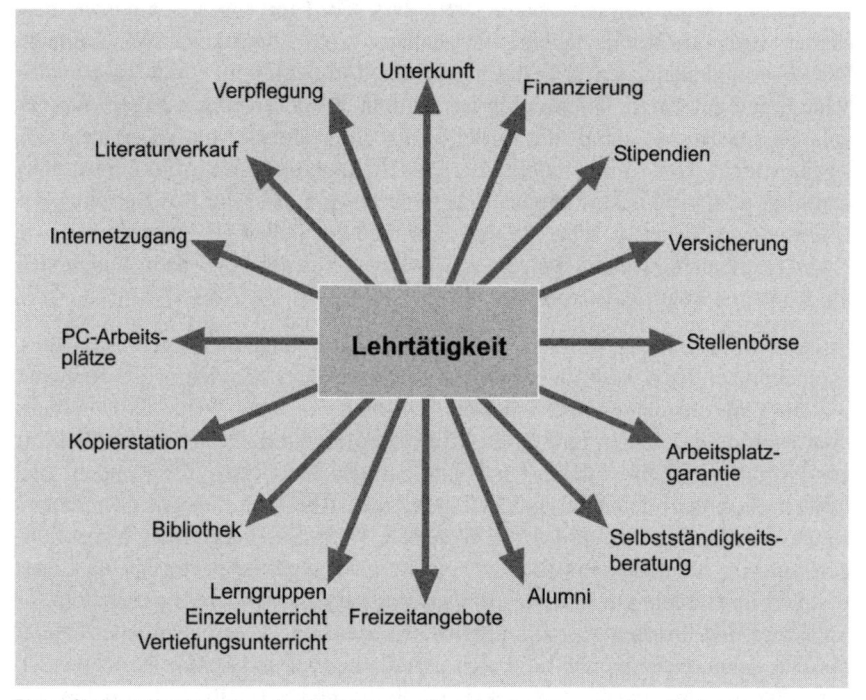

Diagramm: Um die zentrale Kernleistung „Lehrtätigkeit" gruppieren sich folgende Zusatzleistungen: Verpflegung, Unterkunft, Finanzierung, Literaturverkauf, Stipendien, Internetzugang, Versicherung, PC-Arbeitsplätze, Stellenbörse, Kopierstation, Arbeitsplatzgarantie, Bibliothek, Selbstständigkeitsberatung, Lerngruppen, Einzelunterricht, Vertiefungsunterricht, Freizeitangebote, Alumni.

Bieten Sie Ihren Kunden neben der Kernleistung weitere Zusatznutzen, damit er sich bei Ihrem Unternehmen in guten Händen fühlt

Die von der UniCredit übernommene HypoVereinsbank transportiert die Ausrichtung des Unternehmens, sich um mehr als nur eine Kerndienstleistung zu kümmern, sehr gut in ihrem treffenden Slogan: „Leben Sie. Wir kümmern uns um die Details."

Die Direkt Anlage Bank (DAB Bank) dagegen propagiert: „Die Bank sind Sie." Hier wird klar signalisiert, dass der Kunde das Ruder selbst in die Hand nehmen muss. Das kommt einigen Kunden entgegen, zumal es hier eher um Depotmanagement geht.

In der Regel möchten Kunden gerne ganzheitliche Lösungen und nicht nur einzelne Leistungen. Mit Hilfe eines durchgestylten Portfolios geben Sie Ihrem

Kunden ein Gefühl von Sicherheit. Er merkt, dass er dem Dienstleistungsunternehmen wichtig ist und kann Vertrauen aufbauen. Die SAS propagierte: „We don't fly planes, we serve the travelling needs of our customers". Entsprechend muss ein Bildungsträger heute nicht kommunizieren, dass er ein Bildungsträger ist, sondern vielmehr: „Wir machen Sie fit für Prüfung und Beruf".

Was können Sie und Ihr Unternehmen Ihrer Zielgruppe anbieten, damit sie sich rundum versorgt fühlt? Erstellen Sie gleich jetzt eine ähnliche Grafik wie oben. Skizzieren Sie auf dem nachfolgenden freien Platz Ihre Kernleistung in der Mitte und mögliche zusätzliche Leistungen und Services außen herum:

Ihre Kernleistung, zusätzliche Leistungen und Services

Wie sieht der Kaufentscheidungsprozess aus?

Versetzen Sie sich einmal in die Lage eines Kunden, den wir einfach Herrn Weiland nennen und auf den wir innerhalb des Buchs immer wieder als Beispielkunde zurückgreifen werden. Herr Weiland beschließt, sein auf dem Girokonto geparktes Geld renditeoptimiert anzulegen. Er hat allerdings weder Ahnung noch Zeit und macht sich deshalb auf die Suche nach einem unabhängigen Vermögensberater, der ihm die lästige Wahl der Anlagevariante abnehmen soll. Im Rahmen seiner Recherche stößt er auf fast ein Dutzend Vermögensberater, die aufgrund ihres Standorts für ihn in Frage kommen. Deshalb wägt er ab, führt mit einigen ein telefonisches Einführungsgespräch und lädt anschließend drei von ihnen zu einem persönlichen Gespräch ein. Zu einem der Vermögensberater baut Herr Weiland Vertrauen auf und beauftragt ihn mit der Verwaltung seines Vermögens.

Bei Herrn Weiland zeichnet sich der Entscheidungsprozess, wie auch bei anderen anstehenden Entscheidungen für einen Dienstleister, im Groben (bereinigt um Zwischenstufen und -überlegungen) wie folgt ab:

1. Die Notwendigkeit eines Dienstleisters wird bewusst.
2. Die Suche nach einem geeigneten Dienstleister beginnt.
3. Die Angebote und Alternativen werden gegeneinander abgewogen.
4. Ein Dienstleister wird beauftragt.

Diesen Prozess können Sie auf nahezu alle Branchen und Kaufentscheidungsprozesse übertragen. Hierbei ist unerheblich, ob es im Prinzip nebensächliche Entscheidungen wie die Wahl eines Restaurants oder komplexere Sachverhalte wie die Wahl eines Systemhauses zur Integration einer Warenwirtschaft betrifft. Während des Prozesses nimmt der Interessent eine Bewertung alternativer Dienstleistungen vor. Zwei weitere Beispiele belegen dies:

Beispiel 1:
1. Der Wagen bedarf einer Reinigung.
2. Wo gibt es Waschstraßen?
3. Welche von den Waschstraßen nehme ich?
4. Ich entschließe mich für eine der Waschstraßen.

Wie sieht der Kaufentscheidungsprozess aus?

Beispiel 2:
1. Ihr Kunde erwartet eine Lieferung bis morgen, 10.00 Uhr.
2. Welcher Paketdienst kommt dafür in Frage?
3. Sie entscheiden über die Wahl des Paketdienstes.
4. Sie beauftragen einen Paketdienst.

Jeder dieser Prozessschritte sollte von Ihnen als Dienstleistungsunternehmen in Ihrem Kundensegment genauestens analysiert werden. Wie läuft der Entscheidungsprozess bei Ihren Kunden ab, welche Recherchekanäle nutzen sie, und welche Kriterien sind ausschlaggebend? Je genauer Sie den Entscheidungsweg potenzieller Kunden kennen, desto einfacher können Sie ihnen Ihr Angebot präsentieren – und vor allem zum richtigen Zeitpunkt. Es lohnt sich, die einzelnen Prozessschritte näher zu beleuchten.

Innerhalb der Prozessschritte laufen etliche Entwicklungen ab, die Sie in den nachfolgenden Kapiteln ausführlich kennen lernen werden. Als dritten Schritt haben wir die Abwägung der Alternativen – aber wie wägt der Konsument ab? Welche Kriterien bilden seinen Maßstab, ist er Erstbezieher oder wechselt er gerade den Anbieter? Diese und viele Fragen mehr wollen geklärt werden, damit Sie als Dienstleistungsunternehmen erfolgreich Ihr Angebot „an den Mann" oder „an die Frau" bringen können.

Kenntnisse über den Kaufentscheidungsprozess sind deshalb wichtig, damit Sie als Unternehmen wissen, wie und wann Ihre Kunden sich entscheiden. Ziel ist, dem Kunden so früh wie möglich während seines Kaufentscheidungsprozesses zu begegnen und ihn von den Leistungen Ihres Unternehmens zu überzeugen. Je eher dem Kunden eine überzeugende Lösung für sein Anliegen präsentiert wird, desto weniger Alternativen zieht er in Betracht.

Kaufentscheidungen bei Unternehmen und Organisationen stellen sich oftmals wesentlich komplexer dar. Nicht ein Mensch allein trifft die Entscheidung, sondern viele Personen eines Einkaufsgremiums tragen zu einer Entscheidungsfindung bei. Details hierzu erhalten Sie in Kapitel 7.

Kundenbefragung

Wie lernen Sie Ihre Kunden kennen? Über die übliche Marktforschung durch darauf spezialisierte Marktforschungsunternehmen hinaus, bieten sich für die meisten Unternehmen noch eine Reihe weiterer Möglichkeiten. Neben der Auswertung des vorhandenen Materials wie Besuchsberichte und Beschwerdestatistik sind Fragebogen, Einzelgespräche und Kundenfokusgruppen bewährte Mittel ohne hohen organisatorischen und finanziellen Aufwand. Dabei lernen Sie Ihre Kunden besser kennen und erhalten obendrein eine realistische Wahrnehmung Ihres Unternehmens und Leistungsportfolios – eben aus Kundensicht. Und von den vorhandenen Kunden können Sie einfacher auf potenzielle Neukunden schließen.

Besuchsberichte, Beschwerdestatistik

Naheliegendes wird oft übersehen, und so kommt es, dass innerhalb eines Unternehmens der Vertrieb erstaunlich selten von den Marketingleuten über Geschehnisse am Markt befragt wird. Versäumen Sie es nicht: Fragen Sie Ihre Vertriebsmannschaft und anderes Kontaktpersonal, vor allem Personen, die vor Ort beim Kunden tätig sind, nach Details. Unzählige Produkt- und Leistungsinnovationen gehen nicht zuletzt auf von Kunden geäußerte Bedürfnisse zurück. Marktforschung ohne den Markt – also Ihre Kunden – ist gegenstandslos. Die Berichte tragen allerdings automatisch die Färbung des Verfassers. Verständlicherweise legt ein Kundenbetreuer bei Beschwerdeberichten keinen Wert darauf, seinen eigenen Anteil an der Kundenbeschwerde ausführlichst darzustellen, und wird gegebenenfalls Spitzen abmildern. Doch durch die Auswertung von Beschwerdestatistiken können Sie schnell feststellen, wo Ihre Kunden „der Schuh drückt" und was sie sich wünschen.

Fragebogen

Fragen Sie Ihre Kunden, womit sie besonders zufrieden und unzufrieden sind. Das gibt Ihnen ein gutes Bild von der tatsächlichen Positionierung Ihres Angebots auf dem Markt. Bei der schriftlichen Befragung per Fragebogen entfällt der Einfluss des Berichterstatters oder Interviewers. Zudem hat der Fragebogen den großen Vorteil, dass der zeitliche und organisatorische Aufwand im Gegensatz zur Befragung gering ist. Die Rücklaufquote lässt allerdings stark zu wünschen übrig, zeigt allerdings auch die Höhe des Involvement der Kunden und damit die Identifikation mit dem Dienstleister auf.

Ein solcher Fragebogen gehört zur ersten Analyse des Unternehmens. Zwar ist es wichtig, wie Inhaber und Mitarbeiter über das Unternehmen denken, aber der Erfolg des Unternehmens hängt von der Akzeptanz der Kunden ab. Infolgedessen gilt es in erster Linie, die Kunden nach dem Unternehmen und seinen Angeboten zu fragen – vor allem die Bestandskunden. Denn sie bilden den Grundstock für den laufenden Umsatz, und mit ihnen können leichter weitere Umsätze generiert werden. Je nach gewünschten Informationen und Branche kann ein Fragebogen beispielsweise mit folgenden Fragen gespickt sein:

Wie sieht der Kaufentscheidungsprozess aus?

Fragebogen

- ■ Wie bewerten Sie uns in den folgenden Positionen:
  - Kompetente Beratung: 1 2 3 4 5 6
  - Individuelle Beratung: 1 2 3 4 5 6
  - Freundlichkeit/Sympathie/zwischenmenschl. Ebene: 1 2 3 4 5 6
  - Ergebnisqualität unserer Arbeiten: 1 2 3 4 5 6
  - Zuverlässigkeit: 1 2 3 4 5 6
  - Erreichbarkeit von kompetenten Ansprechpartnern: 1 2 3 4 5 6
  - Reaktionszeit und Einsatzbereitschaft: 1 2 3 4 5 6
  - Kostentransparenz: 1 2 3 4 5 6
  - Kompetenz im Fachbereich: 1 2 3 4 5 6
  - Gesamteindruck/Image unseres Unternehmens: 1 2 3 4 5 6

- ■ Wenden Sie sich bei Bedarf wieder an uns? Ja / Nein / Weiß nicht

- ■ Würden Sie einem Geschäftspartner unser Unternehmen und Angebot empfehlen? Ja / Nein / Weiß nicht

- ■ Was können wir noch besser machen?

- ■ Womit sind Sie besonders zufrieden?

- ■ Warum arbeiten Sie ausgerechnet mit uns zusammen?

- ■ Wie schätzen Sie unsere Preise im Vergleich zu denen unserer Mitbewerber ein? Günstiger / Gleich / Höher

Muster Fragebogen

Achten Sie bei der Gestaltung eines Fragebogens darauf, dass bei der Bewertung immer eine gerade Zahl möglicher Bewertungsstufen (z. B. 1 bis 4 oder 1 bis 6) zur Verfügung steht. Ansonsten gibt es die Tendenz zur Mitte: Den Kunden fällt es leichter, eine Mitte auszuwählen, als sich für eine der beiden Richtungen zu entscheiden. Als Unternehmen wollen Sie allerdings Tendenzen feststellen und benötigen eine eindeutigere Bewertung. Wenn Sie dann noch die 6er-Skala wählen, bieten Sie den Vorteil, dass sich die Probanden an das gewohnte (zumindest in Deutschland übliche) Schulnotensystem halten können. Darüber hinaus haben Sie ein etwas detaillierteres Ergebnis als bei einer kürzeren Skala. Schreiben Sie aber immer mit dazu, welche Bewertung die beste und welche die schlechteste ist. Denn ansonsten erhalten Sie als deutsches Unternehmen von einem begeisterten Schweizer nur schlechte Bewertungen – in der Schweiz gilt die 1 als schlechteste und die 6 als beste Note.

Einzelgespräche

In Einzelgesprächen mit bestehenden Kunden können Sie Details erfahren, die Sie so kaum zwischen Tür und Angel mitbekommen würden. Bitten Sie Ihren Kunden um einen Termin und informieren Sie ihn über das Ziel Ihres Gesprächs. Machen Sie deutlich, dass Sie Ihr Leistungsportfolio noch besser auf seine Bedürfnisse abstimmen möchten. Da wird kaum ein umsatzstarker Kunde nein sagen, denn auch er ist bestrebt, von Ihrem Unternehmen noch besser bedient zu werden. Inhalt des Gesprächs ist natürlich die Vergangenheit und die Kundenzufriedenheit. Lesen bzw. hören Sie zwischen den Zeilen, was dem Kunden fehlt, was er sich wünscht. Persönliche Gespräche sind spontan und die Aussagen unüberlegt – und damit näher an den ungefilterten Empfindungen, aus denen auch Zufriedenheit oder Unzufriedenheit erwächst.

Im Gespräch erhalten Sie zwar nur eine Meinung, aber schätzen Sie diese nicht zu gering ein. Fernsehsender multiplizieren eine Kundenzuschrift mit dem Faktor 1 000. Beschwert sich ein Kunde über eine bestimmte Sendung, geht der Sender davon aus, dass mindestens 1 000 andere Personen diese Meinung teilen (sich aber nicht gemeldet haben). Die Meinung Ihres Kunden mag zwar nur eine Einzelmeinung sein, aber womöglich denken viele andere ebenso, äußern sich aber aus unterschiedlichsten Gründen nicht dazu.

Kundenfokusgruppen

Höchst effektiv, aber leider werden sie aufgrund etwas höheren Aufwands eher selten durchgeführt: die so genannten Kundenfokusgruppen. Hierbei handelt es sich um intensive Gruppendiskussionen mit etwa acht bis zwölf Kunden zu einem relevanten Schwerpunktthema, beispielsweise Kundenzufriedenheit oder die Zukunft der Branche. Für die Dauer von etwa zwei Stunden diskutieren Ihre Kunden mit Hilfe eines neutralen Moderators über das vorgegebene Thema, zeigen ihren Standpunkt auf, entwickeln Ideen und Zukunftsszenarien. In Kundenfokusgruppen erfahren Dienstleistungsunternehmen recht schnell, wo ihre Kunden Probleme sehen, welche Leistungen Kunden sich von ihrem Dienstleister noch wünschen und wie hoch die Bereitschaft ist, für einen bestimmten Service zu bezahlen. Besonders interessant ist für Dienstleister die Kundendiskussion über die zukünftige Entwicklung einer bestimmten Branche. Wenn Sie als Software-Unternehmen vorwiegend für Architekten programmieren, müssen Sie bestens über deren Zukunftsvorstellungen informiert sein. Denn nur dann können Sie in Ihrer Entwicklung die entsprechenden Weichen rechtzeitig stellen und Ihre Kunden durch innovative Leistungen überzeugen.

Führen Sie die Kundenfokusgruppen stets an einem neutralen und ansprechenden Ort durch (beispielsweise in einem separaten Raum eines gehobenen Hotels oder Restaurants) und versäumen Sie nicht, Ihren Kunden deutlich zu zeigen, dass es Ihnen etwas wert ist, ihre Meinung zu hören. Durch die Atmosphäre sind sie bereit, aktiv am Geschehen teilzunehmen und kreative Ideen zu äußern. Klären Sie Ihre Kunden aber auch darüber auf, dass es ohne Kritik nicht geht, und dass Sie darauf angewiesen sind, ein ehrliches Feedback zu erhalten. Ihre Kunden investieren inklusive kurzer An- und Abfahrt einen kompletten Vor- oder Nachmittag – überlegen Sie sich deshalb gut, wie Sie Ihre Kunden dafür entschädigen. Es kann durchaus angebracht sein, gute oder strategisch interessante Kunden und Interessenten für ein komplettes Wochenende mit Familie einzuladen. Ein paar Stunden davon sind dann für die Fokusgruppe reserviert. Neben dem Nutzen durch die Fokusgruppe intensivieren Sie die Kundenbeziehungen, und Kunden lernen sich untereinander kennen.

Online-Befragung

Insbesondere für Online-Dienstleister oder Anbieter mit einer Zielgruppe, die sich durch eine hohe Internet-Affinität auszeichnet, ist die Online-Befragung eine praktikable Alternative. Erfahrungsgemäß ist die Teilnahmebereitschaft höher als beispielsweise beim Fragebogen per Papier.

Die Befragung via Internet bietet erhebliche Vorteile, denn sie ist standardisiert, sie kann multimedial sein und sie lässt sich vom System automatisch auswerten. Ferner gibt es keinen Einfluss durch den Interviewer. Die Teilnehmer werden entweder per E-Mail auf die Befragung hingewiesen oder – wenn die Befragung öffentlich sein soll – auch über die allgemeinen Internetseiten beworben.

Die Online-Befragung bietet sich allerdings nur bei einer hohen Anzahl von Probanden an, denn die Programmierung der Anwendung ist in der Regel mit finanziellem Aufwand verbunden. Darüber hinaus erzielen Sie mitunter keine Repräsentativität. Bei öffentlichen Befragungen haben Sie keine Kontrolle darüber, ob die Probanden Ihrer Zielgruppe entsprechen, ob die gemachten Angaben der Realität entsprechen oder ob vielleicht ein Mitbewerber die Ergebnisse verfälscht.

Beobachtung

Sollte Ihr Unternehmen einen Counterbereich oder einen anderen öffentlichen, von Ihren Kunden genutzten Bereich haben, nehmen Sie sich einfach einmal eine halbe Stunde Zeit, setzen sich in eine Ecke und beobachten Sie Ihre Kundschaft. Beobachten Sie, wie Kunden laufen, reagieren, warten und agieren – Sie werden wichtige Erkenntnisse gewinnen.

Mancher Verantwortliche sollte sich einmal in die Masse seiner Kunden begeben, um den Service seines Unternehmens zu testen. Die Reaktionen von Kunden können Sie direkt vor Ort natürlich einfacher ermitteln als durch nachträgliche Befragungen. Die städtischen Verkehrsbetriebe können direkt am Fahrkartenautomaten ermitteln, ob Kunden damit leicht zurechtkommen, ein Hoteldirektor kann sich als Gast in die Nähe des Frühstücksbuffets setzen, um ungefiltert die Reaktionen seiner Gäste mit zu erleben, Mitarbeiter eines Freizeitparks können sich bei Attraktionen, Kiosken und anderen Einrichtungen als normale Gäste ausgeben und in der Menschenmenge die Emotionen der Kunden einfangen. Beim Autovermieter Sixt müssen Führungskräfte einen Tag im Monat direkt am Counter verbringen – somit wird sichergestellt, dass sie den Bezug zu den Kunden und ihren Anforderungen nicht verlieren. Bei Disney müssen Manager sogar einmal in der Woche ihren Tisch räumen und Popcorn verkaufen, Eintrittskarten entwerten oder andere Tätigkeiten ausführen, die zu den Aufgaben des Kundenkontaktpersonals gehören. Sie können so feststellen, ob die geleistete Qualität die Besucher zufrieden stellt, und herausfinden, welche Vorstellungen und Wünsche Ihre Kunden haben.

Lassen Sie sich finden

Beim „erforschen" Ihrer Kunden sollten Sie es nicht verpassen, sich über deren Gewohnheiten Gedanken zu machen. Welche Fachmagazine liest Ihre Zielgruppe, ist sie dem Internet nahe und bedient sie Suchmaschinen? Wenn Sie das herausgefunden haben, dann seien Sie an der richtigen Stelle präsent. Je nach Zielgruppe kann das ein Sponsoring durch mit Ihrem Logo bedruckte Golfbälle im Putting Green des lokalen Golfvereins oder eine Präsentation beim Gründertag der Industrie- und Handelskammer sein.

Recherchieren Sie, wie Ihre Zielgruppe aktiv Anbieter sucht. Wie wird eine Reise ausgewählt? Per Reisebüro oder Internet – seien Sie dort präsent und leicht auffindbar, wo nach dem relevanten Angebot gesucht wird. Wie und wo sucht ein Interessent einen Bildungsträger zur Fortbildung? In Fachmagazinen? In lokalen Tageszeitungen? Im Internet?

Den Bekanntheitsgrad Ihres Unternehmens, der Marke oder eines speziellen Angebots bauen Sie in der Regel über eine langfristige Investition in eine Zielgruppe auf. Als IT-Dienstleister müssen Sie sich in Fachmagazinen durch regelmäßige Anzeigenschaltungen beispielsweise als Anbieter für SAP-Programmierungen präsentieren und dadurch bekannt werden. Gleichermaßen gilt dies für Onlineportale zur Thematik – seien Sie auch hier mit Anzeigen präsent. Es geht dabei nicht um die zu erzielende Klickrate, sondern um den Aufbau von

Bekanntheit und Wiedererkennung. Nicht zuletzt müssen Sie schnell in Suchmaschinen unter allen relevanten Suchbegriffen auffindbar sein. Auf Seite zwei oder drei gelistet zu sein, bringt wenig. Wenn Ihre Website nicht ohnehin auf der ersten Seite gelistet ist, müssen Sie auch in den Suchmaschinen Anzeigen schalten, um präsent zu sein. Viele Unternehmen klagen über zu wenig Anfragen – und tun nichts dafür, auch gefunden zu werden.

Arbeitet Ihr Unternehmen für Endkunden, dann seien Sie dort präsent, wo sich Ihre Kundschaft aufhält. Wer nicht auf sich aufmerksam macht, der braucht sich auch nicht zu wundern, wenn er nicht gefunden und angefragt wird. Als Fachanwalt für Arbeitsrecht können Sie Visiten- oder Imagekarten in Briefkästen verteilen lassen, die den Aufdruck „Bitte aufheben – Sie werden mich vermutlich noch einmal benötigen" tragen. Seien Sie aktiv und kreativ, nicht jede Maßnahme muss viel Geld kosten. Die genannte Aktion mit Tausenden von Karten kostet nur einige hundert Euro, sichert Ihnen aber über einen längeren Zeitraum hinweg ständig neue Kundschaft, die Ihre Leistung in Anspruch nehmen möchte. So gibt es natürlich auch für andere Branchen kreative Ideen, um auf sich aufmerksam zu machen.

Einen in der Regel sehr guten Effekt haben Fachausstellungen und -messen. Denn hier treffen Anbieter und Interessenten direkt aufeinander – der Interessent in einer offenen und erwartungsvollen Haltung, wie Sie es während des Betriebsalltags nur selten finden. Gehen Sie auch auf Messen, wenn es im eigentlichen Sinne gar nicht um Ihre Leistung geht, aber sich Ihre Zielgruppe dort tummelt. Beispielsweise könnte sich ein Sportklinikum auf einer reinen Sportmesse präsentieren – das dort anwesende Publikum wird dann mit dem Angebot des Klinikums vertraut gemacht und kann bei Bedarf darauf zurückgreifen. Oder eine Steuerberatungsgesellschaft präsentiert sich auf einem Ärztekongress.

Machen Sie sich aber auch Gedanken im Detail: Welche Auflösung hat der Bildschirm Ihrer Zielgruppe und mit welchem Browser arbeitet sie? Sie denken, das sei kleinlich? Eher nicht, denn wenn Sie als Zielgruppe Programmierer haben und Ihre Website nur auf den Microsoft Internet Explorer angepasst haben, brauchen Sie sich über mangelnden Zuspruch kaum zu wundern. Lesen Sie die Fachzeitschriften Ihrer Zielgruppen, besuchen Sie die Onlineportale, auf denen sich Ihre potenziellen Kunden tummeln und werden Sie ein Teil der Gruppe. Versuchen Sie, sie zu verstehen.

Je genauer Sie Zielgruppen und deren „Verhaltensweisen" analysieren, desto einfacher fällt es Ihnen, sich an strategisch wichtigen Orten und zu den richtigen Zeiten ins Gespräch zu bringen. Vertrauen Sie nicht dem Zufall, sondern tun Sie etwas dafür! Die Mitgliedschaft im Golfclub hat schon vielen durchaus angenehme und profitable Geschäfte beschert. Aber auch durch die unterschiedlichsten Business-Clubs lernt man interessante Menschen kennen, die ja auch Bedarf an der einen oder anderen Leistung haben. Und die Mitgliedschaft im selben Club erzeugt ein Wir-Gefühl. Das gibt dem Nachfrager immerhin die Sicherheit, eine gemeinsame Leidenschaft zu haben und den Anbieter persönlich zu kennen. Dies bedeutet im Zweifel zwar keine wirkliche Sicherheit, es zeigt aber auf, wie „unsicher" der Kauf von Dienstleistungen tatsächlich ist. Meist wird nicht objektiv verglichen, sondern man verlässt sich auf das Bauchgefühl.

Geben Sie Antworten und Lösungen

Zurück zu unserem Beispiel von Herrn Weiland, der sich bewusst wird, dass er sein Vermögen besser verzinst anlegen möchte. Womöglich durchforstet er das Internet nach verschiedenen Anlagevarianten und stellt bald erstaunt fest, dass es Tausende von Vermögensverwaltern, unzählige Investmentgesellschaften und obendrein noch bedeutend mehr als nur eine Hand voll Banken gibt. Alle wollen sein Geld verwalten und versprechen in diversen Varianten gute Renditen. Für Herrn Weiland tut sich eine unüberschaubare Welt auf. Faktisch weiß Herr Weiland nicht, wie es weiter geht und was zu tun ist. Er ist unsicher.

Unsicherheit lähmt und lässt das Risiko, sich für einen Anbieter zu entscheiden, noch größer erscheinen. Dienstleistungsunternehmen müssen deshalb an dieser Stelle den Unsicherheiten begegnen und Kunden „beruhigen" – ihnen das Gefühl geben, dass sie bei diesem Anbieter in den richtigen Händen sind. Um zur richtigen Zeit die richtigen Sicherheiten vermitteln zu können, ist es nötig, dass wir das Thema „Unsicherheit" näher beleuchten. Im Grunde gibt es drei Arten von Unsicherheiten bei einem potenziellen Kunden:

- **Problemunsicherheit:** Wie detailliert ist das Problem erkannt worden und wie genau kann es beschrieben werden?
- **Marktunsicherheit:** Hier besteht Unsicherheit hinsichtlich der Auswahl der am Markt beziehbaren Problemlösungsalternativen.
- **Transaktionsunsicherheit:** Hier steht die Qualifikationen des Anbieters der Dienstleistung im Mittelpunkt.

Interessant in diesem Zusammenhang ist, dass Unsicherheit im Rahmen dieses Themengebiets nie ein objektives Risiko ist, sondern stets eine subjektive Empfindung darstellt. Dies bedeutet für Ihre Kommunikation, dass Sie eher emotionale als rationale Ansprache wählen sollten, wenn Sie einem potenziellen Kunden die Unsicherheit nehmen und Vertrauen vermitteln wollen. Denken Sie nur an die vielen glücklichen Menschen auf den Prospekten von Banken und Versicherungen.

Die oben genannte **Problemunsicherheit** setzt sich aus zwei Teilen zusammen: Der potenzielle Kunde muss sich zum einen darüber im Klaren sein, dass er überhaupt eine Dienstleistung benötigt. Und zum anderen muss ihm auch bekannt sein, welche Dienstleistung er im Detail benötigt. Machen wir es konkret: Unser Herr Weiland muss sich sicher sein, dass er externe Unterstützung bei seinen Vermögensangelegenheiten benötigt. Er könnte ja auch der Meinung sein, dass das Geld auf dem Girokonto auch gut aufgehoben ist. Ist das geklärt, stellt sich erstmal die Frage nach „Make or Buy" – selbst erledigen oder Leistung einkaufen? Wenn ihm dann bekannt ist, dass er externe Unterstützung benötigt, ist allerdings immer noch unklar, wie diese Leistung auszusehen hat. Als „Erstanwender" geht er völlig unbedarft an das Thema und hat überhaupt keinen blassen Schimmer, wie er sich wo und wann zuerst informieren kann. „Ich brauche Unterstützung", ist eben die eine Sache, „Wie soll die Unterstützung aussehen?" ist die andere Frage. Braucht Herr Weiland einen Berater oder einen Verwalter? Nun, zuerst könnte er sich Literatur beschaffen, am Kiosk Finanztitel kaufen, im Internet recherchieren, seine Bank fragen, den Steuerberater konsultieren und vieles mehr. Sie sehen schon, dass es gar nicht so einfach ist. Am Ende wird er vielleicht feststellen, dass er vieles nicht versteht und jemanden benötigt, der sein Vermögen komplett für ihn verwaltet. Er benötigt also einen Vermögensverwalter. Nun weiß Herr Weiland, was er will. Und wird dabei unweigerlich auf die nächste Hürde treffen: die **Marktunsicherheit**. Denn Vermögensverwalter gibt es viele: Fondsgesellschaften, Finanzdienstleister wie MLP oder AWD, eigenständige Vermögensverwalter oder beispielsweise auch die Banken. Es stellt sich also die Frage: Von wem will ich meine zuvor konkretisierte Leistung?

Ein anderes Beispiel: In der Nachhaltigkeit der Wirkung macht es einen großen Unterschied, ob ein Unternehmen zur Durchführung einer Werbekampagne einen Grafiker oder eine Werbeagentur beauftragt. Der Grafiker wird zwar die gewünschte Leistung erbringen können, ihm fehlt aber in der Regel die Einbettung seiner Arbeiten in die Gesetzmäßigkeiten des Marketings. Das Ergebnis ist schlimmstenfalls eine optisch schöne Kampagne ohne Wirkung. Sie sehen, dass die Erkenntnis, eine Leistung zu benötigen, noch lange nicht in die Beauftragung des richtigen Dienstleisters mündet.

Um Ihren potenziellen Kunden schon in einer möglichst frühen Phase abzuholen (eine spätere gibt es vielleicht nicht mehr), empfehle ich ein intensives Signaling. Darunter wird die aktive, an den potenziellen Kunden gerichtete Kommunikation von Inhalten und Themen, die den Kunden interessieren könnten, verstanden.

Vermögensberater oder Banken, die ausführliche und objektive Informationen über diverse Anlagemöglichkeiten mit Vor- und Nachteilen anbieten, präsentieren sich gegenüber unsicheren Kunden als kompetenter Partner. Private Bauherren stehen gerade am Anfang immer wieder vor dem Problem, nicht zu wissen, was alles beachtet werden muss und welche unvorhergesehen Kosten auf sie zukommen. Das Bauunternehmen, das schon auf seiner Website einen kompletten Ablaufplan (nicht nur des eigentlichen Baus, sondern auch der anderen Phasen wie Vermessung, Genehmigungen, Behördengänge etc.) mit möglichen Kosten präsentiert, hat beim Interessenten meist einen Stein im Brett. Wieso? Der unsichere Kunde trifft auf jemanden, der Sicherheit „signalisiert" und Vertrauen erweckt.

Je mehr Informationen Sie Ihren Kunden in der ersten Phase des Entscheidungsprozesses geben, desto geringer wird die **Transaktionsunsicherheit** (die sich auf die Qualität des Anbieters bezieht) und desto höher ist die Wahrscheinlichkeit des späteren Abschlusses. Geben Sie Ihren Kunden das Gefühl, dass sie bei Ihnen in guten Händen sind und die Suche nach Alternativen im Prinzip überflüssig ist.

Signalisieren Sie zudem, welchen Nutzen Ihr Kunde aus Ihrer Leistung zieht. Wenn ihn das überzeugt, stellt sich die Frage, ob er die Leistung überhaupt benötigt, nicht.

Ein anderes Beispiel: Lieschen Müller streitet sich mit ihrem Nachbarn. Sie hat zwei Möglichkeiten: Entweder bespricht sie die Angelegenheit mit einem Anwalt oder sie besorgt sich Literatur, die sich mit der Thematik befasst. An dieser Stelle ist der Anwalt gefragt: Er muss schnell am ersten Punkt seiner Präsentation (also beispielsweise Gelbe Seiten oder Internet) klipp und klar kommunizieren, warum Lieschen Müller zu ihm kommen soll und sie schlechter beraten ist, wenn Sie ein womöglich veraltetes Buch liest.

Öffentliche regionale Verkehrsmittel können überzeugend ihre Vorteile gegenüber dem Pkw kommunizieren – vergleichen Sie einfach einmal Zeit und Aufwand für ein Samstags-Shopping in der Innenstadt. Die Zeit- und Kostenersparnis, wenn man mit der S-Bahn in die City fährt, könnte sogar mich als bequemen Autofahrer überzeugen. Denn Zeit- und Kostenersparnis ist ein schlagkräftiges Argument, mit dem der Dienstleister aus dem Verkehrsgewerbe punkten könnte. Auf den Nutzen einzelner Leistungen und die Gründe für ihre Inanspruchnahme werden wir später noch etwas detaillierter eingehen.

Wo der Kunde Unsicherheit verspürt

Kunden möchten aufgrund der genannten Transaktionsunsicherheit (wie ist die Qualifikation des Anbieters und wie gut führt er die Leistung aus?) gerne die Kontrolle haben – vorher wissen, was nachher kommt. Hat er sich nun für einen Anbieter entschieden oder diesen in die engere Wahl aufgenommen, treten weitere Unsicherheiten zutage:

- In der **Vorkontaktphase** (auch Potenzialphase) besitzt der Kunde noch keine Erfahrung mit dem Anbieter und sucht im Vorfeld Indikatoren zur Beurteilung – die so genannten Sucheigenschaften (Search Qualities). Die Fähigkeit und Bereitschaft eines Anbieters zur Dienstleistungserbringung ist als nur reines Leistungsversprechen vorhanden. Und versprechen kann man ja bekanntlich vieles.

- Erst innerhalb und nach der **Kontaktphase** (auch Prozessphase) kann der Kunde eine Beurteilung aufgrund seiner Erfahrung mit dem Dienstleister abgeben, er ist im Besitz von so genannten Erfahrungseigenschaften (Experience Qualities). Interne (vom Anbieter) und externe (vom Kunden) gegebene Faktoren zusammen lassen erst einen erfolgreichen Leistungsprozess zu.

- In der **Nachkontaktphase** (auch Ergebnisphase) kommen Kunden in den Besitz von so genannten Vertrauenseigenschaften (Credence Qualities). Die Leistung ist vollständig erbracht – aber weil die Leistung und ihre Ergebnisse komplex sind, kann der Kunde keine objektive Bewertung vornehmen. Beispielsweise kann der Kunde meist nicht beurteilen, ob die Programmierung einer Software ordentlich oder weniger ordentlich ausgeführt wurde. Er kann ausschließlich beurteilen, ob das Programm funktionstüchtig oder grafisch ansprechend ist und „glaubt", dass die Programmierung gewissenhaft durchgeführt wurde und auch in Zukunft keine Fehler auftreten werden.

Ergebnis ist also, dass kein Kunde alle Kriterien zur Hand hat, um eine Dienstleistung und deren Anbieter ausreichend bewerten zu können. Er sieht nur einen kleinen Teil, nämlich das Leistungsversprechen des Anbieters und seinen Marktauftritt, und muss gezwungenermaßen auf dieser Basis eine Entscheidung fällen. Aufgabe des Dienstleistungsunternehmens ist deshalb, so viele Informationen wie nur möglich während der Potenzialphase zu geben. Diese Aktivität wird „Signaling" genannt, denn der Dienstleister muss jetzt dem Kunden *signalisieren*, was er bereit und willens ist zu leisten. Unternehmen, die in der Vorkontaktphase keine ausreichende Sicherheit vermitteln können, werden kaum

Gelegenheit bekommen, mit dem Kunden zusammen in die nächste Phase, die Prozessphase, zu gelangen.

Je mehr Informationen Unternehmen über den nachfolgenden Prozess kundtun und Unsicherheiten über die folgende Leistung abbauen, desto sicherer fühlt sich der Kunde. Er entscheidet sich für das Unternehmen, bei dem für ihn die wenigsten Unsicherheiten bestehen. Ein Anwalt muss seine Kunden darüber informieren, wie ein Mahnbescheid oder ein anderes Verfahrens abläuft. Ansonsten fühlt sich der Mandant nicht ausreichend informiert und bewertet die Leistung als schlecht. Kann eine Agentur nicht im Voraus bestimmen, wie lange die Entwicklung einer Werbekampagne dauern wird, ist und bleibt der Kunde unsicher und wechselt lieber zu einer Agentur, die ihm eine verbindliche Terminzusage macht. Kunden wollen über einzelne Schritte im Detail informiert sein, um das Gefühl der Kontrolle zu haben.

Nun ist aber die Leistungserstellung oftmals maßgeblich von der Mitwirkung des Kunden abhängig. Ich erinnere mich gut an einen Fall, wo wir als Agentur für ein Unternehmen eine Imagebroschüre entwickeln sollten. Eine solche setzt jedoch eine Corporate Identity voraus – denn ohne Image keine Imagebroschüre. Aufgrund interner Spannungen war das Unternehmen jedoch nicht in der Lage, einen solchen Prozess zu gehen, wollte aber trotzdem eine Imagebroschüre. Was schreiben Sie in eine Imagebroschüre eines Dienstleisters, der sich hinsichtlich seiner eigenen Positionierung uneins ist, der sich keine Gedanken zur Zielgruppe gemacht hat und keine Produkte zum Abbilden? Das Projekt scheiterte letztlich, denn jeder Ansatzpunkt war falsch und führt nicht zum Ziel.

Wenn Herr Weiland seinem Vermögensberater nicht detaillierte Auskünfte über seine Vermögensverhältnisse gibt, kann er nicht optimal beraten werden. Vor der Beratung steht immer die Analyse, und wenn der Berater diese nicht oder nur ungenügend durchführen kann, wird das Ergebnis immer zu wünschen übrig lassen.

Denken Sie auch daran, die Kunden, die keinen Einblick in Prozesse und Abläufe haben, so zu integrieren, dass sie den Ablauf verstehen und nachvollziehen können. Das wiederum gibt ihnen die Sicherheit, dass der Anbieter einen Plan hat und eine professionelle Arbeitsweise an den Tag legt.

So werden Sie die erste Wahl

Machen Sie einmal einen Selbsttest: Nach Ihrem Flug in eine andere deutsche Stadt benötigen Sie dort einen Mietwagen. Bei welcher Gesellschaft werden Sie einen Wagen mieten? Wahrscheinlich fallen Ihnen spontan ein bis drei Autovermieter ein. Das ist das so genannte „Evoked Set" (to evoke = evozieren, Erinnerungen an etwas wachrufen), die Listung Ihres Gehirns für infrage kommende Anbieter. Diese lässt sich für nahezu alle Belange ausweiten, denn für jede Angelegenheit rufen Sie Ihr Gedächtnis ab: Wer kann mir ein Produkt anbieten oder eine Dienstleistung für mich erbringen?

Ziel eines jeden Dienstleisters muss es sein, im recht kurzen Evoked Set gelistet zu sein. Wie geschieht dies? Das Erinnerungsvermögen des Gehirns ruft jene Marken auf, die sich mit einem Stichwort in unserem Gehirn verbunden haben. Beim Begriff „Schokolade" fällt Ihnen wohl schnell die Marke „Milka" ein. Diese beiden Begriffe hat das Gehirn zusammen abgespeichert. Und bei Taschentüchern denken Sie automatisch an „Tempo". Nun hängt es von Ihrem Einsatz ab, ob sich Ihr Unternehmen mit Ihrem Angebot schnell im Gehirn des Kunden verbindet. Dafür gibt es die unterschiedlichsten Instrumente, wichtig ist aber die Regelmäßigkeit der Übermittlung Ihrer Botschaft und die Präsenz. Nach einem einzigen Mailing wird sich nach Monaten niemand mehr an das beworbene Angebot erinnern. Aber genau darin liegt die Stärke von Evoked Sets: Denn in der Regel gelingt es Ihrer Werbung nicht, genau in dem Moment oder Zeitfenster der Entscheidung beim Kunden präsent zu sein. Umso wichtiger ist daher die Listung im Erinnerungsvermögen des Gehirns. Kunden greifen zuallererst auf die ihnen bekannten Anbieter zurück und machen sich erst später auf die Suche nach weiteren Anbietern.

Ist das Evoked Set in Zeiten von Suchmaschinen und Verzeichnissen im Web überflüssig geworden? Nein! Zwar werden weitere Mitbewerber bedeutend einfacher gefunden, aber ein bereits bekanntes Unternehmen (es befindet sich ja bereits im Evoked Set) besitzt beim Interessenten einen Vertrauensvorschuss. Insofern fällt es dem Dienstleister dann leichter, sich gegenüber seinen Mitbewerbern durchzusetzen.

Nur durch das regelmäßig wiederkehrende Erscheinen Ihrer Botschaft geben Sie dem Gehirn des potenziellen Kunden die Möglichkeit, dass sich Ihre Marke und Ihr Angebot in seinem Gehirn als relevante Marke „einbrennen". Reine Imagewerbung mag keinen kurzfristigen Effekt erzielen – einen langfristigen bewirkt es aber vor allen Dingen bei Dienstleistungsunternehmen allemal. Durch Newsletter, Mandanteninfos oder andere regelmäßig erscheinende Publikationen bringen Sie Ihr Unternehmen und Ihre Leistung regelmäßig auf den Tisch des Kunden.

Newsletter, Kundenzeitschriften

Gedruckte Periodika haben sich selbst in Zeiten des Internets als das beste Medium für den geregelten Aufbau von Markenbekanntheit hervorgetan. Denn nur wenn der Newsletter (nicht E-Mail-Newsletter) auf dem Tisch des Empfängers liegt, sieht er Ihr Logo wieder und wird kurz an Sie erinnert. Und je öfter das Gehirn Ihres potenziellen Kunden Ihr Logo sieht und einspeichern kann, desto wahrscheinlicher ist der Abruf der Information zur benötigten Zeit.

Während meiner Tätigkeit in einer Werbeagentur haben wir oft und gerne Newsletter für die eigene Agentur, aber auch für unsere Kunden versandt. Wer auf schnellen Erfolg hoffte, wurde enttäuscht. Aber mittelfristig gesehen – in der Regel nach der dritten Aussendung – ist den Kunden der Newsletter als Informationsmedium bekannt gewesen und die ersten Reaktionen stellten sich ein.

Im Wesentlichen haben Sie bei der Konzeption des Newsletters oder der Kundenzeitschrift zwei Zielgruppen vor Augen: Bestandskunden und Neukunden. Bestandskunden sollen zu Stammkunden werden und durch die Publikation in ihrer Entscheidung für Sie als Dienstleister bestärkt werden. Besser als die meisten anderen Methoden hat sich dieses Mittel auch für das Cross-Selling, den Verkauf zusätzlicher Leistungen, bewährt. Bei potenziellen Neukunden haben Sie die Möglichkeit, Ihre Fachkompetenz zu präsentieren und auf sich aufmerksam zu machen.

Was sind die Inhalte eines Newsletters? Er sollte nicht nur Informationen über Ihr Unternehmen enthalten, sondern muss dem Leser einen Nutzen bringen – sonst liest er ihn einmal und nie wieder. Die gekonnte Mischung macht es eben. Ich empfehle deshalb folgendes Mischungsverhältnis:

- 1/3 Unternehmens- und Leistungsinformationen
- 1/3 allgemeine Fachinformationen
- 1/3 Darstellung von Referenzen und Projekten

Die Darstellung von Referenzbeispielen und aktuell durchgeführten Projekten zeigt Ihren Kunden einerseits, dass Sie hochwertige Leistungen kompetent durchführen, und andererseits, dass Sie namhafte und interessante Kunden haben. Durch Projektbeispiele gehen Sie gegen das Risikoempfinden neuer Kunden vor: Die Interessenten sehen, was Ihr Unternehmen für andere erledigte, und erhalten die Sicherheit, dass Sie Ähnliches auch bei ihnen leisten können. Dem vagen Werbeversprechen folgte ein konkretes und greifbares Beispiel.

Mandanten- und andere Fachinformationen

Genau wie Newsletter sollen Mandanteninformationen von Steuerberatern oder Rechtsanwälten an den Dienstleister erinnern. Zudem präsentieren sich die Versender dadurch als moderne und kompetente Ansprechpartner. Allerdings gelingt dies nicht mit den üblichen Standard-Informationen, die weder die Sprache der Mandanten sprechen noch individualisiert sind (schlimmstenfalls einfach mit Stempel versehen). Hier lohnt es sich, wenn man sich etwas mehr Mühe gibt. Der erste Schritt ist schon getan, wenn über den einzelnen Artikeln steht, für wen sie eigentlich interessant sind.

Wir kommen später noch dazu, aber das schon vorweg: Jeder Kontaktpunkt eines Kunden mit einem Dienstleister ist ein „Augenblick der Wahrheit" – nutzen Sie jeden Augenblick, Ihre Kunden von sich zu überzeugen und lassen Sie keine Gelegenheit ungenutzt verstreichen. Denn schon eine verpatzte Gelegenheit kann zur Disqualifikation führen.

E-Mail-Newsletter, Weblogs

Mit E-Mail-Newslettern hochwertige Markenbekanntheit aufzubauen wird immer schwieriger, da sie in der Regel überwiegend als störend empfunden werden. Allerdings bestätigen auch hier Ausnahmen die Regel, denn das Medium eignet sich naturgemäß hervorragend für aktuelle Meldungen. Beispiele:

Eine Steuerakademie gibt wöchentliche Meldungen zum aktuellen Steuerrecht und zur Rechtsprechung heraus, die von Interessenten bezogen werden können. Die Akademie positioniert sich so als fachlich kompetenter Bildungsträger, der stets up-to-date ist. Oder: Der Zoo Hannover informiert seine Kunden und Jahreskarten-Inhaber monatlich über den Stand der Dinge: Die Fertigstellung eines neuen Geheges für die Leoparden oder die Geburt eines Elefantenbabys. Mit Erfolg, denn nach Versand des Newsletters ist stets eine Zunahme des Ticketverkaufs zu verzeichnen.

Das Thema E-Mail-Newsletter und damit verbundener Sinn und Unsinn kann hier nicht erschöpfend erläutert werden. Es füllt eigene Bücher. Ich empfehle Ihnen daher die Lektüre weiterer Literatur, deren Erscheinungsdatum nicht länger als ein Jahr zurückliegen sollte. Glaubt man einigen Experten, ist das Thema E-Mail-Newsletter ohnehin veraltet, die Zukunft gehört wohl dem Weblog.

Weblogs, oder einfach nur Blogs, sind Webseiten, die ständig neue Einträge enthalten. Sie sind vergleichbar mit Tagebüchern im Internet, quasi „Web-Tagebücher". Uns interessieren hier weniger die Gedankenergüsse von Privatpersonen, sondern die von Fachleuten. Ein Arzt versorgt Patienten und Interessenten mit aktuellen medizinischen Informationen, ein Steuerberater informiert über steuerliche Änderungen, ein Geldinstitut kommuniziert womöglich in mehreren Blogs über Vermögensaufbau, -verwaltung und diverse andere artverwandte Themen, und ein Anwalt publiziert stets regelmäßig aktuelle Gerichtsurteile. Wieso nehmen diese Personen diese oftmals tägliche Arbeit auf sich? Ganz einfach, sie können sich dadurch eben als Fachleute in ihrem Terrain darstellen und bieten den Interessenten darüber hinaus echten Nutzen.

Dabei geht es nicht darum, Ihr eigenes Unternehmen ständig neu darzustellen. Sinn und Zweck eines Blogs ist es vielmehr, für Ihre bestehenden und potenziellen Kunden Fachinformationen mit einem Mehrwert zur Verfügung zu stellen. Dadurch können Sie sich als Spezialist, der stets "up-to-date" ist, präsentieren.

Sind Kunden im Besitz von (kostenfrei erhältlichen) RSS-Readern, können mittlerweile viele dieser Blogs auch ohne Aufruf der einzelnen Internetseiten gelesen werden. Sie werden nämlich oftmals zusätzlich als Datei zur Verfügung gestellt, die von einem RSS-Reader eingelesen werden kann. Innerhalb eines RSS-Readers kann sich eine Person die für sie relevanten Inhalte selbst zusammenstellen und festlegen, welche Nachrichten automatisch angezeigt werden sollen. Ein interessierter Marketingleiter abonniert beispielsweise den kostenlosen Blog über Online-Marketing und kann so schnell und bequem das aktuelle Geschehen verfolgen. Ein vermögender Privatmann kann über seinen RSS-Reader die Blogs verschiedener Finanztitel, Broker und anderer Dienstleister abonnieren. Halten Sie Ihre Kunden über einen Weblog informiert und bieten Sie diesen im kostenlosen Abo als RSS-Feed an. Somit ist Ihr Unternehmen täglich im Blick des Kunden.

Anzeigen in Printmedien

Auch für Anzeigen gilt: Je öfter, desto besser. Wenn Sie nicht nur eine Aktion oder ein einzelnes Produkt, sondern Ihre Marke als Dienstleister vermarkten wollen, brauchen Sie mit nur ein oder zwei Anzeigen gar nicht erst anzufangen. Die Wirkung im Hinblick auf die Erhöhung des Bekanntheitsgrads würde völlig verpuffen, wie Sie auch in der Grafik auf Seite 37 sehen können. Und wer will schon Geld vom Fenster rauswerfen?

Nur durch eine kontinuierliche Schaltung der gleichen oder von ähnlichen, wieder erkennbaren Anzeigen erhalten Sie einen dauerhaften Effekt, der sich Erhöhung des Bekanntheitsgrads nennt. Tipp: lieber etwas kleinere Anzeigen (gegebenenfalls auffällig mit Farbe) – dafür aber regelmäßig und ausdauernd. Das prägt sich beim Leser ein, und bei Bedarf erinnert er sich an das werbende Unternehmen.

Einer Untersuchung der Universität Mannheim in Sachen Werbeeffizienz zufolge, sind große Anzeigen nicht effizienter als kleine Anzeigen. Die Forschung bezog sich zwar auf Online-Anzeigen, meines Erachtens lässt sich das Ergebnis aber bedenkenlos auch auf Print-Anzeigen übertragen – vermutlich würde das Ergebnis sogar noch deutlicher ausfallen, denn der höhere Preis für große Anzeigen müsste schließlich auch entsprechende Wirkung zeigen. Wichtig sind auf jeden Fall die Gestaltung der Anzeige, die Platzierung und die Frequenz.

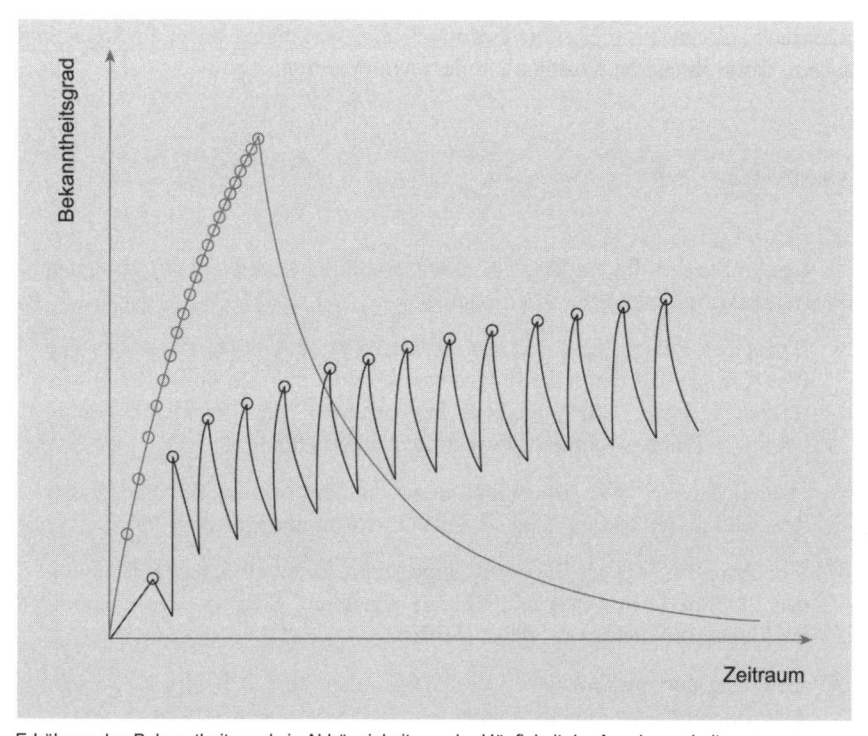

Erhöhung des Bekanntheitsgrads in Abhängigkeit von der Häufigkeit der Anzeigenschaltungen

Anzeigen in Suchmaschinen und Onlinemedien

Alle bislang hier vorgestellten Maßnahmen dienen der langfristigen Erhöhung des Bekanntheitsgrads, um im Evoked Set gelistet zu sein. Ist allerdings kein Evoked Set vorhanden, greifen Kunden zumeist auf Suchmaschinen oder Online-Verzeichnisse zurück, um entsprechende Anbieter zu finden. Und hier müssen Sie unbedingt gefunden werden. Ist Ihr Unternehmen nicht direkt unter den ersten Treffern der Ergebnisliste in Suchmaschinen, sollten Sie zusätzliche Anzeigen schalten. Bei Google finden Sie diese gelegentlich über, vor allen Dingen aber rechts neben den üblichen Treffern als grüne Anzeigenkästchen. Sie werden AdWords genannt. Ab 5 Eurocent sind sie mit dabei. Je mehr Sie bereit sind, pro Klick auf Ihre Anzeige zu investieren, desto besser ist die Platzierung. Für andere Suchmaschinen und Portale wie Yahoo, web.de, Altavista und viele andere bieten die Online-Vermarkter miva und Overture die Möglichkeit, Anzeigen zu schalten. Es gibt Unternehmen, die über 90 Prozent ihres Umsatzes über die Anzeigen in Suchmaschinen generieren – und das ist durchaus keine Seltenheit. Auch bei mir bekannten Unternehmensberatern, Bildungsträgern, Systemhäusern und Agenturen hat sich die Schaltung von Anzeigen im Internet schon mehrfach gelohnt. Probieren Sie es einfach aus, Sie können selbst ein Tageslimit setzen, damit Ihnen die Kosten nicht davongaloppieren.

Quintessenz

- Lassen Sie sich finden, und vermitteln Sie Ihren Kunden das Gefühl, den richtigen Anbieter gefunden zu haben.
- Damit Sie zur rechten Zeit am rechten Ort sein können, müssen Sie Ihre Kunden und deren Anforderungen kennen und sich in ihre Lage versetzen können. Mit diversen Instrumenten der Kundenbefragung gelingt es Ihnen, wichtige Informationen zu erhalten.
- Dienen Sie so, wie Sie selbst gerne bedient werden möchten. Ihre Kunden müssen spüren, dass sie für Sie wichtig und wertvoll sind.
- Signalisieren Sie, dass Sie der richtige Dienstleister sind, indem Sie Kunden Einblick in Prozesse und Abläufe gewähren. Mögliche Unsicherheiten können so leichter abgebaut werden.
- Seien Sie dort präsent, wo auch Ihre Kunden sind. Vor allem in Suchmaschinen müssen Sie gut gelistet oder durch Anzeigen vertreten sein.
- Platzieren Sie sich im Erinnerungsvermögen Ihrer Kundschaft. Durch regelmäßige Kommunikation mit Newsletter, Anzeigen, RSS-Feeds etc.

Checkliste

	Ja	To-Do
Die Herzenshaltung von Dienerschaft ist vorhanden.		
Sie bieten echte Lösungen anstatt Leistungen und Produkte.		
Ihr Angebotsportfolio ist den Kundenansprüchen angepasst.		

Checkliste (Fortsetzung)	Ja	To-Do
Sie kennen den Kaufentscheidungsprozess Ihrer Zielgruppen. ■ Besuchsberichte werden geführt und ausgewertet. ■ Sie beobachten Ihre Kunden und analysieren ihr Verhalten. ■ Online-Befragungen werden durchgeführt.		
Sie befragen systematisch Ihre Bestandskunden, um genau zu wissen, was sie bewegt. ■ Fragebogen werden versandt und ausgewertet. ■ Einzelgespräche werden geführt. ■ Kundenfokusgruppen werden veranstaltet. ■ Beschwerden werden erfasst und analysiert.		
Sie sind dort präsent, wo Ihre Zielgruppe ist.		
Sie überzeugen Kunden, dass der Einkauf Ihrer Leistung besser und sinnvoller ist als die eigene Erstellung.		
Sie überzeugen Kunden, indem Sie durch umfassende Fachinformationen zeigen, dass Sie kompetent sind.		
Sie gewähren Kunden Einblick in Prozesse und bauen somit Unsicherheiten ab.		
Alle Werbemaßnahmen werden langfristig und regelmäßig eingesetzt, um einen hohen Bekanntheitsgrad zu erreichen und im „Evoked Set" gelistet zu sein.		
Sie machen regelmäßig auf sich aufmerksam, zum Beispiel durch ■ Newsletter, Kundenzeitschriften, ■ Mandanten- und Fachinformationen, ■ E-Mail-Newsletter, Weblogs, ■ Anzeigen, ■ Onlinemarketing.		

Ihr Fazit

Was haben Sie in diesem Kapitel gelernt, was soll in Ihrem Unternehmen umgesetzt werden? Tragen Sie es gleich hier ein, damit Sie nichts vergessen:

3. Liebe auf den ersten Blick – der erste Eindruck

In diesem Kapitel erfahren Sie,

- wie Sie jeden Kontaktpunkt für sich entscheiden,
- wie Sie im Internet Kunden gewinnen,
- wie Sie Annoncen überzeugend präsentieren,
- welche Inhalte Ihre Broschüren benötigen,
- wie Sie empfangen sollten,
- wie wichtig Ihre Telefonzentrale ist,
- wie Sie als Person auf andere wirken.

Aus der Mediaforschung wissen wir, dass eine ganzseitige Anzeige in einem Wochenmagazin (SPIEGEL, FOCUS, BUNTE etc.) eine durchschnittliche Betrachtungsdauer von 1,8 Sekunden hat – ziemlich genau auch die Zeit, die das Gehirn benötigt, um ein Bild inhaltlich zu erfassen. Insofern lässt sich schlussfolgern, dass bei einer Anzeige das Bild wirkt und erst dann – wenn das Bild fesselt – die Aufmerksamkeit auch auf weitere Informationen gezogen wird. Versagt das Bild, versagt die gesamte Anzeige.

Was für Anzeigen gilt, trifft gleichermaßen auf alle anderen Kontaktpunkte eines Unternehmens mit Kunden zu. Zwar unterscheidet sich die Beschäftigungsdauer mit den einzelnen Kanälen, die uns eine wie auch immer geartete Botschaft senden (Plakate, Fassade, Erscheinung des Verkäufers etc.), aber das Fazit ist identisch: Überzeugt das, was der Kunde dort vorfindet, nicht, wird er keine weiteren Aktivitäten unternehmen, um mit diesem Unternehmen in Kontakt zu treten. Der erste Blick ist entscheidend. Auf der spontanen Suche nach einem Restaurant bei der Fahrt durch eine fremde Stadt steigen Sie nicht bei jeder Gaststätte aus und betrachten die Speisekarte. Nein, das Äußere muss stimmen, und dann entscheiden Sie sich direkt. Eine vergammelte Fassade und eine uralte Beleuchtung laden eben niemanden spontan zum Essen ein.

Bei komplexeren Dienstleistungen ist der erste Eindruck ebenso wichtig, hier gilt es aber umso mehr, jeden einzelnen Kontaktpunkt zu gestalten. Bereits ein misslungener Kontakt kann den Anbieter disqualifizieren. Besonders traurig ist dies bei hervorragenden Fachleuten, die manchmal einen leichten Tunnelblick haben. Kaum ein Programmierer hat einen Sinn für Design, und viele davon tun sich auch im Umgang mit Menschen schwer. Es gibt auch andere fachlich hochkompetente Personen und Dienstleister, die sich nicht optimal präsentieren. Ein außenstehender Kunde bzw. Interessent erkennt aber nicht die fachliche Kompetenz, sondern sieht nur die schäbige Präsentation und schließt (leider) von der Außenwirkung auf die Qualität der Leistung. Die Leistung und Zusatzservices sind topp, aber keiner weiß es – da der erste Kontakt (Internet, Gelbe Seiten, Telefonzentrale etc.) wenig überzeugend ist. Ein Vermögens- oder Versicherungsberater kann fachlich höchst kompetent sein, wenn er sich jedoch mit seinem Auftreten nicht für die nächste Runde qualifiziert, werden die Kunden nie in den Genuss seiner vorzüglichen Arbeit kommen. Je stärker fachlich orientiert ein Unternehmen ist und je mehr die Geschäftsführung aus Fachleuten als aus Kaufleuten besteht, desto größer ist die Gefahr, dass die Außenwirkung und -kommunikation unterschätzt und vernachlässigt werden.

Die nachfolgenden Ausführungen werden Ihnen helfen, Ihren Blick dahingehend etwas zu schärfen, Ihren Kunden Unsicherheiten zu nehmen und sich professionell zu positionieren.

Überzeugen Sie im Augenblick der Wahrheit

Bei der Optimierung Ihrer Prozesse stellt die Blueprint-Analyse eine wertvolle Hilfe dar. Das Blueprinting stellt in grafischer Form eine exakte Abbildung eines Service- oder Dienstleistungsprozesses und des Wahrnehmungspfades der Kunden (insbesondere der Kontaktpunkte mit dem Unternehmen) dar. Da wir im Marketing für Dienstleistungen davon ausgehen, dass Kunden vor, während und nach einem Dienstleistungsprozess bestimmte Erlebnisse als besonders qualitätsrelevant einstufen, hilft das Blueprinting, diese Momente zu analysieren und zum Vorteil des Unternehmens zu gestalten. Denn jeder Moment ist für das Unternehmen ein „Augenblick der Wahrheit".

Sie wissen bereits: Dienstleistungen und Services sind immateriell und somit in ihrem Ergebnis kaum vom potenziellen Käufer abschließend beurteilbar. Das Kaufrisiko ist – gegenüber einem materiellen Produkt – wesentlich höher. Infolgedessen sucht das Gehirn des Kunden nach Ersatzindikatoren, die die Qualität der Dienstleistung im Voraus beschreiben und das Risiko kalkulierbar machen sollen. Deshalb ist für Dienstleistungsunternehmen das Blueprinting wichtig, um aus Kundensicht festzustellen, ob ein Vertrauen erweckendes Gesamtbild präsentiert wird.

Überzeugen Sie im Augenblick der Wahrheit

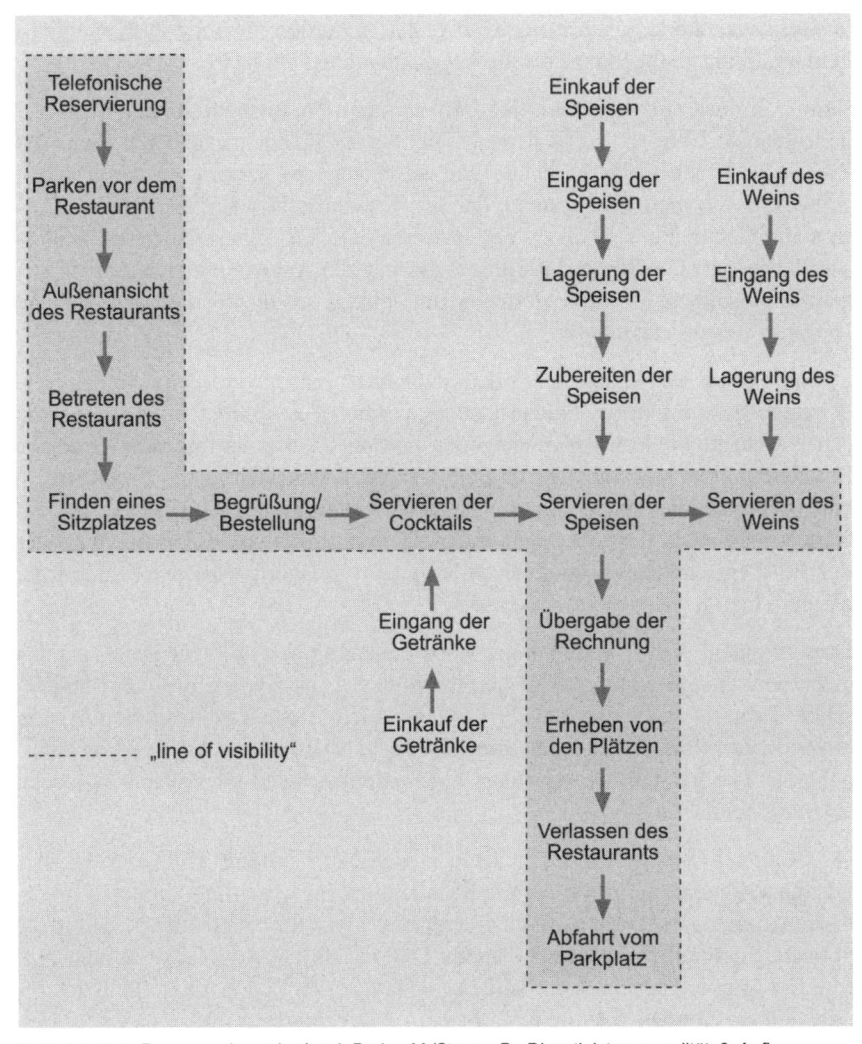

```
┌─────────────────┐                    ┌─────────────────┐
│ Telefonische    │                    │ Einkauf der     │
│ Reservierung    │                    │ Speisen         │
└────────┬────────┘                    └────────┬────────┘
         ▼                                      ▼
┌─────────────────┐                    ┌─────────────────┐  ┌─────────────────┐
│ Parken vor dem  │                    │ Eingang der     │  │ Einkauf des     │
│ Restaurant      │                    │ Speisen         │  │ Weins           │
└────────┬────────┘                    └────────┬────────┘  └────────┬────────┘
         ▼                                      ▼                    ▼
┌─────────────────┐                    ┌─────────────────┐  ┌─────────────────┐
│ Außenansicht    │                    │ Lagerung der    │  │ Eingang des     │
│ des Restaurants │                    │ Speisen         │  │ Weins           │
└────────┬────────┘                    └────────┬────────┘  └────────┬────────┘
         ▼                                      ▼                    ▼
┌─────────────────┐                    ┌─────────────────┐  ┌─────────────────┐
│ Betreten des    │                    │ Zubereiten der  │  │ Lagerung des    │
│ Restaurants     │                    │ Speisen         │  │ Weins           │
└────────┬────────┘                    └────────┬────────┘  └────────┬────────┘
         ▼                                      ▼                    ▼
┌─────────────┐  ┌─────────────┐  ┌─────────────┐  ┌─────────────┐  ┌─────────────┐
│ Finden eines│─▶│ Begrüßung/  │─▶│ Servieren   │─▶│ Servieren   │─▶│ Servieren   │
│ Sitzplatzes │  │ Bestellung  │  │ der Cocktails│ │ der Speisen │  │ des Weins   │
└─────────────┘  └─────────────┘  └─────────────┘  └─────────────┘  └─────────────┘
                                         ▲                ▼
                                  ┌─────────────┐  ┌─────────────┐
                                  │ Eingang der │  │ Übergabe der│
                                  │ Getränke    │  │ Rechnung    │
                                  └─────────────┘  └─────────────┘
                                         ▲                ▼
                                  ┌─────────────┐  ┌─────────────┐
   ----- „line of visibility"     │ Einkauf der │  │ Erheben von │
                                  │ Getränke    │  │ den Plätzen │
                                  └─────────────┘  └─────────────┘
                                                          ▼
                                                   ┌─────────────┐
                                                   │ Verlassen   │
                                                   │ des         │
                                                   │ Restaurants │
                                                   └─────────────┘
                                                          ▼
                                                   ┌─────────────┐
                                                   │ Abfahrt vom │
                                                   │ Parkplatz   │
                                                   └─────────────┘
```

Blueprint eines Restaurantbesuchs (nach Bruhn, M./Stauss, B., Dienstleistungsqualität, 3. Aufl., Wiesbaden, 1999, Seite 328)

Die im Blueprinting zu erstellende Grafik zeigt die verschiedenen Phasen des Prozesses an. Durch das Verfahren kann die Leistung in ihre Einzelbausteine zerlegt und so besser analysiert werden. Dienstleistungsprozesse werden dadurch transparenter, und Schwachstellen und Reibungsverluste können sichtbar gemacht werden. Das Blueprinting (auch Kontaktpunktanalyse oder sequenzielle Ereignismethode genannt) kann so gestaltet werden, dass sie auch mögliche Fehler und die wichtigsten Entscheidungssituationen beinhaltet.

Beim Vergleich von Blueprinting mit anderen Prozessabbildungen liegt der bedeutendste Unterschied in der Einbindung der Kunden und deren Sicht des Prozesses. Um ein ausführliches und ausgewogenes Diagramm zu erhalten, sollten Sie mit mehreren Kunden den aus Kundensicht wahrgenommenen Prozess abbilden und anschließend alle Prozesse in einem Schaubild zusammenfassen. Nebenbei: Das Blueprinting ist nicht nur die Analyse eines bereits bestehenden Prozesses, es sollte vielmehr von Anfang an mit der Entwicklung von Dienstleistungen erstellt werden.

Lassen Sie uns das Blueprinting der Einfachheit halber am Beispiel eines Restaurantbesuchs erläutern. Die so genannte „line of visibility" zeigt an, welche Prozessschritte direkt vom Kunden oder in seinem Beisein erfolgen bzw. welche Bereiche für den Kunden sichtbar sind. Was der Kunde sieht, kann er bewerten – hier muss sich das Unternehmen besonders beweisen. Aber auch das, was der Kunde nicht sieht, darf deswegen nicht aus dem Blickwinkel geraten. Wird der falsche Wein eingekauft oder falsch temperiert gelagert, wird der Kunde trotz des perfekten Service unzufrieden sein.

Dass zu einem positiv wahrgenommenen Restaurantbesuch mehr gehört als das mehr oder minder erfolgreiche Servieren der Speisen, wird Sie nicht überraschen. Konkret kann das heißen, dass die telefonische Tischreservierung von einem Mitarbeiter entgegengenommen wird, der keine sprachlichen Verständigungsschwierigkeiten hat, oder dass nach jedem Kunden eine neue Tischdecke aufgelegt wird.

Der Anbieter sieht oftmals nur seine eigentliche Leistung als Kernstück der Qualitätsoffenbarung. Aber der Kunde bekommt ein wesentlich breiteres Erlebnisspektrum, das er zur Beurteilung heranzieht. Was für ein Restaurant gilt, trifft übrigens auch auf Ihr Unternehmen zu. Und je höherwertig und preisintensiver Ihre Leistung ist, desto stärker sollten Sie darauf Wert legen, dass alle Kontaktpunkte Ihres Kunden mit Ihrem Unternehmen überzeugend sind.

Das abgebildete Diagramm zeigt nur die wesentlichsten Punkte auf, in der Praxis spielt sich aber zwischen dem Servieren der Speisen und der Übergabe der Rechnung eine ganze Menge ab, was den Gast zur Weißglut treiben kann. Wie oft haben Sie schon vergeblich nach einem Ober gesucht? Haben auch Sie schon einmal mit leeren Gläsern den Abend ausklingen lassen? Und als Sie dann bezahlen wollten, war wieder weit und breit kein Personal zu sehen. Je intensiver Sie das Blueprinting für sich betreiben und je detaillierter Sie die einzelnen Punkte analysieren, desto mehr werden Sie (und Ihre Kunden) davon profitieren.

Meist wird das Blueprint für einen Dienstleistungsprozess während seiner Erbringung erstellt. Es ist aber ratsam, wesentlich früher anzusetzen. Denn nicht nur die Dienstleistungserbringung ist relevant, sondern auch die Präsentation dieser Leistung vor Erbringung derselben.

Beginnen Sie bei dem Blueprinting Ihres Leistungsprozesses unbedingt mit dem allerersten Kontakt, beispielsweise mit einer Anzeige in den Gelben Seiten oder auch nur mit dem Trefferergebnis innerhalb einer Internet-Suchmaschine. Wirkt die Anzeige in den Gelben Seiten unseriös (nicht Ihr Geschmack entscheidet, sondern der des Kunden), wird es schon gar nicht zu einem weiteren Kontaktpunkt kommen. Denn auch hier gilt: Der Fehler eines einzigen Kontaktpunkts kann das gesamte Unternehmen disqualifizieren.

Mit welchen Symbolen und Grafiken Sie den Verlauf darstellen, bleibt Ihnen überlassen. Das ändert nichts an der Systematik. Wichtig ist nur, dass das Diagramm für Sie überschaubar und schlüssig bleibt.

Versetzen Sie sich in verschiedene Kunden, und gehen Sie gedanklich alle Schritte durch – auch wenn sie Ihnen im ersten Moment unwichtig erscheinen. Besser ist natürlich, Sie bitten tatsächliche Kunden, einen solchen Ablauf für Sie zu beschreiben. Dann können sie auch gleich die positiven oder negativen Eindrücke schildern, die sie dabei hatten.

So gehen Sie im Detail vor, wenn Sie ein Blueprinting erstellen:

1. Legen Sie einen bestimmten Prozess für das Blueprinting fest.
2. Identifizieren Sie die relevanten Zielgruppen oder Kunden.
3. Zeichnen Sie den Ablauf aus der Sicht des Kunden.
4. Fügen Sie Aktionen Ihrer Mitarbeiter und Gerätschaften (z. B. durch den Kunden selbst zu bedienende Saftmaschine beim Frühstücksbuffet oder Computerterminal) hinzu.
5. Fügen Sie Ihre internen Abstimmungen hinzu (ggf. mit Lieferanten).
6. Fügen Sie den Nachweis Ihrer Leistung hinzu (Welchen Nutzen hat der Kunde durch Ihre Leistung erhalten?).

Darüber hinaus kann es sinnvoll sein, das erstellte Blueprinting mit weiteren Aktivitäten zu ergänzen, die der Kunde vornimmt – auch ohne mit dem Unternehmen direkt in Kontakt zu kommen (beispielsweise die Parkplatzsuche). Dies mag helfen, die Kundenanforderungen besser zu verstehen oder zusätzliche

Signale zu senden. Analysieren Sie das Verhalten Ihrer Kunden! Vielleicht finden Sie weitere Ansatzpunkte, um Ihre Leistung ins rechte Licht zu rücken.

Alle im Blueprinting analysierten Kontaktpunkte sind auf die Wirkung beim Kunden hinsichtlich des Vertrauensaufbaus zu überprüfen. Jeder Kontaktpunkt muss eine vertrauensbildende Maßnahme darstellen – darf keine Unsicherheit aufwerfen, sondern muss vielmehr Vertrauen in den Dienstleister vermitteln.

Auf der Suche nach einem Restaurant kann die Anzeige in den Gelben Seiten relevant sein. Von einem Restaurant mit einer gut aufgemachten Anzeige erwartet man mehr als von einem Restaurant mit Standardanzeige. Natürlich kann man sich täuschen, aber das empfundene Risiko, die Katze im Sack zu kaufen, ist geringer. Enthält die Anzeige gar noch Bilder vom Ambiente oder gibt einen Hinweis auf eine ausführliche Internetpräsentation des Restaurants, kann man sich guten Gewissens entscheiden. Zumindest die Wahl hinsichtlich des Ambientes fällt leichter. Nun muss der Koch noch seinen Teil hinzufügen, damit es ein gelungener Abend wird.

Je mehr Einblick Ihr Unternehmen seinem potenziellen Kunden im Vorfeld gewährt, desto einfacher fällt dem Kunden die Wahl. Aber Vorsicht: Manches Foto hätte lieber nie seinen Weg in eine Broschüre oder Anzeige finden sollen. Was Ihnen gefällt, muss noch lange nicht den Geschmack Ihrer Kunden treffen. Hier sollten Sie auf professionelle Hilfe eines Fotografen oder einer Agentur zurückgreifen. Auch eine Digitalkamera macht nicht von allein einwandfreie Bilder, und die Qualität der Aufnahmen ist nicht vergleichbar mit professionellen Fotografien.

Jeder Kontakt, ob persönlich oder nicht, ist ein „Augenblick der Wahrheit" und erzeugt eine positive oder negative Gestimmtheit des Kunden. Ein einziger als negativ beurteilter Kontakt kann den Dienstleister komplett disqualifizieren. Schon allein deshalb ist das Blueprinting vom Standpunkt und aus der Betrachtungsweise der Kunden durchzuführen. Diese ermittelten Ereignisse, die „Schlüsselgeschehnisse", bedürfen Ihrer vollen Aufmerksamkeit. Durch die Gestaltung der Kontaktpunkte bestimmen Sie, ob die Kunden positiv oder negativ reagieren werden.

Interessanterweise betreffen die negativen Punkte vor allem den Erstkontakt. Die Mitarbeiter der Telefonzentrale haben meist wenig Kenntnisse über Strukturen und Leistungen des Unternehmens (von mangelnder Freundlichkeit ganz zu schweigen). Ich habe Empfangsbereiche in mittelständischen Unternehmen kennen gelernt, die so dreckig und vergammelt waren, dass ich einen erneuten Besuch gerne vermeide. Dies ist natürlich die Ausnahme, aber bei nahezu jedem Empfangsbereich kann noch etwas verbessert werden.

Der häufigste Fehler hier ist, dass ein Kunde, nachdem er die Räumlichkeiten betreten hat, ohne Ansprache bleibt. In vielen Unternehmen gibt es tatsächlich keinen Empfang. Welche Wirkung hat dies auf den Kunden? Muss er annehmen, dass er auch weiterhin auf sich gestellt bleibt? Hat denn keiner Zeit für ihn? Ist er unwichtig? Allerdings ist ein vorhandener Empfang, an dem man nicht beachtet wird, genauso schlimm – wenn nicht gar schlimmer. Ein richtiges „Herzlich willkommen" kommt wesentlich seltener vor, als man denkt.

In diesem Zusammenhang hat mich ein Unternehmen sehr beeindruckt, das alle Kunden und sogar Lieferanten namentlich auf einer großen Tafel im Eingangsbereich begrüßt (Termin natürlich vorausgesetzt). Unnötig zu sagen, dass auch der Empfang mit einer kompetenten Mitarbeiterin besetzt ist, die ihren Job ausgezeichnet macht.

Ungelogen: Der Paketzusteller eines deutschen Paketdienstes riecht so intensiv (sogar im Winter), dass jedes Mal nach der Ablieferung einer Sendung sämtliche Fenster im Eingangsbereich unseres Büros geöffnet werden müssen. Werde ich jemals auf den Gedanken kommen, mit diesem Unternehmen Pakete an unsere anspruchsvollen Kunden zu senden? Wohl nicht.

Sie sehen also, es gibt Prozesspunkte (z. B. Übergabe von Unterlagen), die nicht direkt in Ihrem Einflussbereich liegen, Ihnen aber trotzdem positiv oder negativ angerechnet werden. Es fällt positiv auf, wenn Sie zwei oder drei Euro mehr investieren und mit einem freundlichen, zuverlässigen und schnellen Kurier oder Paketdienst versenden. Oder: Was nützt die beste Image- oder Verkaufsbroschüre, wenn der potenzielle Kunde aufgrund des schlechten Internetauftritts eines Unternehmens diese Unterlagen gar nicht mehr anfordert? Da können Sie noch so schöne Broschüren im Einsatz haben – von diesen Entscheidern zumindest werden sie nicht angefordert.

Etliche Unternehmen leben heute noch in der Vorstellung, das Internet wäre nicht entscheidend. Weit gefehlt! Es ist legitim, dass etwas ältere Geschäftsführer und Entscheider das Internet nicht zu ihrem Hauptwerkzeug entwickelt haben. Aber sie sollten dann nicht davon ausgehen, dass auch ihre Kunden das Informationsmedium Nummer 1 vernachlässigen.

Die Blueprint-Analyse zieht viel Arbeit nach sich. Aber sie lohnt sich, und Sie werden umgehend Resultate in Form von neuen oder zufriedeneren Kundenkontakten erhalten. Ihr Neukunde wird über eines der nachfolgend aufgeführten „Einfallstore" mit Ihrem Unternehmen in Kontakt kommen – sei es Internet, Anzeigen, Broschüren, persönlich in Ihrem Service- oder Empfangsbereich, telefonisch oder direkt mit einem Mitarbeiter. Der erste Eindruck entscheidet – auch bei Dienstleistern. Und deshalb muss hier in Sachen Vertrauensaufbau alles stimmen.

Das Internet – Netz der unbegrenzten Möglichkeiten?

Das Internet bietet für Nachfrager und Anbieter gleichermaßen eine interessante Informationsplattform. Der Nachfrager kann anonym und im geschützten Rahmen zu Hause suchen, und der Anbieter hat eine Plattform zur Selbstpräsentation, die es ihm allerdings auch ermöglicht, in das Büro oder in die Wohnung des Interessenten einzudringen, ohne dass er das als Einmischung in die Privatsphäre deuten würde (wie bei einem Telefonanruf oder teils auch bei Mailing per Post). Wer heute gefunden werden will, muss im Internet präsent sein. Denn das Internet ist *die* Informationsplattform schlechthin geworden. Über das Internet informiert sich der Anleger über verschiedene Banken und Fonds, holt sich der Privatmann Angebote über Umzugsunternehmen und Maler ein und informiert sich der Marketingleiter über Werbeagenturen, aktuelle Mediadaten und Untersuchungen. Längst spielen die Gelben Seiten bei den Entscheidern keine bedeutende Rolle mehr, denn im Internet wird man umfassender und detaillierter fündig. Dienstleistungsunternehmen müssen sich der hohen Informationsanfrage stellen – und das tun beiliebe noch nicht alle. Der überwiegende Teil der Seiten bietet schlichtweg zu stark standardisierte und wenig aussagekräftige Informationen. Denn ausgehend von den bekannten Unsicherheiten eines potenziellen Kunden haben Dienstleister nun beim Erstkontakt im Internet die Aufgabe, den ungestellten Fragen (das heißt Unsicherheiten) zu begegnen und Antworten zu geben.

Was sind nun die Augenblicke der Wahrheit beim Betrachten einer Website? Die folgenden Bereiche bieten sich an:

- Design
- Benutzerführung (Usability)
- Informationsgehalt
- Sicherheiten vermitteln

Beachten Sie, dass Sie auf Ihrer Website ja etwas Immaterielles und Unfertiges präsentieren. Faktisch präsentieren Sie nur Versprechungen und Absichtserklärungen. Der Benutzer fühlt sich unsicher und liest unter anderem am Design ab, ob Sie professionell oder dilettantisch arbeiten. Egal, ob Freiberufler oder Konzern: Wer an seiner Website spart, hat keinen Grund, sich über mangelnden Zuspruch zu beklagen. Und nicht Ihr Geschmack entscheidet, sondern der Ihrer potenziellen Kunden. Fragen Sie nicht nur Ihre Freunde oder Ihren Lebenspartner – fragen Sie eine Agentur und natürlich auch Ihre Kunden, die Personen, auf die es letztlich ankommt.

Aber dass es auch anders geht, beweisen immer mehr Unternehmen aus der Banken- und Versicherungsbranche. Eine Vielzahl von Verträgen und Transaktionen kann heute bereits online ohne die Mitwirkung des Unternehmens in sichtbarer Form erledigt werden. Für solche Unternehmen ist die Website wichtiger als das repräsentative Bank- oder Versicherungsgebäude in Frankfurt. Aber auch andere Dienstleister wie Anwälte, Steuerberater oder Ingenieure gewinnen heute Kunden direkt über das Internet, obwohl das wahrgenommene Risiko bei einer Rechtsberatung sehr hoch ist. Eine gelungene und vor allen Vertrauen erweckende Selbstdarstellung ist dafür natürlich die zwingende Voraussetzung, um das Risikoempfinden der Interessenten soweit abzubauen, dass er Kontakt aufnimmt.

Quer über alle Branchen hinweg weisen die Abrufstatistiken von Internetseiten so gut wie immer eines aus: Die Rubrik „Referenzen" bzw. „Kunden" ist bei allen Dienstleistungsbetrieben die meist besuchte Rubrik der Website. Warum ist das so? Verbraucher trauen unseren Werbesprüchen und -texten nicht mehr. Wieso auch – immerhin sind sie selbst gemacht. Aber durch Referenzen können sie ablesen, was das Unternehmen tatsächlich geleistet hat. Und das ist glaubhaft. Aber nichts ist lächerlicher als die Nennung eines bekannten Namens, obwohl dafür lediglich ein Miniauftrag ausgeführt wurde. Ich erinnere mich an die Referenznennung „BMW Aktiengesellschaft", obwohl die Agentur lediglich für einen lokalen Motorradhändler bereits vorgefertigte Einladungen versendet hat.

Nehmen Sie deshalb die Rubrik „Referenzen" oder „Kunden" mit auf Ihre Website. Wenn Sie keine konkret nennen wollen oder können, dann umschreiben Sie etwas. Statt den Namen DaimlerChrysler können Sie auch „führender deutscher Automobilhersteller" schreiben. Neben dem reinen „Name-dropping" sollten Sie unbedingt komplette Projekte beschreiben. Hier erfährt Ihr Kunde, was Sie konkret gemacht haben, und er kann Ihre Kompetenz ablesen.

Annoncen – einfach und teuer

Annoncen in Tages- oder Wochenzeitungen oder im geeigneten Fall in Fachzeitschriften sind ein allseits beliebtes Instrument, um auf sich aufmerksam zu machen. Ob Bildungsträger, Gastronomie, Kreditinstitute oder das Versicherungsgewerbe – die meisten Dienstleister sehen die Notwendigkeit für sich, mit Annoncen zu werben. In der Regel werden dabei gerne zwei Fehler gemacht: Zum einen wird die Resonanz überschätzt, und zum anderen wird der Rhythmus der Veröffentlichungen falsch gesetzt. Ich habe bislang noch nie jemanden kennen gelernt, der mit dem Response auf seine Anzeigenschaltungen auch nur halbwegs zufrieden gewesen wäre. Denn im Verhältnis zu allen anderen Werbemöglichkeiten sind Anzeigen – zumindest in Tageszeitungen oder allgemeinen Publikumspublikationen) – schlichtweg zu teuer. Vor allem Dienstleistungsunternehmen, die sich auf bestimmte Zielgruppen festgelegt haben, müssen einen hohen Streuverlust in Kauf nehmen. Natürlich hat die Frankfurter Allgemeine Zeitung eine Auflage von etwa 425 000 Exemplaren an einem Samstag, aber darunter gibt es nur einen Bruchteil von Personen, die gerade an diesem Samstag einen Rechtsanwalt für Steuerrecht oder eine Hausratversicherung benötigen. Es gibt nur eine Lösung: Sie müssen immer wieder schalten – dauerhaft! Einmalig oder selten geschaltete Anzeigen verpuffen in der Erinnerungswirkung der Leser und Betrachter. Durch eine ständige Anzeigenschaltung „brennt" sich die Werbebotschaft jedoch in das Gehirn des Lesers ein und kann von dort abgerufen werden, wenn tatsächlich Bedarf besteht. Denken Sie an die Grafik im vorigen Kapitel – nur die richtige Taktung führt langfristig zu einem hohen Bekanntheitsgrad.

Die angebotene Leistung ist ja bekanntlich unsichtbar. Wenn deshalb beispielsweise ein Friseur eine Anzeige schaltet, wird er fast nur über den Preis gehen können: „Schneiden, Waschen, Föhnen für nur 19,90 Euro", oder der Steuerberater weist in seiner Anzeige darauf hin, dass er sich auf Bilanzsteuerrecht und Aktiengesellschaften spezialisiert hat. Der Steuerberater hat es schon halbwegs richtig gemacht: Er hat sich spezialisiert und gewinnt dadurch bei der für ihn relevanten Zielgruppe Vertrauen. Für ihn und auch den Friseur gilt gleichermaßen, dass die Abbildung des Inhabers und eventuell des kompletten Teams wohl das wirkungsvollste Mittel zum Vertrauensaufbau wäre. Denn Vertrauen können wir nur gegenüber Personen aufbauen. Haben wir Vertrauen gegenüber einer Firma, hängt dies mit den dort arbeitenden Personen zusammen. Wie soll Vertrauen gegenüber einem Gebäude aufgebaut werden?

Der Inhaber eines Möbelfachgeschäfts wirbt mit seiner Person um Vertrauen

Annoncen – einfach und teuer

Letztlich sind es immer Menschen, denen wir Vertrauen schenken. Wenn Dienstleistungsunternehmen möchten, dass man ihnen vertraut, sind sie gut beraten, sympathische Personen in ihrer Anzeige mit abzubilden. Der Inhaber eines hülsta-Studios wirbt in Tageszeitungen mit nichts anderem als mit seiner Person und dem damit verbundenen Vertrauensvorsprung, den er sich somit gegenüber großen Möbelhäusern verschafft. Denn die Möbel gibt es auch bei den Möbelhäusern – aber wer viel Geld ausgibt, möchte schließlich auch individuell beraten werden.

Scheuen Sie nicht die Ausgaben für einen guten Werbefotografen, der sich auf People-Aufnahmen spezialisiert hat. Er wird die Kundenkontaktmitarbeiter gut in Szene setzen – damit Ihr Kunde weiß, wem er vertrauen kann. Die in diesem Zusammenhang wohl bekannteste Person ist die für Versicherungen geschaffene Person „Herr Kaiser" von der Hamburg-Mannheimer Versicherung. Das Unternehmen hat schon früh erkannt, dass es selbst als Versicherer nur schwer Vertrauen gewinnen kann. Das fällt leichter mit einer sympathischen Person mit leicht grauen Schläfen – ein Mann eben in den besten Jahren. Wer würde dem nicht vertrauen? Die meisten Deutschen kennen den seit September 1972 eingesetzten Herrn Günter Kaiser (gelegentlich wechselt allerdings das eingesetzte Model). Aus diesem Grund benennt das Unternehmen mittlerweile auch seine Produkte schon mit dem Namen ihres Herrn Kaiser – beispielsweise die „KAISER-RENTE®". Mir ist keine Erhebung darüber bekannt, aber ich bin sicher, dass Herr Kaiser einen höheren Bekanntheitsgrad als sein Arbeitgeber besitzt.

Von Herrn Kaiser zum Kaiser: Neben der Darstellung der eigenen Person oder von Mitarbeitern (auch wenn es nur unbekannte Models sind, wie bei der Hamburg-Mannheimer) bietet sich auch der Einsatz von so genannten Testimonials an, also Aussagen von Personen des öffentlichen Lebens. Wissen Sie noch, wofür der „Kaiser" Franz Beckenbauer schon alles werben durfte? Unter anderem wurde Beckenbauer von O2, YelloStrom und der Postbank für Werbezwecke eingesetzt – alles Dienstleistungsunternehmen, deren eigentliche Leistung immateriell und schlecht präsentierbar ist. Zwar kann die Postbank ihre Kontenmodelle aufzeigen, aber schafft das allein das gewünschte Vertrauen?

Setzen Sie auf Personen, und fördern Sie so den Vertrauensaufbau zwischen Ihren potenziellen Kunden und Ihrem Unternehmen. Personifizieren und Vermenschlichen Sie Ihr Angebot durch eine im wahrsten Sinne des Wortes greifbare Person.

Wie Ihre Broschüren und andere Printprodukte wirken

„Ich bin über Ihre Website auf Sie aufmerksam geworden, bitte senden Sie mir Ihre Unterlagen per Post zu." Das Internet bietet Unternehmen die hervorragende Möglichkeit, sich seinen Kunden und Interessenten in aller Breite und Ausführlichkeit öffentlich zu präsentieren und Leistungen im Detail zu beschreiben. Da erscheint es schon paradox, dass die Beliebtheit von gedrucktem Material kaum abnimmt und von der potenziellen Kundschaft nach wie vor angefordert wird. Wenngleich Datenblätter, technische Beschreibungen und Dokumentationen in der Tat oftmals nur noch als PDF existieren, sind Verkaufs- und Imagebroschüren für viele Betriebe immer noch wichtiger als eine aussagekräftige Internetpräsentation. Denn das gedruckte Wort gilt wohl mehr als die Darstellung auf dem Bildschirm. Zu Recht?

Nahezu 60 Prozent aller Entscheider entscheiden sich nach einem Besuch auf der Website eines Unternehmens, ob sie mit diesem Unternehmen in weiteren Kontakt treten wollen. Mit anderen Worten: Wenn die Website nicht überzeugt, wird die Imagebroschüre nie ihren Weg zum potenziellen Kunden finden – der nämlich hat seine Entscheidung schon getroffen. Bringt uns das im Fazit dazu, alle Energie nur in die Website zu stecken? Nein, unter Betrachtung des Blueprint stellen wir sehr schnell fest, dass jeder Kontaktpunkt – und somit auch ein Printprodukt – überzeugen muss. Vielmehr noch: Es muss Vertrauen aufbauen. Dienstleister müssen engagiert jeden erdenklichen Kanal nutzen, um aufgrund der Immaterialität der eigentlichen Leistung die auftretende Unsicherheit hinsichtlich Leistungsqualität zu bekämpfen und Vertrauen aufzubauen. Was gibt Ihrem Kunden Vertrauen in Ihr Unternehmen? Die Antworten dazu müssen sich in einem Printprodukt wieder finden. Stellen Sie sich nicht nur bei jeder Drucksache die Frage: „Baut das Vertrauen auf?" Reine Unternehmens- und Leistungsbeschreibungen tun dies in der Regel nicht. Seien Sie ruhig etwas kritisch mit sich selbst. Die 300-jährige Geschichte des Unternehmens ist kein Indiz für modernes und innovatives Arbeiten heute, und selbst eine moderne Ausrüstung verspricht keine gute Qualität. Es gibt wirkungsvolle Mittel wie Garantien und Versprechen (siehe Kapitel 6), mit denen Sie Ihre Kunden überzeugen können.

Dienstleistungsunternehmen sind im Gegensatz zum produzierenden Gewerbe in der Regel recht personalintensive Betriebe. Die Kommunikation mit Mitarbeitern und die Zusammenarbeit zwischen Kunde und Mitarbeiter beeinflusst wesentlich die Leistungsqualität. Präsentieren Sie deshalb offen die Mitarbeiter des Unternehmens, die Kundenkontakt pflegen. Für einen Bildungsträger ist es unerlässlich, den oder die Dozenten mit kurzer Vita zu zeigen – denn die Qualität eines Seminars hängt vom Dozenten ab. Selbst gute Werbetexter schaffen nicht das, was ein freundliches Bild einer Kontaktperson schaffen kann. Wir können nicht Vertrauen in statische Unternehmungen oder Broschüren aufbauen – Vertrauen bauen wir aber zu Menschen auf. Ein sympathisches Bild lässt vermuten, dass ein sympathischer Mensch dahinter steckt. Der Anruf bei einer Telefonnummer mit Bild fällt leichter als bei einer unbekannten Telefonzentrale. Aber das wissen Sie ja schon aus dem Abschnitt über Anzeigen.

Lassen Sie aber noch ganz andere zu Wort kommen, beispielsweise zufriedene Kunden. Deren Meinung über Ihr Unternehmen wird vom Leser als hochwertiger und glaubhafter eingestuft als der übliche Werbetext. Gut eingebunden in das Layout, werben begeisterte Kunden wesentlich effektiver, als Sie es selbst durch Werbetext je schaffen könnten. Einen allerdings misslungenen Versuch in eine zumindest ähnliche Richtung machen einige Supermarktketten in ihren Wochenbeilagen und bilden Models mit dem zu verkaufenden Schlafanzug ab. Daneben steht dann: „Sylvia (32 Jahre), Kundin". Ich habe Sylvia in diesem Supermarkt leider noch nie gesehen ...

Ein absolutes Muss für jedes Dienstleistungsunternehmen ist die Präsentation der Verantwortlichen. Auf den ersten Seiten einer Publikation ist ein Statement des Inhabers, Geschäftsführers oder Vorstandsvorsitzenden Pflicht. Der Unternehmenslenker hat aus Kundensicht das stärkste Gewicht innerhalb der Firma – sein Wort ist Gesetz. Wenn nun eine solche Person seinen Kunden Qualitätsversprechungen macht, dann kann der Kunde Vertrauen aufbauen. Lassen Sie Ihre Kunden deshalb nicht im Zweifel, dass absolute Kundenzufriedenheit und -begeisterung sowie hundertprozentige Qualität des Leistungsergebnisses der Maßstab Ihres Handelns und deren Einhaltung reine Chefsache ist. Der Chef ist das personifizierte Unternehmen, es wäre sträflich, ihn nicht mit seinem Statement abzubilden.

Nutzen Sie die Kenntnisse und Fähigkeiten von Werbeagenturen, und sparen Sie sich die Mühe, so viel wie möglich selbst machen zu wollen. Es wird in der Regel eben nur semiprofessionell. Da Ihre Präsentation für Kunden aber ein Indikator für die Qualität Ihrer Leistungen ist, können Sie nur verlieren. Ihr Geschmack muss nicht zwangsweise den Nerv Ihrer potenziellen Käuferschaft treffen. Grafiker haben gelernt, welche Schriftart für welchen Einsatzzweck geeignet ist und welche Assoziationen hervorruft. Das kann ein durchschnittlicher Marketingmensch nicht wissen und noch weniger ein Zahnarzt, Steuerberater, Hotelier, Friseur oder in welcher Branche Sie auch immer tätig sind.

Herzlich Willkommen! – Empfangsbereich und Entrances

Sie öffnen die Eingangstür des Unternehmens und stehen mitten auf dem Flur – ohne Orientierung und Anlaufstelle. Ach, da kommt ja schon jemand. Aber der läuft an Ihnen vorbei und tut so, als wären Sie nicht da. Ratlos gehen Sie zur erstbesten offenen Tür und fragen dort nach Frau Aikan. Man verweist Sie auf das Treppenhaus, dort ins dritte Geschoss, rechts bis ganz nach hinten durch den Flur, dort dann links, wieder rechts und dann die zweite Tür links.

Wie mag sich ein Kunde fühlen, wenn er die langen unbeleuchteten Flure entlang schlurft, um nach zwei Anläufen irgendwann endlich seine Ansprechpartnerin zu finden? Ich kann Ihnen versichern: Ich war schon bedient, bevor ich die Person überhaupt gesehen habe. Wie soll mir die nette Frau Aikan dann noch etwas verkaufen können, wenn ich schon mit einer solchen Stimmung in ihrem Büro ankomme? Machen Sie es Ihren Kunden nicht schwerer als nötig, und holen Sie sie so früh wie möglich ab. Kommen Sie ihnen förmlich entgegen – mit offenen Eingangstüren.

Wieso investieren Hotels Unsummen für überzeugende und atemberaubende Empfangsbereiche? Weil die ersten Sekunden entscheiden und sich im Kopf des Betrachters eine Wertung festsetzt. Der Empfangsbereich vermittelt einen ersten Eindruck von einem Unternehmen und seinem Verständnis von Umgang und Kommunikation mit Kunden und anderen Besuchern (Lieferanten). Es gibt Empfangstresen und -bereiche, die bewusst eine Trennung betonen. Durch metallische Flächen, die kühl und unnahbar wirken, wird dem Kunden suggeriert: „Bis hierher und nicht weiter." Wurden Banken früher noch mit geschlossenen Countern ausgerüstet, die aus einer dunklen Front, breiten Trennwänden und Sicherheitsglas bis an die Decke bestanden, so sieht das Interieur der modernen Banken völlig anders aus: helles Holz, viel Licht und keine trennenden Theken oder gar Glasscheiben mehr. Ein verändertes Verständnis von Kundenbeziehung wirkt sich eben sehr deutlich im Interieur eines Unternehmens aus.

Metallisch anmutendes Material transportiert keine Emotionen, es wirkt sachlich, kühl und technisch – denkbar schlecht für einen Vertrauensaufbau. Holz dagegen wirkt natürlich und warm – Kontaktbarrieren werden somit einfacher abgebaut. Helle Hölzer (Ahorn, Birke) wirken offen, nicht beengend, modern und leicht. Dunklere Holzarten wirken gediegener und strahlen somit etwas mehr Sicherheit aus. Die Kombination mit Glas nimmt auch dem Holz in der Regel die letzte Anmutung von altbacken und transportiert die Eigenschaften Transparenz, Helligkeit und Großzügigkeit.

Neben der reinen Möblierung hat der Empfangsbereich – ebenso wie andere Räumlichkeiten wie Flur, Besprechungsraum etc. – so ausgestattet zu sein, dass sich Kunden wohl und sicher fühlen. Dabei sind Faktoren wie Luftqualität oder Lichtverhältnisse zu berücksichtigen. Ein Unternehmen der Baubranche für gehobene Innenausbauten hat in seinem Besprechungsraum stets ein frisches Blumenarrangement. Der Raum ist im Gegensatz zu anderen Besprechungsräumen, auf die man oft trifft, kein miefiger, ungelüfteter Raum, sondern ein Bereich, in dem sich der Kunde wohl fühlt. Er merkt, dass er willkommen ist und dass es dem Dienstleister wichtig ist, wie er mit seinen Kunden verfährt. Das baut Vertrauen und Sicherheit auf. Was spricht gegen frische Blumen und Pflanzen in Ihrem Empfangsbereich? Neben Ihren Kunden werden auch die Mitarbeiter begeistert sein.

Was aber hilft ein einladend und offen wirkender Empfangsbereich, wenn sich ein ankommender Kunde dort die Beine in den Bauch steht? Es gilt Anwesenheitspflicht für eine oder mehrere Personen. Kunden dürfen nach dem Betreten Ihres Unternehmens nicht alleine gelassen werden – die damit verbundene Botschaft ist klar und aussagekräftig.

In einem Workshop können Sie Ihre Mitarbeiter Kunden und Situationen nachspielen lassen. Zuerst steht der Mitarbeiter vor verschlossenen Türen, dann geht der Türöffner. Einmal im Gebäude, weiß keiner, wohin er sich wenden soll und so weiter. Wenn Ihre Mitarbeiter dies einmal selbst durchgespielt haben, werden sie zukünftig sensibler damit umgehen und Kunden „an die Hand" nehmen.

Was kann ich für Sie tun? – Ihre Telefonzentrale

„Ja bitte …?"
„Ähm, bin ich mit dem Hotel Sonnenschein verbunden?"
„Ja …"
„Schön, ich habe nämlich eine Frage zu Ihrem Angebot."
„…"
„Hallo?"
„Ja ja, welche Frage denn?"
„Nun, es geht um eine mehrtägige Verbandstagung in Ihrem Haus, und da würde ich mich gerne mit jemandem unterhalten, der mir weiterhelfen kann."
„Welche Tagung?"
„Vom Verband der XY."

„Kenn' ich nicht. Ist nicht bei uns."
„Ja, ist klar. Wir haben ja auch noch nicht bei Ihnen gebucht und möchten das aber vielleicht gerne tun."
„Verbinde an Chefin."

Sicherlich kennen auch Sie solche Gesprächsverläufe. Da fühlen Sie sich als Kunde aufs herzlichste willkommen und verstanden und haben große Freude daran, diese freundliche Telefonstimme noch einmal zu hören. Nun, sie ist leider keine Seltenheit und in vielen Betrieben noch vorhanden – je handwerklicher und bodenständiger ein Unternehmen, desto höher die Wahrscheinlichkeit. Sie glauben das nicht? Rufen Sie einfach ein paar Speditionen, Werkstätten oder Maler an. Viel Spaß!

Angenommen, die Chefin des Hotels aus unserem Beispiel ist nicht im Haus (wo sie ist, weiß keiner, und wann sie wieder zurück ist, auch nicht) und Sie sollen später wieder anrufen (nein, Sie wurden nicht gefragt, ob die Chefin Sie zurückrufen darf). Würden Sie das machen wenn Sie noch andere infrage kommende Hotels auf Ihrer Liste haben? Eher nicht. Frei erfunden? Nein, das ist eine reale Begebenheit, und ich bin davon überzeugt, dass solche Situationen sich täglich in unzähligen Unternehmen ereignen – mit nicht zu unterschätzenden Auswirkungen. Die Chefin des Hauses wird nie erfahren, dass ich angerufen habe, und sie wird nie erfahren, dass ihr ein nahezu sechsstelliger Eurobetrag an Umsatz verloren gegangen ist.

Ein verpatzter Kontaktpunkt, und schon hat sich wieder ein Dienstleister disqualifiziert. Das passiert natürlich jedem Unternehmen früher oder später – aber bitte seltener als häufiger. Die Telefonzentrale ist meist der allererste persönliche Kontakt mit einem Dienstleister. Vorgeschaltet sind Internet, Annoncen, Broschüren und vieles mehr, und dafür wird häufig ein hoher Aufwand betrieben. Zu Recht, denn hier kann noch kontrolliert und abgestimmt werden. Beim persönlichen Kontakt kommt der Faktor Mensch ins Spiel – ein unberechenbarer Faktor, der dann eben auch die Spreu vom Weizen trennt.

In einem Mitarbeiterworkshop bin ich mit einer Auswahl von Mitarbeitern eines Ingenieurbüros die einzelnen Kontaktpunkte durchgegangen, und die Mitarbeiter haben von sich aus Verbesserungsmöglichkeiten geliefert. An der Stelle Telefonzentrale hatten alle Mitarbeiter (bis auf einen) plötzlich sehr viele Vorschläge. Die eine Mitarbeiterin war die Person in der Telefonzentrale – nun wurde ihr in geschützter und freundschaftlicher Atmosphäre der Spiegel vorgehalten. Sie erkannte, dass mit Kunden und Auftraggebern in der Tat anders zu kommunizieren sei und sich ihre Gemütsverfassung tunlichst nicht in der Art der Ansprache widerspiegeln sollte. Der Workshop bot eine hervorragende Plattform, dass auch andere Mitarbeiter recht wertneutral ihre Vorstellungen von einer guten Telefonzentrale äußern konnten. Gemeinsam haben wir dann eine passende Begrüßungsformel festgelegt, an die sich jeder Mitarbeiter bei eingehenden Telefonaten halten muss. Das Ergebnis war allerdings wirklich verblüffend: Bei meinem nächsten Anruf in diesem Unternehmen habe ich die Person an der Telefonzentrale nicht wieder erkannt. Statt einem schlichten Gemurmel des Eigentümernamens meldete sich die Mitarbeiterin mit dem vollen Firmennamen, mit ihrem Namen, und sie fragte mich sogar, wie sie mir weiterhelfen könne. Genau wie vereinbart, locker (nicht abgelesen) und äußerst freundlich und zuvorkommend. So fühle ich mich als Kunde freundlich empfangen und nicht als lästiger Bittsteller, der verzweifelt einen Anbieter sucht (und offensichtlich keinen besseren findet). „Kunde droht mit Auftrag" ist witzig gemeint, allzu weit von der Realität in manchen Unternehmen jedoch nicht entfernt.

Noch ein kurzer Tipp: Halten Sie beim Telefon immer Stift und Zettel bereit, um sich sofort den Namen des Anrufers notieren zu können. Im weiteren Verlauf können Sie Ihren Gesprächspartner dann direkt mit Namen ansprechen. Das wirkt persönlich und vertrauensvoll. Zudem spürt der Anrufer, dass er Ihnen wichtig ist.

„Guten Tag, ich bin ..." – Wie Sie als Person wirken

Innerhalb weniger Sekunden, nachdem Sie den Raum betreten haben, hat sich Ihr Gegenüber eine Meinung über Sie und Ihre Leistungen gebildet – ohne dass Sie sehr viel mehr als Ihren Namen genannt haben. Ob Sie das wollen, für gut heißen oder nicht, es ist eben so, und Sie müssen sich darauf einstellen.

Ich hatte schon potenzielle Lieferanten in unserem Besprechungsraum, die so starke Alkoholausdünstungen von sich gaben, dass mir selbst schwindelig wurde (seitdem gibt es in meinem Wortschatz den Begriff des „Passivtrinkens"). Aber auch Raucher können sich durch schlechten Atem und nach Rauch riechende Kleidung selbst disqualifizieren. Sie haben sicherlich auch schon Erfahrungen mit Personen gemacht, die Sie – egal, was sie angeboten haben – schnellstmöglich wieder aus Ihrem Büro entfernt haben wollten. Aber seien Sie auch etwas selbstkritisch, und fragen Sie Ihre beste Freundin oder Ihren besten Freund, ob etwas an Ihnen störend wirken könnte. Dann arbeiten Sie daran – wenn Sie nicht gänzlich aufhören wollen zu rauchen, rauchen Sie nicht unbedingt vor einem Termin im Auto (Ihre Kleidung „lädt" sich quasi mit dem Geruch auf), und vergessen Sie nicht, kurz vor dem Gespräch ein Pfefferminzbonbon einzuwerfen. Es soll ja bekanntlich auch schon Sprays gegen Mundgeruch geben.

Der für uns tätige Dienstleister saß mit mir am Besprechungstisch und erwähnte kurz nebenbei etwas von seiner Frau. Als er gegangen war, kam meine Mitarbeiterin erbost in mein Büro. Sie erzählte mir, dass er Sie direkt angeflirtet und nach ihrer Handynummer gefragt habe. Nachdem der Dienstleister dann auch noch am Telefon versuchte, meine Mitarbeiterin zu bezirzen, haben wir jeglichen Kontakt zu dem Unternehmen abgebrochen.

Achten Sie auf Ihren korrekten Umgang mit anderen Menschen. Den besten Eindruck hinterlassen Sie, wenn Sie gerade, offen und ehrlich sind. Und machen Sie nicht Ihren Lebensstandard zum Standard für andere. Vermutlich ist das Verhalten für den Lieferanten normal gewesen. Meinen Werte- und Moralvorstellungen entspricht es jedoch nicht, und deshalb ziehe ich Konsequenzen. Dabei bin ich kein Einzelfall – je höher Ihre Gesprächspartner und Kunden in der „Hierarchiestufe" stehen, desto mehr Wert wird auf korrektes Verhalten und Umgangsformen gelegt. Besser also, man passt sich rechtzeitig an. Ansonsten kann es peinlich werden ...

Wenn Sie von der Empfangsdame oder Sekretärin in den Besprechungsraum gebeten werden, dann machen Sie sich dort nicht allzu „dick". Breiten Sie weder Ihre Unterlagen großflächig aus, noch sollten Sie sich schon setzen. Auch wenn die Sekretärin Sie zum Setzen auffordert, entgegnen Sie einfach, dass Sie ja den ganzen Tag sitzen und gerne stehen bleiben, bis Frau/Herr Mustermann kommt. Betritt Ihr Gesprächspartner den Raum, wirken Sie nämlich stehend dynamischer, offener und freundlicher, als wenn Sie bereits sitzen. Außerdem nehmen Sie dadurch rein optisch weniger Raum ein, was anderenfalls für den Gesprächspartner wie „Besatzung" wirken würde.

Da Sie nun stehen, muss Ihre Kleidung ein stimmiges Bild ergeben. Es muss an dieser Stelle einmal gesagt werden: Motiv-Krawatten sind out – und zwar schon seit vielen Jahren! Passen Sie sich Ihrer Zielgruppe an, und lassen Sie sich sicherheitshalber beraten. Auch für Männer gibt es mittlerweile gute und ausgewogene Berater. Eine renommierte Anlaufstelle mit bundesweiter Beratung ist die TYP Akademie® (www.typakademie.de), die sich einen guten Namen gemacht hat und viele namhafte Firmen betreut.

In Sachen Kleidung und Verhalten möchte ich auf den nachfolgenden Seiten noch etwas mehr ins Detail gehen. Denn Webauftritte, Anzeigen, Broschüren und Eingangsbereiche können und sollten ohnehin von Fachleuten gemacht werden. Auch die Schulung für die Telefonzentrale ist Gott sei Dank nicht mehr unüblich, aber die eigene kritische Beurteilung kommt zuweilen zu kurz. Lassen Sie uns deshalb hier etwas mehr auf den Punkt kommen.

Farbwahl und Bekleidungsstil bestimmen den ersten Eindruck mit, den wir von einem Menschen gewinnen. Aber auch die Körperhaltung, die Sprache und Gestik prägen das Bild. Die Entscheidung, ob wir jemanden als sympathisch oder unsympathisch empfinden, wird in Sekundenbruchteilen getroffen – und vor allem unbewusst.

Wer im beruflichen Bereich Erfolg haben will, hat auf ein stimmiges Erscheinungsbild zu achten: Ein Bankkaufmann im schrillen Hawaii-Hemd verunsichert den Kunden, und ein Immobilienkaufmann hat mit Ausdrücken wie „scharfes Haus, Mords-Rendite" wohl kaum Erfolg.

Die Farbgebung

In manchen Farben sieht man gut aus, in anderen verlässt man besser nicht das Haus. Prüfen Sie deshalb, welche Farben Ihnen wirklich stehen und auf welche Sie lieber verzichten sollten. Mit der richtigen Farbe tritt die Kleidung selbst eher in den Hintergrund und Sie selbst werden als Person stärker positiv wahrgenommen. Eine optimale Erscheinung hängt von maximal sieben Faktoren ab: Die typgerechte **Farbe** der Bekleidung und der passende **Schnitt** sind genauso wichtig wie das **Material** und die **Musterung** der Garderobe. Auch die **Frisur**, für Damen das **Make-up** und die passenden **Accessoires** ergänzen Ihr überzeugendes Erscheinungsbild. Jede Farbe hat eine bestimmte Wirkung – achten Sie bei der Auswahl darauf.

- **Blau:** Ein dunkler Blauton wirkt festlich-chic und strahlt Autorität aus. Mittelblau sieht dagegen sportlich und modisch aus. In Hellblau wirken Sie ebenfalls sportlich und zudem frisch beziehungsweise zart.
- **Beige:** Diese Farbvarianten erscheinen ruhig sowie sportlich und natürlich, sie können aber auch klassisch wirken.
- **Braun:** Etwas Sanftes, aber auch Natürlich-Elegantes strahlt diese Farbe aus. Sie kann auch Ihre romantische beziehungsweise klassische Note unterstreichen.
- **Grau:** In sämtlichen Grauvarianten wirken Sie klassisch oder auch sportlich-dezent.
- **Schwarz:** Keine Farbe, und trotzdem elegant, rassig und dramatisch. Schwarz kann allerdings auch autoritär wirken.
- **Weiß:** Ungefärbt erscheint der Stoff strahlend-chic und sehr modisch.

Die Ausmaße

Nicht jeder hat die Konfektionsgröße einer Schaufensterpuppe und kann mit einem gestählten und gebräunten Luxuskörper bei Kunden auflaufen. Ich bedauere das auch, aber der eine oder andere Trick hilft, trotz individueller Maße zumindest nicht aus dem „Rahmen zu fallen":

- **Dick oder dünn** – auf Hell und Dunkel kommt es an. Einige Farben wirken dezent im Hintergrund, während andere Töne sofort ins Auge fallen. Deshalb ist es wichtig, dass Sie durch eine geschickte Farbwahl die Blicke von Ihren Problemzonen ablenken. Grundsätzlich treten helle Farben optisch in den Vordergrund. So kann es passieren, dass Sie in einem weißen Rock oder hellbraunen Anzug dicker wirken, als Sie eigentlich sind. In einem dunkelblauen Rock oder Anzug erscheinen Sie dagegen schlanker. Wenn Sie diese Grundregel beherzigen, können Sie mit hellen Farben Ihre Proportionen optisch vergrößern. Auch kontrastreiche Farbmuster sorgen für eine attraktive Betonung – sofern sie an der richtigen Stelle eingesetzt werden.
- **Klein oder groß** – die Farbkombination macht den Unterschied. Wenn Sie eher zierlich sind, können Sie durch einfarbige Kombinationen größer wirken. In verschiedenfarbigen Teilen sehen Sie dagegen noch kleiner aus, weil die einzelnen Farben Sie in kleine optische Farbblöcke zerlegen. Natürlich gilt diese Regel auch für große Menschen: In einfarbigen Kostümen oder Anzügen erscheinen Sie noch größer, während farbige Kombinationen (in der Regel nur für die Damen geeignet) für eine optische Unterteilung sorgen.
- **Lenken Sie die Blicke aufs Gesicht** – wichtig ist die Farbwahl in Gesichtsnähe. Mit den richtigen Farben lenken Sie alle Aufmerksamkeit auf Ihr Gesicht. Wenn Sie bei Ihren Krawatten, Pullovern, Jacken und Blusen auf typgerechte Farben achten, schaut Ihnen Ihr Gegenüber automatisch ins Gesicht, und Sie lenken damit von Ihren Problemzonen ab.
- **Achten Sie auf den Kragen.** Auch die Kragenform Ihrer Bluse oder Ihres Pullovers sorgt für optischen Ausgleich: Wenn Ihr Gesicht schmal und lang erscheint, sollten Sie mit runden Ausschnitten einen Gegenpol setzen. Bei einem runden Gesicht sieht dagegen ein lang gezogener V-Ausschnitt oder ein offener Blusenkragen besser aus. Wenn Sie einen eher langen Hals haben, sollten Sie mit Rollkragenpullis und Stehkragen für eine optische Verkürzung sorgen. Auch lange Haare, die den Nacken umspielen, können diesen Effekt erreichen. Ist Ihr Hals dagegen zu kurz, sollten Sie zu U- und V-Ausschnitten am Pullover oder zu einem offenen Kragen an der Bluse tendieren. Mit einer Kurzhaarfrisur, die den Nacken frei lässt, sorgen Sie ebenfalls für eine optische Verlängerung.
- **Gehen Sie nicht mit jeder Mode.** Jede Saison hat Ihre individuellen Trends, und die neuen Kollektionen bieten eine Fülle interessanter Modelle an. Allerdings sollten Sie kritisch prüfen, ob die neue Mode auch Ihrem Stil entspricht. Denn wenn der neue Trend nicht zu Ihrer Figur passt, sind Sie zwar modisch „in", aber optisch „out". Von daher sollten Sie genau überlegen, ob ein neues Bekleidungsstück Ihren Stil ergänzt. Nur dann sehen Sie wirklich

attraktiv und modisch aus. Bauchfreie Tops sind vielleicht schick, aber für Damen mit Kundenkontakt schlichtweg nicht geeignet. Den Modemuffeln unter Ihnen aber sei gesagt, dass Sie sich ruhig alle zwei Jahre in einem Fachgeschäft beraten lassen sollten.

Distanz bewahren!

Beim ersten Eindruck spielt auch die körperliche Entfernung vom Gegenüber eine große Rolle. Dabei unterscheidet man drei Distanzbereiche:

- Die **intime Distanzzone** ist der Bereich bis zu einem halben Meter. Sie ist nur Familienmitgliedern und guten Freunden vorbehalten. Im Berufsleben und im öffentlichen Alltag ist dieser Bereich absolut tabu. Sonst geraten Sie in Gefahr, dass Sie von Ihrem Gegenüber abgelehnt werden. Auch nach der ersten Begegnung sollten Sie darauf achten, dass Sie dem anderen immer einen „Ausweg" offen lassen. Drängen Sie im Gespräch niemanden an die Wand, indem Sie wild gestikulierend auf sie oder ihn einreden und dabei die Distanzzone verletzen.
- In der **persönlichen Distanzzone** finden Begrüßung und Verabschiedung statt. Sie reicht von 50 cm bis zu einem Meter. Falls im Gespräch die Distanz verringert wird, reagieren wir und auch unser Gegenüber automatisch mit einem Schritt nach hinten, um den Abstand wiederherzustellen.
- Der dritte Bereich ist die **gesellschaftliche Distanzzone**; sie beginnt zwischen einem und zwei Metern. Im beruflichen Bereich wird sie oft durch einen Schreibtisch oder eine Theke abgegrenzt.

Wenn Sie diese drei Distanzbereiche bewusst beachten, können Sie damit besser auf Ihre Kunden und Besucher eingehen. Und wenn Sie bei einem Besucher um Ihren Schreibtisch herum- und ihm entgegengehen, signalisieren Sie damit ohne Worte, dass Sie eine angenehme Gesprächsatmosphäre ohne Hindernisse herstellen wollen.

Freundlich grüßen!

Wenn Sie einen Laden oder ein Wartezimmer betreten, gilt die Grundregel, dass der Eintretende zuerst grüßt. Sollten Sie hinter dem Tresen oder der Theke sein, und der Kunde oder Patient grüßt nicht, werden Sie als Mensch mit Stil sicher die Regel übergehen und den Eintretenden freundlich willkommen heißen. Auch beim Einsteigen in den Bus oder ein Flugzeug liegt es an Ihnen, den Fahrer oder die Flugbegleiterin zu grüßen. Das gleiche gilt im Zug, wenn Sie das Abteil betreten, oder auch im Theater und Kino. Es ist einfach höflich, wenn Sie Ihrem Sitznachbarn einen „Guten Tag" wünschen.

Doch wer grüßt wen? Im gesellschaftlichen Miteinander gilt immer noch die alte Regel:

- Der Mann grüßt zuerst die Dame.
- Der Jüngere grüßt den Älteren.
- Der Einzelne grüßt die Gruppe.

Im beruflichen Alltag gilt außerdem die Regel:

- Der Rangniedere grüßt zuerst den Ranghöheren.

Als kluger Chef sollten Sie diese Regel auflockern und Ihre Mitarbeiter grüßen, wenn Sie sie zuerst sehen. Diese Variante „wer den anderen zuerst sieht, grüßt" setzt sich auch im Privatleben durch. Bedenken Sie nur, dass Sie als Dame, als Älterer oder als Vorgesetzter jederzeit die Regeln aufheben und zuerst grüßen können. Gute Umgangsformen haben heißt: die Spielregeln kennen, aber nicht unbedingt darauf bestehen. Aber bitte schauen Sie Ihrem Gegenüber beim Gruß in die Augen, auch wenn Sie dadurch von Ihrer geliebten Arbeit abgelenkt werden sollten.

Nach diesen grundsätzlichen Regeln nun noch einige Bemerkung zum **Händeschütteln**. Hier ist die Reihenfolge umgekehrt: Wer begrüßt wird, reicht zuerst die Hand. Er kann es aber auch sein lassen – das ist ganz allein seine Entscheidung. Beispiel: Sie grüßen Ihren Chef. Er erwidert den Gruß und entscheidet, ob er Ihnen die Hand reicht oder nicht. Beide Varianten sind weder unhöflich noch besonders höflich. Dies gilt auch, wenn Sie als Mann eine Frau begrüßen. Auch hier liegt es an der Frau, ob sie Ihnen die Hand reicht oder nur verbal grüßt.

Wenn sich beispielsweise bei einem abendlichen Geschäftsessen zwei Paare begrüßen, gibt es oft ein peinliches Durcheinander, vor allem dann, wenn sich die Hände überkreuzen. Deshalb gilt auch hier die einfache Spielregel: Zuerst reichen sich die Frauen die Hand, dann die Frau dem Mann und schließlich die Männer. Und damit die ganze Begrüßung stilgerecht abläuft, sollte die Frau rechts vom Mann stehen – an seiner „Ehrenseite". Das ist ein Überbleibsel aus der „guten alten Ritterzeit". Damals trug der wackere Rittersmann links seinen Degen, den er bei Gefahr schnell mit der rechten Hand ziehen konnte. Und damit er das schöne Burgfräulein besser schützen konnte, ging die Dame auf der rechten Seite und kam so auch mit seiner Waffe nicht in Berührung. Außerdem signalisierte Kunibert mit der offenen rechten Hand seine Friedfertigkeit. Er bekundete mit seinem Handschlag seine freundliche Absicht zu seinem Gegenüber. Wurde die Hand dagegen ausgeschlagen, führte dies zum kämpferischen Duell. Dazu kommt es heute nur noch selten.

"Guten Tag, ich bin ..." – Wie Sie als Person wirken

„Meine Frau."
Auf den mitunter recht förmlichen Akt der Bekanntmachung wird heute im normalen geschäftlichen Alltag nicht mehr allzu häufig zurückgegriffen. Aber bei Personen der „alten Schule" oder bei sehr förmlichen Anlässen sollte das Ritual immer noch sitzen.

Üblicherweise läuft das Bekanntmachen recht natürlich ab. Die alten Floskeln „Darf ich vorstellen?" oder „Gestatten Sie, mein Name ist ..." sind nicht mehr zeitgemäß. Sagen Sie ganz einfach: „Guten Tag, ich bin Peter Albrecht" oder „Das ist meine Frau Claudia". Als Antwort können Sie erwidern: „Guten Abend, Frau Albrecht" oder „Herzlich Willkommen, Herr Albrecht". Diese neutralen Formulierungen wirken nicht so gestelzt wie „Angenehm, Meier" oder „Sehr erfreut". Und bitte machen Sie Ihren Ehepartner nicht als „Gemahlin" oder „Gatten" bekannt – es sei denn, die haben ihre Identität neben Ihnen mittlerweile völlig verloren ...

Beim offiziellen Vorstellen und beim formlosen Bekanntmachen gibt es eine Grundregel: Der „König", der Ranghöhere, erfährt zuerst die „frohe Kunde", das heißt den Namen des „Rangniederen". Der „König" bzw. die „Königin" sind beim Bekanntmachen im beruflichen Leben Vorgesetzte und Kunden ohne Rücksichtnahme auf Geschlecht und Alter.

Übrigens können Sie ohne weiteres nachfragen, wenn Sie bei der Vorstellung oder Begrüßung den Namen nicht richtig verstanden haben. Lieber gleich als nach einer halbstündigen Unterhaltung fragen: „Wie war doch noch der Name?" – zumal „war" auf einen überraschenden Todesfall hindeuten könnte. Besser ist es, wenn Sie sich kurz entschuldigen: „Verzeihung, würden Sie bitte Ihren Namen wiederholen? Ich habe ihn leider nicht richtig verstanden." Damit signalisieren Sie Ihrem Gegenüber, dass Sie Interesse an ihm haben. Sie möchten ihn gerne „persönlich", mit seinem Namen ansprechen. Als kleine Gedächtnisstütze ist es sicher hilfreich, wenn Sie beim Bekanntmachen direkt den Namen Ihres Gesprächspartners wiederholen. „Guten Abend, Frau Rabel. Ich bin ..."

Der Smalltalk

Den deutschsprachigen Völkern fällt es mitunter recht schwer, mit fremden Personen ins Gespräch zu kommen. Eine mehrstündige Zugfahrt wird in der Regel recht schweigsam ablaufen. Dabei kann es doch nur positiv sein, andere Menschen kennen zu lernen. Ich habe so schon neue Kunden gewonnen, weil ich mich mit meinem Teller Suppe während einer Veranstaltung eben nicht an einen leeren Tisch gestellt habe, sondern bewusst auf eine andere mir nicht bekannte Person zugegangen bin. Sollte keine langjährige und erfolgreiche Geschäftsbeziehung herausspringen (was ja durchaus nicht das übliche Ergebnis eines Smalltalks ist), sind Sie zumindest einen Kontakt reicher.

Die besten Anlässe, um das Gespräch mit Fremden zu üben, sind Betriebsfeiern und Gartenpartys. Schon beim Bekanntmachen fängt es an. „Hallo, ich bin ... und arbeite mit ... (Gastgeber) in der gleichen Bank." Oder „Guten Tag, ich heiße ... und kenne hier noch niemanden. Geht es Ihnen auch so?" Sie werden sehen, wie schnell Sie im Gespräch sind. Für die, die sich damit recht schwer tun: Pfiffige Anbieter offerieren mittlerweile auch Smalltalk-Seminare.

Allerdings gibt es auch beim Smalltalk unter Fremden einige Tabus, die Sie nicht brechen sollten. Dazu zählen Krankheitsgeschichten, Fragen nach Religion und Beruf (es sei denn, Sie befinden sich auf einer geschäftlichen Veranstaltung) oder privaten Details. Auch die oft gestellte Frage „Haben Sie Kinder" gehört nicht ins erste Kontaktgespräch. Zumal die Gefahr, den anderen zu verletzen oder vor den Kopf zu stoßen, recht groß ist. Erzählt Ihr Gesprächspartner dagegen von sich aus von seinen Kindern, können Sie gerne darauf eingehen. Grundsätzlich sollten Sie beim Smalltalk unverfängliche Themen aus dem Bereich Urlaub und Kultur bevorzugen oder über kleine Alltagserfahrungen sprechen. Und denken Sie dabei an die schöne Tugend, nicht nur selbst zu reden, sondern auch dem anderen bewusst zuzuhören. Auf diese Art lernen Sie Ihr Gegenüber schnell kennen und erleben eine bereichernde Unterhaltung.

Quintessenz

- Der erste Eindruck entscheidet! Sie haben es in der Hand, den ersten Eindruck für sich zu gewinnen und in allen anderen Augenblicken der Wahrheit zu überzeugen.

- Erstellen Sie ein Blueprint von Ihren Prozessen, und analysieren Sie jeden Kontaktpunkt mit Ihren Kunden.

- Jeder dieser Punkte muss dem Vertrauensaufbau dienen, ansonsten disqualifizieren Sie sich womöglich.

- Besonderes Augenmerk ist auf die Wirkungsweise des Kundenkontaktpersonals zu legen. Denn diese Mitarbeiter repräsentieren ein Unternehmen und stellen ein Surrogat für die Leistungsqualität dar.

Checkliste	Ja	To-Do
Sie sind sich bewusst, dass Interessenten von der Außenwirkung auf die Qualität der Leistung schließen.		
Eine lückenlose Blueprint-Analyse für alle Leistungsbereiche ist erstellt.		
Jeder Kontaktpunkt ist auf seine Wirkung hin analysiert und optimiert worden.		
Ihr Internetauftritt vermittelt Sicherheit durch ■ professionelles Design, ■ intuitive Benutzerführung, ■ hohen Informationsgehalt, ■ einen aussagekräftigen Referenzbereich.		
Ihre Annoncen ■ schalten Sie regelmäßig und langfristig, ■ helfen beim Vertrauensaufbau durch die Abbildung von Personen bzw. Testimonials.		
Broschüren enthalten als vertrauensbildende Maßnahme ein Statement der Unternnehmensführung.		
Der Empfangsbereich wirkt offen, einladend und freundlich.		
Der Empfang sowie auch die Telefonzentrale sind mit freundlichen, zuvorkommenden und kompetenten Personen besetzt.		
Als Repräsentanten des Unternehmens sind alle Mitarbeiter ■ gut und modisch gekleidet, ■ im Umgang mit anderen Menschen geschult und haben ein einwandfreies Benehmen.		

Ihr Fazit

Was haben Sie in diesem Kapitel gelernt, was soll in Ihrem Unternehmen umgesetzt werden? Tragen Sie es gleich hier ein, damit Sie nichts vergessen:

4. Vorsicht, Fettnäpfchen! – Der Erstkontakt

In diesem Kapitel erfahren Sie,

- warum ein überzeugendes Umfeld wichtig ist,
- warum Sie durch Verlässlichkeit mehr erreichen,
- wie Reaktionsfähigkeit und Flexibilität begeistern,
- wie Einfühlungsvermögen überzeugt,
- wie Sie durch sichtbare Leistungskompetenz gewinnen,
- warum Sie durch Erreichbarkeit einen Schritt voraus sind,
- wie Sie überzeugend vor Ort präsentieren.

Das erste Interesse ist geweckt, und nun beschäftigt sich der potenzielle Kunde etwas detaillierter mit Ihnen. Nachdem Website, Anzeigen, Broschüren und andere Werbeinstrumente ihre Schuldigkeit getan haben und der erste Eindruck offensichtlich überzeugt hat, kommt es nun zu einer weiteren Kontaktaufnahme, die für viele die herausfordernste und schwierigste Phase darstellt. Denn unabhängig von durchgestylten Werbeversprechen sucht nun der Kunde aufgrund der Immaterialität der Leistung nach weiteren Bewertungskriterien – schließlich will er ganz sicher sein, bevor er sich für Ihr Unternehmen und Ihre Leistung entscheidet. Nein, er macht es nicht unbedingt bewusst, aber am Ende seiner Suche hat sich ein Gesamteindruck gebildet, der entscheidend ist. Sein Gehirn sucht nach Indikatoren der Qualität. Welche Informationen potenzielle Auftraggeber aufgrund der Immaterialität zur Entscheidungsfindung eher unbewusst als bewusst suchen (denn Informationen bedeuten Sicherheit), wurde in umfangreichen Untersuchungen ermittelt. Grundgedanke dabei ist, dass die Kundenzufriedenheit aus dem Vergleich zwischen erlebter und erwarteter Qualität entsteht. Folgende Qualitätskriterien scannt Ihr Kunde ab, um einen Gesamteindruck zu erhalten:

- **Sichtbares Umfeld:** Annehmlichkeit des Umfelds; materielle und technische Ausstattung; Erscheinungsbild des Personals; Räumlichkeiten
- **Verlässlichkeit:** Reibungslosigkeit; Zuverlässigkeit; Termintreue; Fähigkeit, die versprochene Leistung zuverlässig und exakt auszuführen

- **Reaktionsfähigkeit:** Einsatzbereitschaft; schnelle und unverzügliche Reaktion; Wille, den Kunden bei der Lösung seines Problems zu unterstützen
- **Leistungskompetenz:** Sicherheit; Überzeugung; Vertrauenswürdigkeit; Glaubwürdigkeit und Image betreffend Fachkompetenz; Auftreten und Höflichkeit der Mitarbeiter
- **Einfühlungsvermögen:** Verstehen des Kunden; Kenntnis der Kundenbedürfnisse; Bereitschaft, auf Kundenwünsche einzugehen; Zugangsmöglichkeiten (z. B. Öffnungszeiten)

Die einzelnen Punkte und ihre Relevanz in der Praxis werden wir nun im Detail betrachten:

Schaffen Sie ein überzeugendes Umfeld

Ein Wohnungsmakler für Luxushäuser, der sich in einem heruntergekommenen Stadtteil niederlässt und dessen Büro sanierungsbedürftig ist, wirkt natürlich wenig glaubwürdig. Dasselbe gilt für viele andere Dienstleister mit Kundenverkehr wie Steuerberater, Anwälte oder Ärzte, bei denen der Anteil der Vertrauenseigenschaften hoch ist. Das Umfeld eines Dienstleistungsunternehmens spricht eine deutliche Sprache.

Bei einem Besuch des Dienstleistungsunternehmens soll das aufgebaute positive Image weiter erhärtet werden, die Räumlichkeiten müssen in die Corporate Identity passen. Ansprechende, saubere Räumlichkeiten mit moderner Ausstattung werden, da die Leistung an sich immateriell ist, von Kunden als Surrogat für qualifizierte, zeitgemäße Leistung und gute Referenzen gewertet. Die Gestaltung des physischen Umfelds sollte nicht dem Zufall überlassen sein, sondern bewusst als Maßnahme zum Vertrauensaufbau eingesetzt werden.

Bedenken Sie, dass die üblichen Werbeaussagen und Leistungsversprechen aus Sicht des Kunden nichts weiter als Versprechen und somit „heiße Luft" sind. Ihr potenzieller Kunde liest zwischen den Zeilen und wird unter anderem aufgrund Ihrer Räumlichkeiten und Ausstattung ablesen, ob Sie erfolgreich sind oder nicht.

Sehen wir uns ein Beispiel an: Ein Multimediadienstleister hat in seinem Besprechungsraum stets den ältesten funktionierenden Rechner – mit einem No-Name 17"-Monitor. Schließlich wird die Anlage nur benutzt, wenn einem Kunden während eines Gesprächs etwas präsentiert werden soll. Was wird den Kunden dadurch unbewusst vermittelt? Da der Kunde in die übrigen Räumlichkeiten kaum tieferen Einblick hat, ist der Besprechungsraum des Dienstleisters der einzige „Beweis" für die Leistungsfähigkeit des Unternehmens – repräsentiert durch den ältesten Rechner mit kleinem Bildschirm. Der hierdurch vermittelte Eindruck widerspricht den Aussagen des Unternehmens.

Neben der örtlichen Umgebung und der Lage Ihrer Räumlichkeiten spielen folgende Faktoren eine Rolle, um Kunden einen überzeugenden Eindruck Ihrer Leistungsfähigkeit zu vermitteln:

- Inneneinrichtung und -dekoration
- Luftqualität
- Geräusche (Störungen, Musik)
- Erscheinungsbild des Personals

Ein Hotel, das auf allen Fluren und öffentlichen Räumlichkeiten leise und dezente klassische Musik einspielt, kann durch die Beschallung (gepaart mit dem dicken Teppich) ein erhabenes Gefühl erzeugen und ganz nebenbei dadurch mögliche Störgeräusch geschickt übermalen. Ein Nebeneffekt ist, dass sich im Foyer oder Restaurant die Anwesenden grundsätzlich etwas leiser als üblich unterhalten.

Ein Unternehmen hat folgende Maßnahmen festgelegt, um seinem hohen Standard in allen Belangen gerecht zu werden, mögliche Barrieren abzubauen und dem Kunden ein hohes Leistungsniveau zu suggerieren:

- Schon auf der Wegskizze, die ein Kunde vor seinem Termin erhält, wird auf die zentrale Lage sowie die zahlreichen Parkmöglichkeiten auf dem Firmengelände hingewiesen.
- Alle Eingangstüren sind während der normalen Geschäftszeiten geöffnet, die Gebäude können ohne zu klingeln betreten werden.
- In allen Fluren wird die Lichtschaltung von einer Fünf-Minuten-Intervallschaltung auf eine Dauerbeleuchtung während der Geschäftszeiten geändert, da die Fenster vor allem in der Winterzeit zu wenig Licht in die Flure und Treppenhäuser lassen.
- Im Empfangsbereich wird der Besucher mit leiser, dezenter Musik „verwöhnt".
- Im Empfangsbereich, in den Besprechungsräumen und auch in den Büros werden Pflanzen platziert, um für Besucher (und Mitarbeiter) eine angenehme Atmosphäre zu schaffen.
- Eine angenehme Raumtemperatur und Luftqualität ist vor allem in den Besprechungsräumen gewährleistet. Dafür wurden verantwortliche Personen bestimmt.
- Innerhalb der Räume und Flure werden einige Referenzprojekte in Bilderrahmen anschaulich vorgestellt.

Der Eingangs- und zugleich Empfangsbereich eines Dienstleisters für Mobile Datenerfassung und Automatische Identifikation glich nahezu einer Rumpelkammer. Der komplette Wareneingang und -ausgang wurde hierüber abgewickelt, und zwischen den endlosen Kartonagen befand sich ein unscheinbarer und unaufgeräumter Schreibtisch der jungen „Empfangsdame" mit bauchfreiem Top. Nach einer Prozessanalyse mit Blueprinting war der Empfangsbereich kaum wieder zu erkennen. Ein richtiger Empfangstresen, ein separater Lieferanteneingang, eine Kleiderordnung für die Empfangsdame und einige andere Maßnahmen mehr haben dazu verholfen, dass der erste Eindruck beim Betreten des Unternehmens völlig anders und damit nun professionell ist. Mitarbeiter fühlen sich wohler, und Kunden gewinnen einen besseren Eindruck – und doch hat jahrelang niemand daran gedacht, welche Aussage und Wirkung damit erzielt wurde.

Über das Sichtbare nehmen wir eine starke Bewertung vor, denn die eigentliche Leistung ist zum Entscheidungszeitpunkt noch nicht sichtbar. Ein Anwalt im besten Stadtviertel mit sehr repräsentativen Räumlichkeiten „kann" nicht wirklich schlecht sein. Der Busunternehmer mit den neuesten Bussen muss die besten Busreisen machen. Der Steuerberater mit dem dicken Auto muss gute Arbeit leisten. Ob das tatsächlich immer stimmt oder ob man nur auf einen Blender trifft, sei natürlich dahingestellt. Aber man spricht ja in diesem Zusammenhang auch nur von Indikatoren und nicht von Beweisen.

Mir ist ein Unternehmen bekannt, in dem es – bis wir darüber gesprochen und bestimmte Richtlinien festgelegt haben – einen Mitarbeiter mit gelegentlichem Kundenkontakt gab, der unter Duldung durch die Geschäftsleitung ein Shirt mit dem Aufdruck „Arschloch!" trug. Würden Sie einen solchen Menschen wirklich ernst nehmen?

Mitarbeiter repräsentieren in so hohem Maße das Unternehmen wie kein anderer Faktor. Für einen Neukunden steht der Mitarbeiter für das Unternehmen. Ist dem Kunden ein Mitarbeiter sympathisch, findet er das Unternehmen sympathisch – kommt er mit einem Mitarbeiter nicht zurecht, wird er sich kaum für dieses Unternehmen entscheiden. Sie können einen enormen Aufwand an externer Kommunikation betreiben, aber wenn die Chemie zwischen Mitarbeiter und Kunde nicht stimmt, wird es für Ihr Unternehmen schwierig werden. Konsequentes Dienstleistungsmarketing muss das Kundenkontaktpersonal mit einbeziehen, ansonsten setzen Sie einen hohen Anteil Ihres Budgets in den Sand. Als bekanntes Beispiel können wir die Deutsche Telekom nehmen. Die angebotenen Leistungen sind gut, preislich mehr oder weniger akzeptabel, und vom Markenimage hat sich das Unternehmen überwiegend positiv positioniert (oder hatten Sie etwa T-Online Aktien gekauft?). Allerdings werden Sie kaum jemanden treffen, der Ihnen nicht von haarsträubenden Begebenheiten mit der Telefonhotline des Unternehmens berichten kann. Natürlich gibt es interne Prozesse, die es den einzelnen Mitarbeitern nicht einfach machen, allerdings zeigen gegenteilige Geschehnisse, dass es doch anders geht. Glücklicherweise gibt es auch bei der Telekom immer häufiger Mitarbeiter, die sich verantwortlich fühlen und Lösungen herbeiführen, anstatt die Probleme zu verwalten. Aber in der allgemeinen Auffassung sind die Telefonhotlines der Telekom, hier insbesondere bei der T-Com, eine Katastrophe. Nun stellen Sie sich einfach einmal vor, das wäre nicht so – wie viel höher wäre die Kundenzufriedenheit und der Effekt der Werbemaßnahmen.

Wie erwähnt, ist die Integration des Kontaktpersonals in die Marketingprozesse unerlässlich. Dies ist der Grund, warum die Schulung des Personals auch mit diesen Themen, wie Kunden „ticken" und warum sie was erwarten, elementar von Nöten ist. Wenn Ihre Mitarbeiter nicht wissen, welche Faktoren entscheidend sind, können sie sie auch nicht berücksichtigen.

Gewinnen Sie durch Verlässlichkeit

Der Geschäftsführer eines mittelständischen Ladenbau-Unternehmens hatte einen Termin mit dem Inhaber einer größeren deutschen Einzelhandelskette auf der Baustelle eines neuen Einkaufsmarktes. Der Inhaber war ihm als konsequenter, aber auch fairer Kunde bereits seit langem bekannt. Der Ladenbauer kommt „recht pünktlich" am Ort des Geschehens an – drei Minuten nach dem vereinbarten Termin. Bei der Einfahrt auf den Parkplatz vor der Baustelle blickt der Inhaber der Einzelhandelskette demonstrativ auf die Uhr. Ohne Begrüßung lässt er dann verlauten: „Lieber Herr ..., ich führe ein Unternehmen mit 3 000 Mitarbeitern und bin pünktlich, Sie haben nur 30 Mitarbeiter und erachten es nicht der Mühe wert, pünktlich zum Termin zu erscheinen. Auf Wiedersehen."

Der fest geglaubte Auftrag (immerhin existierte ein schon jahrelanges Geschäftsverhältnis) wurde tatsächlich anderweitig vergeben, es gab keinen Raum für Diskussion. Bei einem der nächsten Projekte durfte dann der bisherige Ladenbauer (der damit eine wichtige Lektion gelernt hat) wieder seinen Dienst verrichten.

Nun, der oben geschilderte Fall ist sicher nicht alltäglich. Allerdings bin ich mir sicher, dass Unzuverlässigkeit eines der Hauptdisqualifikationsmerkmale darstellt – wenn auch unterschwellig. Nicht jeder formuliert seine Empfindungen so stark und konsequent aus wie der Einzelhändler – aber jeder von uns ärgert sich bei Unpünktlichkeit und anderen Unzuverlässigkeiten von Lieferanten. So auch Ihre Kunden.

Halten Sie sich deshalb strikt an Abmachungen – und seien Sie noch so klein und aus Ihrer Sicht unwichtig. Indem Sie zu Ihrem Wort stehen, werden Sie für Ihren Geschäftspartner und Kunden zu einer rechenbaren Größe. Schon durch die kleinste Unzuverlässigkeit können Sie sich komplett für weitere Tätigkeiten disqualifizieren.

Verschieben Sie niemals Termine, denn das gibt Ihrem Kunden das eindeutige Signal, dass Sie entweder nicht Herr Ihrer Zeit sind oder dass es etwas Wichtigeres als ihn gibt. Auch wenn die Umdisponierung für den Kunden kein Problem darstellt, es bleibt ein fader Beigeschmack der Unzuverlässigkeit. Wenn Sie bei einem potenziellen Kunden einen Termin verschieben oder eine Zusage nicht exakt einhalten, ist dies für den Interessenten ein Indiz für Unzuverlässigkeit auch der Ausführung der eigentlichen Tätigkeit.

Seien Sie pünktlich, um Ihren Kunden zu signalisieren, dass Ihnen ein Termin wichtig ist. Auch wenn das Zuspätkommen in anderen Kulturkreisen dazugehört und Sie gar nicht pünktlich kommen dürfen, ist in unserem Kulturkreis Unpünktlichkeit schlichtweg unhöflich. Vielleicht haben Sie dazu eine andere Einstellung, aber hier gilt ja vielmehr die Meinung Ihres Kunden – und die kennen Sie in puncto Pünktlichkeit vielleicht nicht wirklich. In der Praxis habe ich erfahren, dass bei mir und bestehenden Kundenkontakten eine gewisse falsche „Flexibilität" eingetreten ist – gerade bei häufigen Terminen bei ein und demselben Kunden waren fünf bis zehn Minuten Verspätung normal. Aber die damit gesandte Botschaft „bei dem Kunden kann ich auch ein paar Minuten zu spät kommen" ist selbst bei guten und treuen Kunden schlichtweg falsch – gerade hier, denn mit Bestandskunden kann ein Unternehmen erst recht hohe Umsätze generieren und hat keinen Akquisitionsaufwand mehr. Seitdem komme ich wieder pünktlich – ein paar Minuten noch im Auto zu warten und etwas zu lesen ist vor einem Termin auch entspannend. Sollten Sie trotzdem einmal zu spät kommen, entschuldigen Sie sich dafür und erwarten Sie nicht, dass die akademische Viertelstunde automatisch auch für Sie gilt.

Wenn Sie ein Angebot beispielsweise bis Mittwoch zugesagt haben, dann muss es auch am Mittwoch auf dem Tisch des Kunden liegen – unabhängig davon, welchen Aufwand das mit sich bringt. Immerhin sind Sie ja ein Versprechen eingegangen. Achten Sie darauf, dass Sie Termine nicht „aufweichen". Damit meine ich die Abgabe eines Angebots per Fax oder Mail spät Nachts, um ja den Tag noch einzuhalten. Abgabetermin Mittwoch ist aus Kundensicht am Mittwoch bis zum frühen Nachmittag und nicht erst nach der Arbeitszeit.

Dies alles mag etwas kleinlich wirken, und im Grunde geht es auch weniger um die Einhaltung bestimmter Regeln, sondern um eine Grundeinstellung. Als Dienstleister müssen Sie jemand sein, auf den man sich verlassen kann. Stehen

Sie zu Ihrem Wort, auch wenn es für Sie das eine oder andere Mal Nachteile bringt. So lernen Sie auch, Versprechen nicht leichtfertig zu geben. Ihre Kunden allerdings werden Ihre Zuverlässigkeit zu schätzen wissen.

Begeistern Sie mit Reaktionsfähigkeit und Flexibilität

Die Reaktionszeit zwischen Anfrage und Antwort – beispielsweise für den Versand von Unterlagen, Angeboten oder die Reaktion auf Beschwerden – ist für einen Kunden ein maßgebliches Indiz für die Priorität des Kundenkontakts. Im Alltag benötigen Kunden von einem Dienstleister in der Regel dann das Angebot, wenn sie daran denken – ungern erst zwei Wochen später. Die Preisauskunft einer Spedition muss innerhalb weniger Minuten erfolgen – entweder direkt per Telefon oder kurzfristig per Fax. Anfragen bei Versicherungen nach bestimmten Tarifen müssen umgehend beantwortbar sein, ansonsten ist dem Kunden das zu kompliziert und aufwändig. Viele Unternehmen haben mittlerweile reagiert und präsentieren standardisierte Leistungen mitsamt ihren Preisen im Internet. Bei DHL oder UPS können Sie beispielsweise Gewicht und Ausmaße eines Pakets eingeben und erfahren dann den individuellen Preis. Die Bahn und andere Verkehrsunternehmen, die meisten Versicherungen, aber ebenso Bildungsträger zeigen sich mittlerweile selbstverständlich auch im Preis transparent. Nur bei komplexeren Leistungen oder solchen, die maßgeblich von äußeren Einflüssen und Daten abhängen, wie die Erstellung eines Corporate Design, einer individuellen Vermögensberatung oder auch einer von Quadratmetern abhängigen Gebäudereinigung bedarf es zuerst des Austauschs mit dem Kunden. Anschließend kann ein individuelles Angebot erstellt werden, das der Anbieter nicht zuletzt auch auf die zu vermutende Liquidität des Auftraggebers anpassen wird. Hier ist Schnelligkeit gefragt. Ich kann aus Erfahrung berichten, dass oft „der frühe Vogel den Wurm fängt". Wenn ich als Auftraggeber tage- oder wochenlang auf ein Angebot warten muss, ist die Luft einfach raus. Und gleiches oder sehr ähnliches Verhalten habe ich auch bei anderen Entscheidern beobachtet.

Die Schnelligkeit, mit der Sie ein Angebot oder Informationen abgeben, liefert ein Indiz für Ihre Reaktionsfähigkeit auch bei einem Auftrag. Beachten Sie, dass der Interessent das Unternehmen nicht einschätzen kann und keine greifbaren Bewertungskriterien für die anschließende Leistungsqualität hat. Deshalb muss der Kandidat nach anderen Bewertungskriterien Ausschau halten, unter anderem eben Reaktionsfähigkeit und Flexibilität.

In Sachen Flexibilität bewähren sich Dienstleister, indem Sie auf die Bedürfnisse der Interessenten Rücksicht nehmen, ohne einen großen Umstand daraus zu machen. Darüber hinaus ist mit Flexibilität die Reibungslosigkeit gemeint – auch wenn Kunden individuelle Ansprüche stellen.

Dienstleister sollen Kunden dienen – durch eine flexible und unkomplizierte Herangehensweise an Interessenten. Bauen Sie alle Barrieren ab, Ihre Mitarbeiter haben die Wünsche der Kunden zu erfüllen – nicht umgekehrt! Eine Geschäftspartnerin berichtete, dass sie zur Gewerbeanmeldung in einem Amt zehn Minuten vor zwölf ankam. Die Dame im zuständigen Amt gab ihr unmissverständlich zu verstehen, dass sie jetzt selbst wissen müsse, was zu tun und auszufüllen sei, denn um zehn vor zwölf würde sie keinen Aufwand mehr produzieren: „Entweder klappt das jetzt reibungslos, oder Sie müssen eben zu einem anderen Zeitpunkt wieder kommen." Nun ja, es war ein Amt. Aber seien wir ehrlich, ähnliche Storys kennen wir alle auch aus privatwirtschaftlichen Unternehmen.

Wenn Kunden merken, dass Dienstleister sie so wichtig nehmen, dass sich das Unternehmen an den Kunden anpasst, ruft dies beim Kunden Begeisterung hervor. Ich bin davon überzeugt, dass das Bemühen der Mitarbeiter einen wesentlichen, wenn nicht den größten Teil dazu beiträgt, Kunden zu gewinnen. Der Umkehrschluss ist noch klarer: 68 Prozent der wechselnden Kunden suchen einen anderen Dienstleister auf, weil sie mit dem Personal unzufrieden waren. Sie fühlten sich nicht ernst genommen. Reaktionsbereitschaft und Flexibilität sind die richtigen Antworten darauf. Wer darauf achtet, kann sich sicher sein, Kunden zu gewinnen.

Gewinnen Sie durch Leistungskompetenz

Herr Weiland, der bis zu einer Entscheidung über eine langfristige Anlagemöglichkeit sein Geld auf einem Girokonto mit hohem Zins parken möchte, hat sich im Internet über die Konditionen schlau gemacht. Nun hat er eine Bank ausgewählt und steuert die nächst liegende Filiale (immerhin 30 Minuten entfernt) der weltweit tätigen Bank an. Nach kurzer Wartezeit kommt er an dem einzigen offenen Schalter an die Reihe und bittet um die Eröffnung eines Girokontos. „Haben Sie keinen Termin gemacht?", fragt ihn ungläubig die ruppige Bankangestellte, ohne sich überhaupt für sein Interesse zu bedanken. Nein, hat er nicht. Aber vielleicht hat ja Herr Müller kurz Zeit für die Kontoeröffnung, meint die Dame versöhnlich und ruft Herrn Müller per Telefon an. Herr Müller, der sage und schreibe keine fünfzehn Meter entfernt seinen Schreibtisch hat, diskutiert etwa gute zwei Minuten am Telefon und hat dann schließlich doch Zeit – widerwillig. Das fängt ja gut an, aber nun klappt es ja doch, denkt sich Herr Weiland. Weit gefehlt, denn Herr Müller erzählt ihm – obwohl Herr Weiland ausdrücklich erwähnte, dass er kein Interesse an anderen Anlageprodukten habe – ausführlich über alternative Anlagemöglichkeiten. Als es schließlich an die Kontoeröffnung geht, gesteht ihm Herr Müller, dass die Konditionen für das Konto geändert wurden und ein monatlicher Gehaltseingang auf dieses Konto fließen muss. Davon stand weder im Internet noch in den Broschüren etwas, die sich Weiland hat zukommen lassen. Da er sein Gehaltskonto gerne bei seiner Hausbank weiterführen möchte, sieht er nun keine Möglichkeit, dieses Konto zu eröffnen. Herr Müller von der Bank erläutert weiterhin, dass auch in der Überweisung ein bestimmter Schlüssel mit angegeben sein müsse, ansonsten können die Überweisungen nicht anerkannt werden. Enttäuscht von unnötigen zwei Stunden Aufwand und dem arroganten Verhalten der Bankmitarbeiter fährt Herr Weiland wieder nach Hause. Dort sieht er sich das Angebot im Internet noch mal an und erfährt an der Telefonhotline, dass nichts, was der Bankangestellte gesagt hat, der Realität entspricht. Offensichtlich hatten die Bankmitarbeiter kein Interesse, das Konto für Herrn Weiland zu eröffnen. Fazit: Die Bank wird sich in Zukunft bei Herrn Weiland die Zähne ausbeißen.

Als Leistungskompetenz wird zum einen die grundsätzliche Fähigkeit eines Anbieters zur Dienstleistung verstanden, aber die Höflichkeit und Vertrauenswürdigkeit der Mitarbeiter gehört ebenso dazu und stellt im Hinblick auf den Vertrauensaufbau die wesentlichere Komponente dar. Nicht nur die Fachkompetenz ist Ausschlag gebend, sondern auch soziale Kompetenzen und Überzeugungskraft. In jedem Unternehmen gibt es hervorragende Fachkräfte, die allerdings einen Mangel an sozialer Kompetenz haben. Dass heute neben der fachlichen Qualifikation genauso gut soziale Komponenten und Eigenschaften wie Freundlichkeit oder Redegewandtheit gewünscht sind, erkennt man nicht zuletzt an Einstellungstests und -bewertungen, die noch vor einigen Jahren andere Ergebnisse erbrachten.

Je komplexer und somit risikoreicher die zu erwerbende Dienstleistung aus Kundensicht ist, desto wichtiger sind Unternehmen sowie deren höfliche Mitarbeiter, die Sicherheit und Vertrauen vermitteln können. Wer sein Vermögen einem Vermögensverwalter anvertraut, muss von ihm überzeugt sein – die Leistungskompetenz muss stimmen. Nicht nur fachlich, sondern eben auch in der Vermittlung von Sicherheit und Vertrauen. Dies ist der Grund, warum es in vielen Unternehmen mehr oder weniger strenge Kleiderordnungen gibt – denn es ist nun mal kaum Vertrauen erweckend, von einem in Flip-Flops beschuhten Versicherungskaufmann bedient zu werden. Die fachliche Kompetenz kann selbstverständlich auch durch Erwähnung der Ausbildung und des Werdegangs der Mitarbeiter betont werden. Für den Kunden macht es nämlich durchaus einen erheblichen Unterschied, ob seine Software von einem studierten Informatiker oder von einem Auszubildenden programmiert wird. Beim Informatiker fühlt er sich natürlich besser aufgehoben und hat einen höheren Anspruch an das Ergebnis.

Die Beratungsgesellschaft Ernst & Young wirbt mit dem Slogan „Quality in everything we do", der Versicherer HDI kommuniziert „HDI. Hilft Dir Immer." Und FedEx gibt Sicherheit durch seinen Slogan „Relax, it's FedEx." Die vorgestellten Dienstleister haben ein Ziel: Ihren Kunden Sicherheit zu vermitteln und dadurch den nötigen Vertrauensaufbau zu ermöglichen. Angespornt durch den Slogan wird seitens der Kundschaft dann auch entsprechend motiviertes und zuvorkommendes Personal erwartet.

Aber Achtung: Leistungskompetenz erweist sich nicht in der Sprache. Es ist schlichtweg „out", verschachtelte und gedrechselte Sätze zu formulieren sowie mit Fachausdrücken beeindrucken zu wollen. Was soll damit auch bezweckt werden? Kompetent ist der, der schnell und einfach seine Botschaft auf den Punkt bringt. Eine Steuerkanzlei schrieb mir per E-Mail anlässlich meiner Anforderung von Informationsmaterial (von deren Internetpräsentation aus, die ich schon besucht hatte):

„... in vorbezeichneter Angelegenheit haben wir Ihnen heute unsere Kanzleibroschüre per Post übermittelt. Grundsätzlich halten wir sämtliche werbemäßigen Aussagen zur Kanzlei auch im Internet vor, sodass Sie sich entsprechend informieren können. Wir würden uns freuen, wenn wir uns anlässlich eines persönlichen Gesprächs bei Ihnen vorstellen könnten und wären daher für Kontaktaufnahme zur Terminvereinbarung dankbar, soweit Ihrerseits weiterhin Interesse besteht."

Ich frage mich, wieso der Steuerberater immer in der Wir-Form schreibt, obwohl es ja auch seine Kanzlei ist. Nicht die Kanzlei möchte mit mir sprechen, sondern er. Dann sollte er das auch so kommunizieren. Darüber hinaus scheint er nicht wirklich davon überzeugt zu sein, dass seine Kanzlei für mich attraktiv erscheint – oder wie werten Sie die Aneinanderreihung der Konjunktive? Kommen Sie bei Ihrer Korrespondenz auf den Punkt. Seien Sie authentisch und klar. Zu obigem Beispiel schlage ich folgenden Alternativtext vor:

„... vielen Dank für Ihr Interesse. Die gewünschte Broschüre haben wir Ihnen gleich heute zugesandt. Aber das sollte nicht unseren persönlichen Kontakt ersetzen, bei dem ich mich und meine Kanzlei gerne bei Ihnen vorstellen möchte. Bitte machen Sie mir deshalb einen Terminvorschlag in den nächsten Tagen."

Hiermit wird der Leser aufgefordert, aktiv zu werden. Außerdem wird ihm die Möglichkeit geboten, den Inhalt des Schreibens auch schon beim ersten Lesen komplett zu erfassen.

Einfühlungsvermögen gesucht ...

„Sie haben die Kundennummer C1994-3244 und Ihre Anfrage hat die Projektnummer P4328098. Bitte merken Sie sich diese Nummern genau, andernfalls ist eine Bearbeitung nicht möglich." Gut zu wissen, dass alles seine Ordnung hat – aber als Kunden wollen wir keine Nummer und kein Projekt sein, sondern als individuelle Interessenten mit persönlichen Anliegen und Fragen ernst genommen werden. Gründlichkeit und Strukturen laufen einer menschlichen und unbürokratischen Bearbeitung von Kundenwünschen und -anliegen leider oftmals zuwider. Wenn ich meine Anforderungen, um ein Angebot zu erhalten, schriftlich formulieren muss, ist bei mir die Luft schon raus. Ich möchte anrufen, mein Anliegen mitteilen und dann ein Angebot erhalten. Muss ich allerdings erst alles schriftlich erledigen, was mich einige Minuten „unnötige" Zeit kostet, lasse ich die Angelegenheit oft ruhen. In meiner Agentur war es deswegen faktisch so, dass wir nur mit Druckereien und Lieferanten zusammen arbeiteten, die auf „Zuruf" reagieren – ohne umständliche schriftliche Angebotsanfragen. Wir alle suchen Dienstleister, die uns als Kunden dort abholen, wo wir stehen. Holen Sie Ihre Kunden so ab, wie sie es wünschen. Bauen Sie keine unnötigen Barrieren auf, die zwar Ihnen das Leben erleichtern, aber für den Kunden eine Hürde darstellen können.

Kunden wollen ernst genommen und nicht in Schubladen oder Formen gepresst werden. Es zeichnet einen Dienstleister aus, wenn er anpassungsfähig ist und sich an die Stelle seines Kunden denkt. Gefragt ist das so genannte „Einfühlungsvermögen". Der Finanzdienstleister DBV Winterthur (wie auch einige Stadtwerke) wirbt deshalb mit „Wir sind für Sie da." – nicht berauschend originell, aber aussagekräftig.

Ein wesentlicher Schlüssel, Kunden von einem Dienstleister zu überzeugen, besteht darin, dem Kunden klar zu signalisieren, dass sein Anliegen verstanden wurde und eine individuelle Lösung entwickelt wird. Sie kennen aus Ihrem alltäglichen Geschäft, dass Sie – obwohl Sie Ihren Bedarf exakt geschildert haben – ein Standardangebot erhalten, welches Ihren Anforderungen und Wünschen nicht gerecht wird. Ehrlich, es gibt nichts Ärgerlicheres. Denn nun beginnen Sie im gewissen Maße wieder von vorne, das ist reine Zeitverschwendung.

Machen Sie sich ausreichend Notizen während eines Gesprächs mit Ihren Kunden – das zeigt, dass Ihnen wichtig ist, was sie sagen und die Kommunikation und die Bedürfnisse des Kunden ernst genommen werden. Ebenso helfen bei diversen Tätigkeiten Checklisten und Fragebögen, um sicherzugehen, dass auch alle individuellen Teile einer Leistung nach Kundenwunsch erfasst und berücksichtigt werden. Rückfragen zur Klärung von Details sind ein weiteres Indiz für den Kunden, dass Sie es ernst meinen und ihn tatsächlich verstehen wollen. Aber auch die Formulierung Ihres Angebots zeigt, ob der Kunde bei Ihnen einer von vielen ist oder ob es ein für ihn individuell erstelltes Angebot ist. Nicht, dass Sie jedes Schreiben neu aufsetzen müssen, aber der Ton macht ja bekanntlich die Musik. Wie stark greift das Angebot die besprochenen Details wieder auf? Erlebt der Kunde hier seine nächste Unsicherheit, da die Gesprächsinhalte nicht mehr sichtbar sind und sich im Angebot nicht mehr widerspiegeln?

Einfühlungsvermögen, gepaart mit der Flexibilität, ist das Erfolgsrezept vieler neuer und kleiner Unternehmen. Denn je größer Unternehmen werden, desto starrer und unflexibler – und damit auch weniger auf den Kunden ausgerichtet – sind sie. Und manchmal ist ein nicht standardisierter und genormter Weg nötig, um den individuellen Bedürfnissen der Kunden gerecht zu werden. Häufig fallen dann eben Aussagen wie: „Ich würde ja gerne, kann das aber nicht machen, da das bei uns grundsätzlich so und so läuft." Die wenigsten möchten Verantwortung übernehmen und verstecken sich dann gerne hinter Arbeitsanweisungen und reglementierten Vorgehensweisen. Den Kunden ist damit aber nicht immer geholfen. Räumen Sie Mitarbeitern Freiräume ein, in denen sie selbst das Vorgehen bestimmen können – Ihre Kunden werden es Ihnen danken!

Einen Schritt voraus durch Erreichbarkeit

Wenn Sie als Privatperson ein Haus bauen, kommen Sie unweigerlich mit Behörden und anderen Dienstleistern, wie beispielsweise Vermessungsingenieuren, in Kontakt. Da Sie aber von 8 bis 17 Uhr arbeiten, werden Sie, wenn Sie versuchen, nach der Arbeit eine Behörde oder einen Dienstleister zu erreichen, in der Regel kläglich scheitern. Teils erreichen Sie ab 15 Uhr kaum noch jemanden, aber nach 17 Uhr ist endgültig Schluss. Sie haben keine Wahl und müssen sich ja um diverse Dinge kümmern – also nehmen Sie einen Tag Urlaub. Just an diesem Tag hat aber Ihr Ansprechpartner Urlaub oder ist krank. Sie dürfen gerne nächste Woche wieder kommen.

Aus dieser Erfahrung heraus haben die Mitarbeiter eines Vermessungsbüros während eines Workshops zum Thema „Kundenzufriedenheit" selbst vorgeschlagen, bis 20 Uhr erreichbar zu sein. Das nenne ich echte Kundenorientierung. Wenn Sie um 19 Uhr die Gelben Seiten aufschlagen oder sich im Internet eine Liste von relevanten Vermessungsingenieuren besorgen und wegen der Vermessung Ihres Grundstücks oder Hauses dort anrufen, werden Sie vermutlich nur in einem Vermessungsbüro um diese Uhrzeit jemanden erreichen. Und welchem Vermessungsbüro erteilen Sie dann den Auftrag? Natürlich dem Büro, wo Sie auch jemanden erreicht haben – wem sonst!

Durch zeitliche Erreichbarkeit, die an die Bedürfnisse Ihrer Kunden angepasst ist, demonstrieren Sie, dass Ihr Unternehmen für Ihre Kunden da ist und Bedürfnisse und Anforderungen ernst und wichtig genommen werden. Machen Sie sich Gedanken, wann Ihre Kunden Sie brauchen. Wenn Sie nicht erreichbar sind, wird eben ein anderer zum Zug kommen. Auch wenn Erreichbarkeit nicht das ausschließliche Kriterium darstellt, sollten Sie sich auf Ihre Kunden einstellen. In meinem eigenen Unternehmen haben wir den Beginn der Arbeitszeit von neun auf acht Uhr vorverlegt, da schon um neun Uhr das Telefon heiß klingelte. Wir haben dann einmal recherchiert, wann unsere Kunden zu arbeiten beginnen. Daraufhin haben wir von einer auf die nächste Woche unsere Erreichbarkeit umgestellt. Ich persönlich würde gerne gegen zehn Uhr beginnen – aber ab acht klingelt das Telefon, und wir wollen schließlich erreichbar sein.

Als erfolgreiches Dienstleistungsunternehmen müssen Sie sich auf Ihre Kunden einstellen. Ich bin davon überzeugt, dass Dienstleister, die Privatpersonen bedienen, durch eine Erreichbarkeit auch bis in den Abend hinein einen hohen Wettbewerbsvorteil haben. Ich weiß von einem Zahnarzt, der einmal wöchentlich bis nach 20 Uhr seine Praxis geöffnet hat. Nicht nur aufgrund seiner Persönlichkeit oder fachlichen Qualifikation gewinnt er neue Kunden, sondern hauptsächlich aufgrund seiner Öffnungszeiten, die es auch beruflich stark eingespannten Personen erlauben, sich bei ihm in Behandlung zu begeben.

Es ist erstaunlich, dass etliche Dienstleister gerade dann Ihre Tätigkeit einstellen, wenn die meisten ihrer Kunden Zeit haben. Ob es Ärzte, Friseure, Autohäuser, Service-Hotlines, Banken, Versicherer oder unzählige andere Branchen sind – die Erreichbarkeit der Dienstleistungsunternehmen wird zunehmend ein Entscheidungskriterium darstellen und tut es auch heute schon. Wer heute nur während der üblichen Geschäftszeiten erreichbar ist, tut sich auch selbst keinen Gefallen. Sie sehen ein personelles Problem? Bei dem oben genannten Vermessungsbüro hat sich ein Mitarbeiter für die Spätschicht nahezu aufgedrängt – denn als Nachtmensch muss er heute keiner Party mehr fernbleiben, weil er schon um 7 Uhr beginnen muss. Es gibt immer Lösungen, und letztendlich steht das Wohl der Kunden ja bekanntlich über der Meinung eines Mitarbeiters, der es noch nicht verstanden hat, seinen Kunden zu „dienen".

Mal ehrlich, keinem Gastronomen würde es einfallen, sein Geschäft von 8 bis 18 Uhr zu öffnen und dann Feierabend zu machen. Aber unendlich viele Unternehmen, deren Kunden überwiegend Privatkunden sind, arbeiten praktischerweise bis etwa 16 oder 17 Uhr – und sind dann unerreichbar. Hier müssen und werden sich in den deutschsprachigen Ländern in den nächsten Jahren Veränderung ergeben. Erst nach intensiver Internet-Recherche habe ich beispielsweise einen Steuerberater gefunden, der auch samstags für seine Mandantschaft erreichbar ist – leider immer noch die Ausnahme. Schauen Sie sich Ihre Zielgruppe etwas genauer an: Welche Bedürfnisse haben die im Zusammenhang mit Ihrer Dienstleistung und wie können Sie ihnen signalisieren, dass Sie gerne auf Kundenwünsche und -anforderungen eingehen? Wenn Sie nur im Business-to-Business-Bereich zu Hause sind, macht eine Samstagsöffnung sicherlich wenig Sinn.

Darüber hinaus sollten Sie Ihre Erreichbarkeit auf Ihrer Website und in anderen Publikationen deutlich machen. Auch Ihr Anrufbeantworter sollte Ihre Anrufer nicht nur mit „leider außerhalb unserer Bürozeiten" abspeisen, sondern mit konkreten Uhrzeiten. Denn es ist ärgerlich, wenn man ab sieben Uhr ständig versucht, ein Unternehmen telefonisch zu erreichen, welches erst ab zehn Uhr öffnet.

Neben der reinen zeitlichen Erreichbarkeit spielt der **Standort** bei vielen Leistungen, in denen die Kundschaft direkt involviert ist, eine große Rolle. Als Bankgesellschaft mit hohem Privatkundenanteil reicht es eben bei weitem nicht aus, nur in Großstädten präsent zu sein. Wieso soll ich mein Privatkonto bei der Dresdner Bank haben, wenn ich in meiner Kleinstadt keinen Bankautomaten dafür habe? Die so genannte Standortforschung wird in einigen Branchen wie Banken, Versicherungen und Handel mit hohem Aufwand betrieben, denn Sie ermitteln einen für das Unternehmen lohnenden Standort.

Für unternehmensbezogene Dienstleister ist der Standort für Entscheider ein weiteres Kriterium. Erfahrungsgemäß werden eher Unternehmen in Städten als in deren Umland gesucht. Eine Münchener Organisation sucht nach einer Agentur in München und erhält dort genug Auswahl. Es würde denen nicht einfallen, sich auch in Erding oder anderen vorgelagerten Orten nach einer Agentur umzusehen (es sei denn, sie hat einen gewissen Bekanntheitsgrad). Andererseits sucht eine in Erding ansässige Firma auch eine Agentur in München. Gehen Sie dorthin, wo auch Ihre Zielgruppe sitzt. Selbst in unserer hoch technologisierten Zeit spielt die Nähe eines Dienstleisters eine wesentliche Rolle. Denn örtliche Nähe ist für Ihre Kunden ein Surrogat für Ihr Engagement. Örtliche Nähe ist für Kunden Sicherheit. Kunden versprechen sich dadurch eine störungsfreie und schnelle Kommunikation, gute Erreichbarkeit, kürzere Reaktionszeiten und höhere Hilfsbereitschaft. Ich beobachte auch zunehmend die Reaktion von Entscheidern, sich lieber an einen Tisch zu setzen, als per E-Mail zu kommunizieren. Der Aufwand ist zwar wesentlich höher, in Sachen Vertrauensaufbau aber optimal.

Machen Sie die Pflicht zur Kür – Ihre Präsentation vor Ort

Nehmen Sie Interessenten den letzten Zweifel durch eine überzeugende Präsentation, die an der Professionalität Ihres Unternehmens und Ihrer Leistung keinen Zweifel lässt. Eigentlich selbstverständlich, aber wie oft saßen in meinem Büro schon schlecht strukturierte und nicht vorbereitete Vertriebsmitarbeiter, die weder Muster noch vernünftiges Präsentationsmaterial bei sich hatten.

Erstaunlich, wie unvorbereitet und vor allem unstrukturiert viele Dienstleister Termine wahrnehmen. Der noch potenzielle Kunde ist in der Regel noch unsicher und hat sich an diesem Punkt bei weitem noch nicht für ein Angebot entschieden. Was erwartet ein Interessent denn dann vom Erstkontakt? In der Regel geht es nicht um Details, sondern um das erste Beschnuppern. Der erste Eindruck muss passen, die Chemie muss stimmen – ansonsten wird es nichts mit der zukünftigen Partnerschaft.

Eines ist ganz klar: Nur Sie sind für den Verlauf des Erstkontakts verantwortlich, und Sie können das Gespräch leiten. Wie gesagt, die wenigsten Interessenten haben einen konkreten Plan für den ersten Termin. Also sollten Sie einen Plan haben, ansonsten wird daraus eine insgesamt planlose Veranstaltung, bei der Sie kaum überzeugend wirken konnten. Gehen Sie deshalb stets gut vorbereitet und mit einem Ziel in das Gespräch. Vorbereitet deshalb, damit Sie sich argumentativ nicht auf dünnem Eis bewegen und Ihr Interessent merkt, dass Sie informiert sind. Damit signalisieren Sie, dass er nicht ein Kunde in Reihe ist, sondern dass Sie sich im Vorfeld schon mit ihm auseinandergesetzt haben. Nennen Sie ein bestimmtes Detail, oder erwähnen Sie, dass Sie sich die Homepage angeschaut haben – das macht Eindruck und hilft Ihnen weiter. Ohne Ziel und dadurch definierten Ablauf innerhalb des Gesprächs kann eine Präsentation wie ein zäher Kaugummi werden – und Sie haben anschließend womöglich das ungute Gefühl, wichtige Aspekte vergessen zu haben. Wenn der Interessent Sie nur kennen lernen möchte, dann liegt es an Ihnen, welches Erlebnis Sie daraus machen. Nicht unbedingt mit schon auf den Kunden zugeschnittenen und fertigen Konzeptionen, sondern mit einer Präsentation über Ihr Unternehmen und bisherige Leistungen und Referenzen können Sie punkten und nachhaltigen Eindruck hinterlassen. Ihr Auftritt muss so überzeugen, dass einem Kunden sofort klar wird, dass Sie der richtige Partner auch für seine Projekte sind. Eine zweite Präsentationschance erhalten Sie nämlich nicht – wer sich nicht überzeugend präsentiert, hat verloren.

Erfahrungsgemäß ist es die Darstellung bereits erledigter Projekte (beispielsweise bei Schönheitschirurgen, Fotografen oder Agenturen) oder die Nennung von Referenzen, was bei Kunden in Erinnerung bleibt. Gefällt das Präsentierte, erwartet Ihre Kundschaft zumindest gleichwertige Qualität und geht mit einer entsprechend hohen Erwartungshaltung in einen nachfolgenden Leistungsprozess. Das Aufzeigen von Projekten und Referenzen bietet vor allem den eigentlichen Vorteil, dass anhand bereits geleisteter Tätigkeiten Ihre tatsächliche Kompetenz abgelesen werden kann. In Kapitel 6 werden wir dieses Thema näher betrachten. Sie können selbst über sich und Ihr Unternehmen viel erzählen – letztlich muss es sich aber in konkreten Projekten beweisen. Und diesen Beweis erbringen entsprechende Referenzen. Ohne diese haben Sie als Dienstleistungsunternehmen einen schweren Stand.

Immer wieder gern genommen und allseits beliebt sind PowerPoint-Präsentationen. Denn damit kann ja nun wirklich jeder zeigen, dass ein guter Grafiker in ihm steckt. Vorsicht, bitte! Auch PowerPoint-Präsentationen müssen dem Corporate Design Ihres Unternehmens entsprechen. Es ist erstaunlich, dass selbst einige DAX-notierte Unternehmen in Hauptversammlungen und Pressekonferenzen mit offensichtlich selbst gebastelten Präsentationen aufwarten. Ebenfalls besonders beliebt sind möglichst bunte Charts bei Unternehmensberatern. Bei der Betrachtung so mancher Website der Berater frage ich mich, ob Unternehmensberater wohl eher nach der Farbigkeit von Diagrammen und Präsentationen als nach Leistung bezahlt werden. Anders ist das nicht mehr zu erklären.

Bei der Erstellung eines Corporate Designs ist die Erstellung von PowerPoint-Vorlagen mit Farbvorgaben und definierten Schriften sowie vorgegebenen Layouts Pflicht. Allerdings berücksichtigen das immer noch viele Werbeagenturen nicht, da sie in erster Linie nur an die klassische Geschäftsausstattung im Printbereich denken. Demnach existieren in Unternehmen keine Präsentationsvorlagen. Wenn Sie sich präsentieren, wollen Sie Ihre beste Seite zeigen – und nichts soll dabei optisch stören. Präsentieren Sie sich professionell und nicht mit semiprofessionellen Mitteln. Das trübt das Gesamtbild. Scheuen Sie deshalb nicht den Aufwand, sich eine professionelle Vorlage für PowerPoint erstellen zu lassen, die einen klaren gestalterischen Rahmen vorgibt, Ihnen aber trotzdem genug Freiraum für die zu vermittelnden Inhalte lässt.

Zu guter Letzt ein Tipp, der in diesem Buch aus gutem Grund nur an dieser Stelle auftaucht: Weniger ist mehr. Grundsätzlich können Dienstleister den potenziellen und unsicheren Kunden ja nie genug Informationen übermitteln. Beim persönlichen Kontakt ist das aber anders! Wählen Sie im Vorfeld exakt aus, was Sie präsentieren wollen. Und halten Sie sich dabei kurz. Denn wenn die zwischenmenschliche Ebene nicht stimmt, sind beide Seiten froh, wenn der Termin nicht allzu lange dauert. Aber selbst im besten Fall sollten Sie die Interessenten nicht langweilen oder überstrapazieren. Geben Sie kurz einen groben Überblick und teilen Sie das Wichtigste mit. Wenn der Kunde dann Details erfahren möchte, ist der Moment gekommen, wo Sie gerne ausführlicher werden sollten. Aber eben nicht ungefragt, denn das wirkt aufdringlich und äußerst unsympathisch. Profis haben PowerPoint-Dateien, die auf den ersten Seiten eine Leistungsübersicht und ein paar Beispiele zeigen. Bei Bedarf kann der Dienstleister aber dann auf weitere Unterseiten oder andere, verlinkte Präsentationen verzweigen und so einen stundenlangen Vortrag halten. Die Präsentationen sind mehrere hundert Seiten groß, die Standardpräsentation umfasst aber nur maximal zehn Seiten. So können Sie bei Bedarf ins Detail gehen.

Quintessenz

- Entscheiden Sie den Erstkontakt durch
    - ein überzeugendes sichtbares Umfeld
    - Verlässlichkeit,
    - Reaktionsfähigkeit,
    - Leistungskompetenz,
    - Einfühlungsvermögen,
    - stimmige Präsentation.
- Legen Sie höchste Maßstäbe an Ihr Handeln und das Ihrer Mitarbeiter – denn jede Nachlässigkeit kann der Kunde persönlich nehmen.
- Das Gute ist der Feind des Besten. Geben Sie sich nicht mit dem erreichten Standard zufrieden, sondern arbeiten Sie stets an weiteren Optimierungen. Wenn Sie stehen bleiben, wird ein Mitbewerber Sie eines Tages überholen.

Checkliste		
	Ja	To-Do
Alle möglichen Erstkontakt-Punkte sind analysiert und bieten dem Interessenten ein einwandfreies und professionelles Bild.		
Sie achten auf ein überzeugendes Umfeld sowie repräsentative Räumlichkeiten.		
Sie haben Verantwortliche bestimmt, die für Sauberkeit, Luftqualität, angenehme Geräuschkulisse etc. zuständig sind.		
Sie und Ihre Mitarbeiter identifizieren sich mit dem Unternehmen und seinem Kunden- und Leistungsverständnis.		
Alle Versprechen werden grundsätzlich eingehalten. Sie signalisieren aktiv: „Auf mich/uns ist Verlass!"		
Sie reagieren stets unverzüglich und unkompliziert.		
Der Kunde steht bei Ihnen im Mittelpunkt.		
Sie sprechen, schreiben und handeln höflich und natürlich.		
In Anschreiben und Angeboten gehen Sie individuell auf Ihren Kunden ein und zeigen so Einfühlungsvermögen.		
Ihre Erreichbarkeit ist an die Gewohnheiten Ihrer Kunden und Zielgruppen angepasst.		
Auf Gespräche bereiten Sie sich stets gut vor, Sie individualisieren Ihre Präsentation für den Kunden.		
Bei jedem Präsentationstermin haben Sie ein Ziel vor Augen und können somit das Gespräch leiten.		
Ihre Präsentationsunterlagen sind professionell aufbereitet.		

Ihr Fazit

Was haben Sie in diesem Kapitel gelernt, was soll in Ihrem Unternehmen umgesetzt werden? Tragen Sie es gleich hier ein, damit Sie nichts vergessen:

5. Schöner, besser, größer, schneller und noch viel mehr – die Erwartungshaltung

In diesem Kapitel erfahren Sie,

- was Kunden erwarten (und warum),
- dass kleine Ursachen eine große Wirkung erzielen,
- dass kulturelle Unterschiede unterschiedlichen Service bedeuten,
- wie Mitarbeiter Kunden enttäuschen und begeistern können,
- wie Sie durch Ihr Alleinstellungsmerkmal überzeugen können,
- warum Sie Ihren Zusatznutzen ausweisen sollten,
- warum der Preis ein Qualitätsmerkmal ist.

Wer sich seit Jahren mit Kundenanforderungen und -wünschen beschäftigt, hat mitunter den Eindruck, dass sich diese zuspitzen: ständig schöner, besser, größer, schneller und natürlich preisgünstig(er). Kunden fällt es schwerer, Unternehmen zu vertrauen und schützen sich durch eine Wand von Anforderungen – wer das leistet, ist der richtige Anbieter. Kunden sind selbstbewusster geworden, nutzen vermehrt Testberichte und Internetforen, um sich zu informieren. Denn wer einmal enttäuscht wurde, vertraut nicht mehr und wird kritischer bei der Auswahl eines neuen Anbieters. Die kritische Betrachtungsweise führt zu höheren Anforderungen, die der Dienstleister zu erfüllen hat.

Es ist deshalb unerlässlich, dass Sie sich als Dienstleister intensiv Gedanken machen über die Hintergründe und Entstehungsweisen von Kundenerwartungen und wie Sie diesen begegnen können.

Was Kunden erwarten (und warum)

Der Grund, warum bei gleicher Leistungserbringung der eine Kunde begeistert und der andere enttäuscht ist, liegt in der unterschiedlichen Erwartungshaltung. Wenn der Dienstleister nach der Kundenbeschwerde eher genervt fragt: „Was haben Sie denn eigentlich erwartet?", ist das Kind wohl schon in den Brunnen gefallen. Die Frage stellt sich eigentlich vorher, denn an der Kundenerwartung misst sich die geleistete Qualität.

Kundenzufriedenheit ist nämlich der Vergleich von Kundenerwartung und – aus Kundensicht – erlebter bzw. erhaltener Leistungsqualität. Reicht die gebotene Leistung nicht an die Erwartungshaltung des Kunden heran, ist er schlichtweg unzufrieden. Übertrifft das Dienstleistungsunternehmen allerdings die Erwartungen, kann es sich über einen begeisterten Kunden freuen.

Wenn Sie sich nicht mit den Erwartungshaltungen Ihrer Kundschaft im Allgemeinen aber auch nicht den Erwartungen des einzelnen Kunden im Detail auseinander setzen, wird es Ihnen nur „per Zufall" gelingen, einen zufriedenen oder sogar begeisterten Kunden zu erhalten.

Die allgemeine Erwartungshaltung hinsichtlich der angebotenen Leistung setzt sich aus diversen Faktoren zusammen:

- eigene Erfahrungen mit gleichen oder ähnlichen Leistungen
- eigene Erfahrungen mit dem gleichen oder ähnlichen Dienstleister
- Erfahrungsberichte Dritter (TV, Bekannte etc.)
- Motiv für die Inspruchnahme der Leistung (Werbung)
- eigenes Leistungsversprechen
- eigenes Image
- Leistungsversprechen der Mitbewerber

Eine Beurteilung von Situationen oder Erlebnissen geschieht durch den Vergleich mit gleichen oder ähnlichen Begebenheiten. Wer einmal in einem Restaurant gespeist hat, wo der Ober nahezu neben dem Tisch stehen bleibt und jeden Wunsch von den Augen abliest, wird sich beim Italiener um die Ecke schon wundern, wenn der muffig und schlecht gelaunt an den Haaren herbeigezogen werden muss, um die Bestellung aufzunehmen. Nicht dass Menschen nicht unterscheiden könnten (niemand erwartet bei McDonald's einen Ober am Tisch), aber in einem vergleichbaren Rahmen werden durchaus Vergleiche gezogen. Kunden, die erstmalig eine Dienstleistung in Anspruch nehmen, haben in der Regel keine gefestigten Vorstellungen. Hier stellt sich in der Realität höchstens das Problem, dass Kunden „zu viel" erwarten, beispielsweise die Lösung auch steuerrechtlicher Probleme von einem Steuerberater oder das Texten eines Werbetextes von einem Grafiker, der die Broschüre „machen" soll – aus Sicht des Kunden komplett und aus Sicht des Grafikers nur „gestalten".

Es gibt durchaus auch eine Diskrepanz zwischen der Erwartungshaltung des Kunden und der überhaupt möglichen Leistung. Wenn es dem Dienstleistungsunternehmen nicht schon im Vorfeld gelingt, die Wünsche der Kunden auf ein realistisches und zu erfüllendes Maß zu bringen, wird der Betrieb fortan mit unzufriedener Kundschaft, vielen Beschwerden (denen nichts Positives entgegnet werden kann) und schlechter Publicity leben müssen. Ein für beide Seiten unglücklicher Zustand – für das Unternehmen nachhaltig schädigend. Sie tun gut daran, gegenüber Kunden ehrlich und offen zu kommunizieren, was geleistet werden kann und was nicht. Manch eine Internetseite oder Broschüre liest sich wie ein Märchenbuch. Aber nur wer etwas detaillierter Einblick hat, sieht die Wahrheit hinter den blumigen Fassaden. Schrauben Sie nicht künstlich die Erwartungshaltung Ihrer Kunden nach oben – bleiben Sie am Boden der Tatsachen, und es wird Ihnen gelingen, zufriedene und begeisterte Kunden zu erhalten. Versprechen Sie aber zu viel und können es nicht leisten, erleiden Sie eine Bruchlandung. Je höher die Erwartungshaltung der Kunden ist, desto mehr müssen Sie leisten, um zufriedene Kunden zu erhalten. Ist die Erwartungshaltung gering, ist es für Sie wesentlicher einfacher, Kunden zu begeistern.

Während Fluggäste aller Klassen während eines noch so kurzen Flugs auch bei den meisten „Billigfliegern" ein Getränk erhalten (es löst keine Begeisterungsstürme aus, da es als selbstverständlich angesehen wird), würde ein kostenloser Getränkeausschank bei der Bahn schon wesentlich höhere Anerkennung finden und die Bahngäste begeistern (da es eben nicht zu erwarten war). Nicht die Leistung an sich macht Kundenzufriedenheit und -begeisterung, sondern der Unterschied zwischen erwarteter und erlebter Dienstleistung.

Wurden Kunden in der Vergangenheit mit erbrachten Leistungen zufrieden gestellt oder gar begeistert, wird seitens der Kunden zukünftig automatisch ein bestimmtes Leistungsniveau vorausgesetzt. Die Enttäuschung ist umso größer, wenn den Erwartungen (die sich dann weniger auf Hoffnung als auf tatsächliches Erleben gründen) nicht erfüllt werden können. Würde die Lufthansa beschließen, keine Getränke mehr auszuschenken, wäre der Protest riesig.

Fragen Sie Kunden nach ihrer Erwartungshaltung und ihren Erfahrungen in der Vergangenheit mit anderen Anbietern. Oftmals ist es auch ein Leichtes, aus den Beschwerden herauszuhören, was der Kunde vom neuen Anbieter erwartet.

Präsentieren Sie sich als ehrlichen Anbieter, der hält, was er verspricht. Weisen Sie ruhig auch einmal auf die vollmundigen Versprechen anderer hin, die Sie nicht einlösen werden können. Immerhin ist vergleichende Werbung ja auch in Deutschland erlaubt. Indem Sie nicht so hoch stapeln, wirken Sie seriöser. Hochstapler haben es schwer, Vertrauen zu schaffen. Denn Kunden finden schnell heraus, wenn es jemandem nur um den Verkauf geht und er sich hinterher an nichts mehr erinnert.

Oftmals finden Sie die Erwartungen Ihrer Kunden nur durch eine direkte Befragung heraus. Denn schon kleinste Ursachen können eine große Wirkung haben – der fehlende richtige Wein zum perfekten Essen kann den ganzen Abend vermiesen. Eine schlechte Luftqualität in den Hörsälen einer Universität kann die ansonsten gute Vorlesung zunichte machen, der nach Schweiß riechende Taxifahrer lässt die ansonsten einwandfreie Fahrt zum Alptraum werden. Es sind oftmals nur Kleinigkeiten, die in der Gesamtwahrnehmung das ganze Erlebnis in einem negativen Licht erscheinen lassen. Wenn die Kundschaft nicht selbst darauf aufmerksam macht, kann sich ein Anbieter lange wundern, warum die Kundenzahl stetig abnimmt.

Treffen sich ein Amerikaner, ein Japaner und ein Deutscher ...

Die oftmals verschriene „Servicewüste Deutschland" zu begrünen kann nur dem gelingen, der die Eigenschaften von Services kennt und sie erfolgreich zur Kundengewinnung einsetzt. Nicht nur ein freundliches Lächeln zur rechten Zeit, sondern eine Fülle von Instrumenten macht hier die Musik. Ein Blick über den großen Teich in die USA mag in diesem Zusammenhang recht inspirierend sein, aber der deutschsprachige Markt hat ganz eigene Gesetzmäßigkeiten. Als der erste selbst errichtete Superstore von WAL MART bei Hannover seine Pforten öffnete, war das Kassenpersonal darauf getrimmt, die Einkäufe sofort in Tüten zu packen. Eigens entwickelte Kassenzonen, die es den Kassiererinnen ermöglichten, parallel zum Scannen auch einzupacken, wurden errichtet. Was in Amerika oder auch Großbritannien völlig üblich ist, geht in Deutschland mitunter in die Hose. Ich wünschte, Sie hätten am Eröffnungstag die verblüfften Gesichter der Käufer sehen können, als ihre Ware nach dem Scannen wieder in Löcher verschwand, in denen die Tüten hingen. Köstlich, zu welchen Reaktionen „Service" führen kann! Was gut anfing, endete allerdings jäh. Schon nach wenigen Tagen wurde der Kampf gegen die Windmühlen als verloren verzeichnet. Das Kassenpersonal fragte schon gar nicht mehr, ob es die Ware auch gleich einpacken dürfte, und die Vorrichtung für die Tüten wurde stillschweigend wieder geschlossen. Heute müssen Sie nach Tüten fragen und bekommen – unabhängig von der Menge des Einkaufs – drei ganze Tüten. Bei größeren Einkäufen muss man regelmäßig nachfragen – wie lästig. Und traurig. Das Kopieren von amerikanischen Erfolgsprinzipien in Sachen Dienstleistungsmarketing bringt Sie im deutschsprachigen Raum (leider) nicht weiter. Denn Service erbringen Sie immer für Menschen, und die sind nun mal unterschiedlich und leben in verschiedenen Kulturkreisen. Darauf müssen Sie sich einstellen – als deutsches oder ausländisches Unternehmen gleichermaßen. Erfolgreiches Dienstleistungsmarketing und dessen wirkungsvolle Umsetzung muss für den deutschsprachigen Raum neu definiert werden. Wir neigen dazu, Erfolgsrezepte zu übernehmen, scheitern aber oft aufgrund unterschiedlicher Kundenanforderungen und -ansprüche. Natürlich muss das Rad nicht neu erfunden werden, und viele innovative Konzepte aus den USA finden rasch den Weg über den großen Teich. Die Offenheit, Flexibilität und unkomplizierte Weise, wie in vielen englischsprachigen Ländern miteinander umgegangen wird, stößt eben in deutschsprachigen Ländern nicht auf große Gegenliebe.

Bedenken Sie, dass die Kundenzufriedenheit aus der Minimierung der Differenz zwischen erwarteten und wahrgenommenen Merkmalen des Leistungsangebots eines Unternehmens resultiert. Je mehr „unerwartete" Aspekte eine Leistung enthält – auch wenn es ein gut gemeinter positiver Aspekt ist, den der Kunde erst einmal als „neu" und bedrohlich wahrnimmt –, desto schlechter wird die Beurteilung des Services ausfallen.

Es gibt Services, die sich leichter im deutschsprachigen Raum integrieren lassen, wie beispielsweise Fastfood-Restaurants, und es gibt Leistungen, die einer starken Anpassung an den jeweiligen Markt bedürfen. Eine Steuer- oder Rechtsberatung ist allein schon aufgrund der nationalen Gesetzgebung sehr individuell, aber selbst eine Wirtschafts- oder Unternehmensberatung in amerikanischem Stil wird sich hier nicht durchsetzen. Mit zunehmender Kontaktintensität zwischen den leistenden und empfangenden Personen wird eine Anpassung an die kulturellen Gepflogenheiten wichtig. Schon manche gute Idee scheiterte im deutschsprachigen Raum, da die deutsche Seele das Angebot nicht erfassen konnte.

Wer sich an asiatische Freundlichkeit gewöhnt hat, empfindet unser Miteinander als rüde und unfreundlich. Aber selbst innerhalb Deutschlands gibt es Unterschiede, die ein Unternehmen beachten muss. Als gebürtiger Bayer mit jetzigem Standort Hannover kann ich ein Lied davon singen. Die norddeutsche Art, direkt auf den Punkt zu kommen und den Smalltalk recht kurz zu halten, kommt in Süddeutschland gar nicht gut an. Dort basieren Geschäfte auch gerne auf Beziehungen – nicht im negativen Sinne, aber man kennt halt gerne seinen Geschäftspartner. Kundengespräche in Süddeutschland dauern in der Regel doppelt so lange wie Gespräche im Norden der Republik. Wer sich nicht auf die Menschen einstellen kann, wird sich mitunter schon im eigenen Land schwer tun.

Wenn ein deutscher Konzern beispielsweise in Südafrika Tankstellen eröffnen möchte und von Deutschland auf Südafrika schließt, wird er nach zwei Tagen keine Kunden mehr haben. Im Süden Afrikas ist es üblich, dass ein Tankwart den Wagen betankt und gleichzeitig die Scheiben reinigt. Als Kunde bleiben Sie im Wagen, reichen das Geld durchs Fenster und können dann entspannt weiter fahren. Würde ein Unternehmen die deutsche Art und Weise der Selbstbedienung einführen, wäre der Misserfolg vorprogrammiert. Aber umgekehrt genauso: Kaum ein Deutscher lässt sich den Wagen volltanken und die Scheiben reinigen, ohne selbst Hand anlegen zu wollen. Wir sind es einfach nicht (mehr) gewöhnt, dass uns gedient wird.

Übernehmen Sie nicht blind Erfolgsrezepte anderer – schon gar nicht anderer Kulturen. Machen Sie selbst Ihre Erfahrungen, und beobachten Sie genau Ihre Kunden vor Ort.

Chance und Risiko Mitarbeiter

Die Qualität von Dienstleistungsunternehmen entscheidet sich an den Mitarbeitern. Der überwiegende Teil der Kundenabwanderungen geschieht aufgrund Unzufriedenheit der Kunden mit den Mitarbeitern des Dienstleisters (siehe nachfolgende Grafik). Der Kundenerwartung wurde offenbar nicht entsprochen.

Liegt es denn an den Mitarbeitern selbst? Ja und nein zugleich – aber alle Schuld auf das Verhalten der Mitarbeiter zu schieben, wäre zu einfach (und brächte auch keine Lösung hervor). Das Hauptproblem liegt in den meisten Fällen eher darin, dass Mitarbeiter nicht wissen, wie Kunden „ticken", das heißt, was Kunden von ihrem Dienstleister tatsächlich erwarten und wie sie wann reagieren. Und wenn ich nicht weiß, was der andere von mir will, kann ich ihm schlecht helfen. Hier geht es weniger um die großen Fragen der Leistung, sondern mehr um das Miteinander. Der Kunde erwartet Einfühlungsvermögen, erhält aber als Ansprechpartner nur einen zwar hoch motivierten Programmierer, der allerdings von Einfühlungsvermögen und anderen Soft Skills recht wenig Ahnung hat. Fazit: Der Kunde ist unzufrieden, obwohl die Leistung an sich perfekt gewesen wäre. Nur der Mitarbeiter kannte die Erwartungshaltung des Kunden nicht und konnte nicht entsprechend reagieren.

Trotzdem, oder gerade auch deswegen: Die Auswahl der Mitarbeiter ist von elementarer Bedeutung für ein Dienstleistungsunternehmen, denn die Kundenzufriedenheit ist direkt von der Leistung der Mitarbeiter anbhängig. Eine Trennung zwischen Personalmanagement (welches in der Regel mehr innerbetriebliche Belange und Know-how abfragt) und dem Marketing ist nicht zu empfehlen. Aufgrund der Immaterialität des eigentlichen Angebots werden die Mitarbeiter als sichtbarer Faktor und somit als wesentlicher Qualitätsindikator

Chance und Risiko Mitarbeiter 93

für das spätere Leistungsergebnis angesehen. Das Kundenkontaktpersonal stellt für den Interessenten quasi das Unternehmen dar. Enttäuschen die Mitarbeiter, enttäuscht somit auch das Unternehmen. Dienstleitungsbetriebe sind somit stark vom Verhalten ihrer Mitarbeiter abhängig. Ein Kunden- und serviceorientiertes Verhalten wird heute teils stärker gewichtet als die rein fachliche Kompetenz.

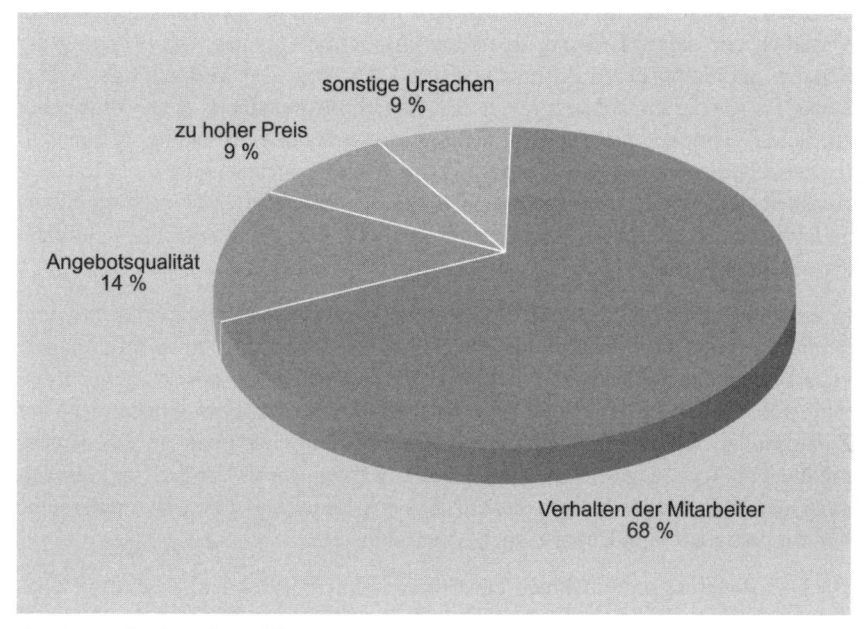

Ursache von Kundenverlusten (Bieberstein)

Ein Gastronom äußert, dass es ihm nicht so wichtig ist „ob die Leute wissen, ob sie von links oder rechts eindecken müssen. Das können wir ihnen beibringen." Wichtiger sei es, dass sie eine natürliche Freundlichkeit ausstrahlen. „Die kann man nicht lernen." Das amerikanische Warenhausunternehmen Nordstrom meint: „Nordstrom hires the smile and trains the skill".

Dienstleistungsmanagement verknüpft sich an dieser Stelle stark mit dem Personalmanagement. Eine zu geringe Besetzung eines Call Centers bedingt automatisch eine qualitative schlechtere Leistungserbringung. Der Kunde muss länger in der Warteschleife warten, und wird er irgendwann bedient, sind die Call Center Agents in der Regel überfordert, da sie ständig die Anzahl der in der Schleife wartenden Personen vor Augen haben. Darüber hinaus zählt die Anzahl der erledigten Telefonate als Leistungsnachweis. Haben Sie in Telefonhotlines schon einmal erlebt, dass nach dem Abheben direkt wieder aufgelegt wurde? Sie dachten an ein technisches Problem? Nein, es sind Call Center Agents, die so auf ein mehr gezähltes Telefonat kommen, um ihren Standard zu erfüllen – so zumindest der glaubhafte Bericht eines Gruppenleiters eines großen internationalen Mobilfunkanbieters.

Die interne Ausbildung eines Kundenkontaktmitarbeiters und seine Zufriedenheit wirken sich auf die Leistungsqualität aus. Denn er beeinflusst mit seinem Verhalten und seiner Leistung in starkem Maße die Qualitätswahrnehmung der Kunden und damit deren Zufriedenheit und Bindung. Das Verhalten der Mitarbeiter ist wiederum abhängig von der Arbeitszufriedenheit. Sind Mitarbeiter zufrieden, erbringen sie bessere Leistung, die sich in einer höheren Kundenzufriedenheit niederschlägt. Eine gesteigerte Kundenzufriedenheit führt letztlich zu einem höheren Unternehmenserfolg, der wiederum zu einer höheren Mitarbeiterzufriedenheit führen kann. Somit schließt sich der Kreis (auch Service-Profit-Chain genannt).

In der Praxis führt die fehlende Kommunikation von Unternehmenszielen und inhaltlichen und auftragsbezogenen Details zu einem hohen Maß an Mitarbeiterunzufriedenheit. Fehlt Call Center Mitarbeitern das Know-how zu einer Leistung, fühlen sie sich „im Stich gelassen" und können darüber hinaus nicht zur Zufriedenheit des Kunden beitragen. Werden Mitarbeiter nicht im Detail über Inhalte von Kundengesprächen informiert, werden sie in der Leistungserbringung unsicher – oder liefern ein falsches Ergebnis. Das Fazit ist immer eine Verstimmung auf Kunden- wie auch Mitarbeiterseite.

Für Dienstleistungsunternehmen kann es sich durchaus lohnen, ehemalige Kunden als Mitarbeiter, insbesondere für den Empfangsbereich und den Verkauf einzustellen, da diese besonders glaubwürdig, kompetent und individuell auf Fragen und Befürchtungen potenzieller Kunden eingehen können. Darauf gründet sich der Erfolg von Unternehmen wie Tupperware oder Weight Watchers. Beim Fastfood-Riesen McDonald's werden bevorzugt Mitarbeiter aus der Zielgruppe Jugendliche eingestellt – sie sind kompatibel mit den meisten Kunden, kennen deren Wünsche, sind begeisterungsfähig und kennen sich bestens mit den Produkten aus.

Als Anreiz kann es beispielsweise eine Beteiligung der Mitarbeiter nach der Zufriedenheit von Kunden geben. Gibt es regelmäßige Zufriedenheitsmessungen und sogar direkte Fragebögen zu einem Auftrag, kann der Mitarbeiter durch ein Gehaltsbonussystem für besonders gute Kundenzufriedenheit belohnt werden. Mitarbeiter lernen somit auch den Zusammenhang von zufriedenen Kunden und dem wirtschaftlichen Erfolg des Unternehmens.

Überzeugen Sie durch Ihr Alleinstellungsmerkmal

Was ist einzigartig an Ihrem Unternehmen und seinen Leistungen? Warum sollen Kunden bei Ihnen Leistungen beziehen und nicht beim Mitbewerber? Wieso soll ich mein Unternehmen gerade Ihnen als Steuerberater anvertrauen und nicht einem Ihrer Kolleginnen oder Kollegen?

Diese Fragen stellen Kunden – bewusst oder nicht –, aber zumindest Sie müssen die Antworten liefern können. Was macht Ihr Unternehmen besonders, worauf haben Sie sich spezialisiert? Nehmen Sie sich Zeit und formulieren Sie das aus. Im Marketingdeutsch nennen wir das „Alleinstellungsmerkmal" oder „Unique Selling Proposition" (USP). Nennen Sie es, wie Sie wollen, aber machen Sie sich die Mühe, das zu definieren, was Ihr Unternehmen einzigartig macht. Erst wenn Sie wissen, wofür Sie stehen, in welche „Schublade" Sie gehören und welche Zielgruppen Sie damit ansprechen, fällt es Ihnen leichter, sich überzeugend zu präsentieren.

Im Zuge des Kaufentscheidungsprozesses wählen Kunden aus der Menge der Anbieter das Unternehmen, das am geeignetsten erscheint, die individuellen Bedürfnisse zu erfüllen. Wenn Sie selbst Ihr Unternehmen nicht exakt und eindeutig definieren und positionieren können, wird es der Kunde erst recht nicht schaffen. Bedenken Sie, dass Sie nur mit klaren und eindeutigen Aussagen den Unsicherheiten und Ängsten der Kunden begegnen können. Wenn Unternehmen selbst unsicher sind, dann sind es auch die Kunden.

Nach einigen erfolglosen Präsentationsterminen bin ich aufgewacht und habe gemerkt, dass ich mit meiner Agentur nicht allein auf weiter Flur stehe, sondern dass es in unserer Stadt etwa ein halbes Dutzend Agenturen gibt, die ebenso gute Arbeit leisten wie wir (und etwa vier Dutzend weitere Agenturen). Nachdem ich mich dann bei der Frage ertappte, ob ich – wenn ich in der Haut eines Interessenten stecken würde – meine Agentur auswählen würde und warum, wurde mir schnell klar, dass wir uns klarer positionieren müssen. Die Frage, warum die Agentur und keine andere, muss für mich, meine Mitarbeiter, für Kunden und Interessenten einwandfrei und schnell erklärbar sein. Erst ab diesem Moment wurde deutlich, wer wir sind, was von uns zu erwarten ist, welchen Vorteil unsere Kunden haben und wie wir uns von anderen Agenturen unterscheiden.

Viele Unternehmen neigen dazu, den Mittelweg zu gehen und nicht konkret zu werden. Es herrscht die Angst, dass die Spezialisierung nicht reichen könnte, um genügend Umsatz zu generieren, und dass durch die Spezialisierung andere Kundschaft verloren gehen könnte. Das mag in einer Übergangszeit durchaus so sein, bis sich das Unternehmen als Spezialist für eine bestimmte Leistung hervorgetan hat. Dann ist es aber auch in der Lage, höhere Preise zu verlangen und vor allen Dingen wesentlich profilierter am Markt präsent zu sein. Allrounder müssen gute Leistungen in einem breiten Bereich anbieten, werden jedoch kaum zu Spitzenleistungen auflaufen können. Das führt langfristig dazu, dass Kunden zwar zufrieden, aber noch lange nicht begeistert sind. Je intensiver sich Kunden dann mit einer Materie auseinandersetzen, desto eher werden Sie auf einen ausgewiesenen Spezialisten zurückgreifen.

Kunden vertrauen kompetenten Spezialisten mehr als Allroundern und Eier legenden Wollmilchsäuen. Warum, ist klar: Eine bislang nicht sichtbare Leistung muss perfekt erledigt werden, oftmals ist ein Versuch ausgeschlossen. Ein Friseur hat keine zweite Chance, und auch ein Rechtsanwalt kann Sie nur einmal vor Gericht verteidigen (Revision mal dahingestellt). Das, was Ihr Unternehmen besonders gut kann, muss herausgestellt werden. Wenn Sie sich als Agentur auf Kunden der chemischen Industrie spezialisiert haben, dann formulieren Sie das so und verkaufen Sie es als Alleinstellungsmerkmal. Positionieren Sie sich als Spezialagentur für die chemische Industrie. Oder: Wenn Sie als Inhaber eines Vermessungsbüros mit Ihrer Mannschaft besonders gut für bestimmte Messungen ausgerüstet sind, dann halten Sie damit nicht hinterm Berg.

Weisen Sie Zusatznutzen aus

Neben der eigentlichen Kernleistung, beispielsweise die Lehrtätigkeit eines Bildungsträgers, bietet nahezu jedes Unternehmen weitere Services, die die eigentliche Leistung attraktiver und dadurch einfacher vermarktbar machen. In Kapitel 2 haben Sie bereits das Schaubild mit Kern- und Nebenleistungen kennen gelernt (am Beispiel eines Bildungsträgers), das an dieser Stelle noch einmal aufgegriffen werden soll.

Die eigentliche Kernleistung kann vom potenziellen Kunden im Vorfeld in der Regel nicht abschließend und zufrieden stellend bewertet werden. Der Kunde sucht deshalb nach Indikatoren zur Leistungsprüfung und schließt vom Angebot der zusätzlichen Services auf die Kernleistung. Ein Bezieher der Kernleistung wird immer auch Nutzer der Zusatzleistungen sein – je mehr zusätzliche Services angeboten werden, desto attraktiver wirkt die eigentliche Kernleistung.

Interessanterweise ist zu beobachten, dass viele Unternehmen nach wie vor naturgemäß die Kernleistung in den Vordergrund ihrer werblichen Aktivitäten stellen und die weiteren Zusatzleistungen, wenn überhaupt, nur sehr am Rande erwähnen. Im Anbetracht dessen, dass Kunden Dienstleistungsprozesse nie als einzelne Maßnahme erfassen, sondern immer eine gesamte „Erlebniswelt" erfahren, sind die Zusatzleistungen und -nutzen aber ein elementarer Bestandteil, der – wenn die Kernleistung mit der von Mitbewerbern vergleichbar ist – auf alle Fälle stark herausgestellt werden muss. Die Grundleistung stellt heute kaum noch ein überzeugendes Moment dar. Unzählige Dienstleister bieten dieselbe Leistung, warum sollten sich Kunden gerade für Ihr Unternehmen entscheiden? Die Zusatzleistung kann sogar das Alleinstellungsmerkmal darstellen. Wenn ich die Wahl zwischen zwei vergleichbaren Hotels am Ort habe, nutze ich natürlich das mit dem höheren Zusatznutzen, beispielsweise dem kostenfreien Internetzugang. Für diesen Ort kann dieses Hotel damit sogar ein Alleinstellungsmerkmal geschaffen haben. Es ist aber nur eine Frage der Zeit, bis die Mitbewerber nachziehen.

Hunderte von Bildungsträgern bieten deutschlandweit die gleichen Kurse an – wieso sollen sich Kunden dann gerade bei Ihnen als Bildungsinstitut anmelden? Es müssen schon überzeugende Argumente sein, die in der Regel weniger in der Kernleistung liegen können (viele Schulungen sind wegen des gleichwertigen Abschlusses standardisiert), sondern eben in Zusatznutzen und/oder Preis.

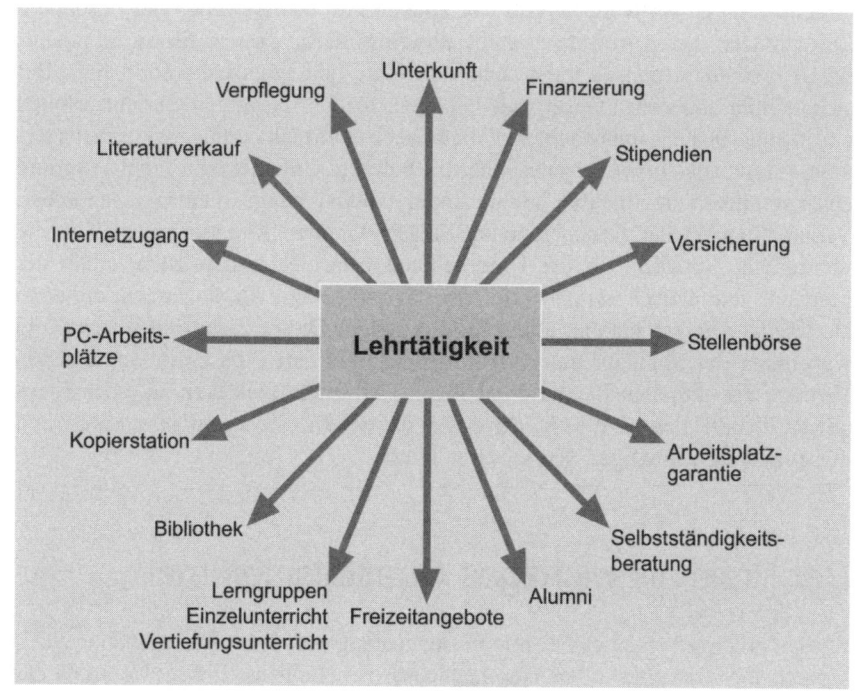

Bieten Sie Ihrem Kunden neben der Kernleistung weitere Zusatznutzen, damit er sich bei Ihrem Unternehmen in guten Händen fühlt

Zugegeben, durch die Nennung von Zusatznutzen sinkt die Vergleichbarkeit einzelner Anbieter. Einige nennen beispielsweise die Möglichkeit der Finanzierung offen, andere wiederum weisen Sie erst zu einem späteren Zeitpunkt darauf hin. Bei einigen Bildungsträgern stehen für die Studierenden frei zu nutzende PC-Plätze bereit, bei anderen ist der Service kostenpflichtig, und bei wiederum anderen Instituten gibt es gar keine Möglichkeit der PC-Nutzung. Je mehr Zusatznutzen ins Spiel kommt, desto unübersichtlicher wird das Angebot. Solange allerdings Ihr Unternehmen der Anbieter mit vielen Zusatznutzen ist, kann Ihnen das gerade recht sein. Bedenken Sie also, dass Sie oftmals kaum noch über die Kernleistung Kunden gewinnen können, sondern das breite Spektrum an Zusatzleistungen erst dazu führt, dass Kunden Leistungen nachfragen. Voraussetzung dafür ist und bleibt die Kommunikation der zusätzlichen Leistungen – denn wer von Ihnen nichts erfährt, den werden Sie auch nicht überzeugen. Ein Erlebnisbad, das nur seine Kernleistung kommunizieren würde (Schwimmmöglichkeit), dürfte kaum Anklang finden. Die Rutsche, das Wellenbad und viele Nutzen mehr machen das Angebot erst richtig interessant.

Ein Fachanwalt für Arbeitsrecht erstellt für seine Mandantschaft alle fälligen Arbeitsverträge. So weit, so gut, das können alle Fachanwälte. Der besondere Zusatznutzen dieses Anwalts besteht allerdings darin, dass er für die Mandantschaft erstellte Arbeitsverträge stets up-to-date und gesetzeskonform hält. Bei sich ständig ändernden Gesetzesgrundlagen, täglich relevanten Gerichtsurteilen und neuen, bislang unbedachten Fällen ist eine Aktualisierung von Arbeitsverträgen durchaus sinnvoll, wenn sich das betreute Unternehmen nicht aufgrund eines veralteten und dadurch unwirksamen Arbeitsvertrags in einer gerichtlichen Verhandlung wieder finden möchte. Stehen wichtige Änderungen an, die die vertragliche Situation für das Unternehmen verschlechtern würden, erhält der Mandant automatisch aktualisierte Arbeitsverträge bzw. Ergänzungen, die dann als besserer Ersatz für den alten Vertrag gelten. Dieser Zusatznutzen ist Gold wert, denn der Mandant muss nicht ständig befürchten, dass die verwendeten Verträge die aktuellen Rechtssprechungen nicht mehr abdecken, und der Fachanwalt sichert sich eine begeisterte Mandantschaft, die allein schon aufgrund dieses bislang einmaligen Services treu bleibt.

Der Preis als wichtiges Qualitätsmerkmal

Ein Unternehmensberater hat mir in der Anfangszeit als Agenturinhaber einen kurzen, aber wirkungsvollen Tipp gegeben: „Erhöhe deine Preise!" Zum damaligen Zeitpunkt, das war etwa ein Jahr nach der Gründung meiner Agentur, als die Geschäfte schleppend liefen, dachte ich, er macht einen schlechten Scherz.

„Der Mann hat gut reden", dachte ich mir, immerhin war meine Strategie, über einen geringen Preis viele Kunden zu gewinnen. Da aber ohnehin nicht viel zu verlieren war, ging ich bei potenziellen Neukunden auf seinen Rat ein. Und siehe da, es wirkte. Denn es stimmt tatsächlich: Was billig ist, ist nichts wert. Die Lektion, die ich damals lernte, begleitet mich auch heute noch. Natürlich muss die Leistung zum Preis passen, aber wer sich zu günstig verkauft, ist unglaubwürdig und von dem wird keine professionelle Leistung erwartet. Um es mit den Worten eines Anwalts zu sagen: „Guter Rat ist teuer." Die eigentliche Erkenntnis hinter der Lektion aber ist, dass sich Dienstleistungen nicht nur über den Preis verkaufen.

Ein weiterer Beweis für die These: Freiberufler wie Notare, Öffentlich bestellte Vermessungsingenieure oder Architekten müssen einen Teil ihrer Leistungen schon seit jeher im Rahmen gesetzlicher Vorschriften abrechnen – und haben deshalb kaum die Möglichkeit, über den Preis die Nachfrage zu regeln oder sich gegenüber Mitbewerbern hervorzutun. Und trotzdem ist der eine erfolgreicher als der andere. Wie kommt's? Müssten nicht alle gleich viel Erfolg haben, wenn der Preis der gleiche ist?

Obwohl Dienstleistungsunternehmen im Marketing eine schwerere Aufgabe zu lösen haben als Unternehmen der Investitions- oder Konsumgüterindustrie, so haben sie einen wesentlichen Vorteil: Sie sind nicht so einfach vergleichbar wie zwei verschiedene Farbdosen. Es lohnt sich, sich Gedanken über Qualität und Image zu machen und dadurch einen höheren Preis erzielen zu können. Kopierpapier beziehen wir beim günstigsten Lieferanten für Büromaterial, unabhängig von seinem Image, aber Dienstleister werden nicht nur nach Preis, sondern nach vielen anderen Kriterien ausgewählt.

Die unsichtbare Leistung aber bedingt, dass andere Merkmale der Leistung als Qualitätsindikator herhalten müssen. Das gilt eben auch für den Preis, der hierbei eine wesentliche Rolle übernimmt. Der Preis ist ein eindeutiges und klares Surrogat für die Qualität einer Leistung, die zum angebotenen Zeitpunkt noch nicht sichtbar ist. Die Erwartungshaltung der Kunden an einen teureren Dienstleister ist höher als an einen günstigen Anbieter.

Dass sich nicht für alle Dienstleister die gleiche Preisgestaltung anbietet, liegt in der Natur der Sache. Ein Fastfood-Restaurant kalkuliert anders als ein Gourmettempel, ein Massenprovider anders als eine Internetagentur. Im Wesentlichen bieten sich zwei Preisstrategien an, die – wie Sie noch sehen werden – auch in der Kombination sehr reizvoll sein können:

Preis-Mengen-Strategie

Die Preis-Mengen-Strategie ist simpel erklärt: Durch einen geringen Preis und dadurch eine breite Kundschaft erzielen Sie Ihre Erlöse. Beispiel Fastfood-Restaurant: Ein geringer Stückpreis ist nur durch einen hohen Abverkauf zu erzielen. Der Preis und nicht die Qualität steht an erster Stelle der Preisstrategie. In vielen Städten gibt es mittlerweile Billig-Friseure, wo Sie sich nach dem Schneiden selbst die Haare föhnen müssen. Die so genannten „Cut and Go"-Friseure setzen auf Masse – je mehr Kunden, desto besser, geboten wird nur die Grundleistung (üblicherweise aber auch nicht vom Landesmeister der Friseurinnung). Diese Strategie scheint derzeit höchst erfolgreich zu sein, wie nicht zuletzt an den so genannten Billig-Airlines und zahlreichen Discountern wie ALDI zu sehen ist.

Premium-Strategie

Hier ist es umgekehrt: Die Qualität steht an erster Stelle – ziemlich unabhängig vom Preis. Der Gourmettempel möchte nur eine Auswahl an Kunden, die Qualität schätzen und bereit sind, einen hohen Preis zu bezahlen. Die Strategie setzt voraus, dass Sie ein überzeugendes Alleinstellungsmerkmal gegenüber Unternehmen mit günstigeren Preisen bieten und dass ein Marktsegment vorherrscht, in dem eine hohe Kaufkraft und ein entsprechender Kaufwille vorhanden sind.

Eine zeitlich befristete Premium-Strategie ist die **Skimming-Strategie**. Hier bieten Sie Ihre einzigartige Leistung so lange preisintensiv an, bis Mitbewerber vergleichbare Leistungen günstiger anbieten. Dann senken Sie Ihre Preise auf das Niveau der Mitbewerber.

Wie auch immer Ihre Preisstrategie aussieht – Ihre Argumentation hinsichtlich der Wertigkeit Ihrer Tätigkeit muss stimmig sein. Es gibt in der Regel einen Grund, warum Agenturen teurer sind als selbstständige Grafiker, und doch arbeiten sie in Konkurrenz zueinander. Von einem Grafiker erhalten Sie aber keine Marketingberatung oder keinen Werbetext, sondern eben nur Grafik. Je nachdem, was Sie benötigen, kann der kostengünstigere Grafiker Ihre Ansprüche erfüllen, dies ist aber im Einzelfall zu klären.

Die reine Preisbetrachtung führt uns allerdings nicht weiter, sie ist auch zu einseitig. Heben Sie vielmehr den Nutzen Ihrer Leistung hervor, und stellen Sie diese gegebenenfalls in Relation zu Ihrem Preis. Ein Unternehmensberater kann einfach sein Honorar in Relation zu den Mehrumsätzen oder möglichen Einsparungen setzen. Ein Vermögensverwalter kann den hohen Zeitaufwand beziffern, den ein einzelner Kunde mit der Verwaltung seines Vermögens hätte. Eine Internetagentur kann einfach vorrechnen, wie schnell sich ein Content Management

System (Redaktionssystem) für Internetseiten rechnet – und viele Beispiele mehr.

Ihr Unternehmen muss nicht den günstigsten Preis haben – achten Sie nur darauf, dass Ihren Kunden klar ist, was zu welchem Preis zu haben ist. Die meisten Dienstleister halten ihre schriftlichen Angebote knapp und kurz. Formulieren Sie ausführlich, was Inhalt und Gegenstand Ihrer Tätigkeit ist. Dann weiß Ihr Kunde, was er für sein Geld erhält, und fühlt sich sicher. Ich habe Angebote von Agenturen gesehen, die auf vier Zeilen einen kompletten Internetauftritt mit Redaktionssystem angeboten haben. Zum gleichen Preis hat eine andere Agentur auf acht Seiten detailliert beschrieben, was das System kann. Beide Agenturen haben das Gleiche angeboten, beide Agenturen lagen preislich gleichauf – nun raten Sie einmal, wer den Auftrag erhalten hat.

Unabhängig davon gilt: Je konkreter Ihre Angebote sind, desto weniger Streitigkeiten kann es hinterher geben. Denn jeder weiß, worauf er sich einlässt.

Quintessenz

- Die individuelle Erwartungshaltung der Kunden wirkt sich direkt auf die Kundenzufriedenheit aus. Die Erwartungshaltung wird unter anderem von Unternehmensseite aus geprägt durch
  - das Auftreten und die Wirkung der Mitarbeiter,
  - die Kommunikation Ihrer Professionalität und Einzigartigkeit,
  - den Zusatznutzen zur Kernleistung,
  - die Höhe des Preises.

Checkliste

	Ja	To-Do
Sie versprechen nur, was Sie leisten können.		
Ihre Mitarbeiter wissen, wie Kundenerwartungen entstehen, und können richtig handeln.		

Checkliste (Fortsetzung)	Ja	To-Do
Ihr Kundenkontaktpersonal wird fortwährend für den korrekten Umgang mit Kunden geschult und trainiert.		
Ihre Mitarbeiter sind bestens informiert und geben einen kompetenten Ansprechpartner für Ihre Kunden ab.		
Ihre Mitarbeiter wissen, ob Kunden zufrieden oder unzufrieden sind und werden mitunter finanziell daran beteiligt.		
Ihr Alleinstellungsmerkmal ist definiert.		
Ihr Alleinstellungsmerkmal wird aktiv kommuniziert.		
Sie haben sich fachlich spezialisiert.		
Sie weisen Zusatzservices und -nutzen aus.		
Sie verfolgen eine Preisstrategie und die damit zusammenhängende Argumentation ist stimmig.		
Ihre Angebote sind ausführlich und vermitteln Sicherheit.		

Ihr Fazit

Was haben Sie in diesem Kapitel gelernt, was soll in Ihrem Unternehmen umgesetzt werden? Tragen Sie es gleich hier ein, damit Sie nichts vergessen:

6. Sie liebt mich, sie liebt mich nicht, sie liebt mich … – der Vertrauensaufbau

In diesem Kapitel erfahren Sie,

- wie Vertrauensaufbau gelingt,
- warum Sie Unsichtbares sichtbar machen müssen,
- warum Qualitätsstandards und Garantien überzeugen,
- wie Sie andere für Sie werben lassen können,
- warum der TÜV nicht nur für Ihr Auto gut ist,
- ob es sinnvoll ist, in Vorleistung zu gehen.

Fahren Sie auch schon ein Jahr, bevor der Leasingvertrag Ihres Firmenwagens ausläuft, alle potenziellen Autohändler ab und investieren endlos viel Zeit in die Begutachtung möglicher neuer Modelle? Wie schön ist doch Auto kaufen, und wie emotional kann es dabei zugehen. Da werden zunächst Prospekte bis ins Detail studiert, und man klickt sich mehr als einmal durch den „Konfigurator" auf der Website des Herstellers (wenn er denn funktioniert). Doch dann im Showroom des Händlers können Sie alles anfassen und ausprobieren. Wie bequem sitzt man? Welches Geräusch macht die Tür beim Schließen? Wie riecht das Leder? Wie fühlen sich die Kunststoffe an? Jedes noch so kleine Detail wird gerne und intensiv begutachtet. Es folgt die ausgiebige Probefahrt, auf der einem der Verkäufer natürlich alle technischen Leckerbissen erklärt. Ein richtig solides, technisch ausgereiftes Auto mit modernem, futuristischem Design. Ein Fest für die Sinne. Perfekt! Das Vertrauen zu dem Produkt ist hergestellt – Sie sind überzeugt.

Und wie ist das bei der von Ihnen angebotenen Leistung? Ihr Unternehmen war für den Kunden zumindest schon einmal auffindbar, der erste Eindruck passte, der Erstkontakt war viel versprechend und die Erwartungshaltung des Kunden ist hoch. Eigentlich auch perfekt. Doch kann man Ihre Dienstleistung Probe fahren? Erkennt man die Qualität Ihrer Beratung am Klang? Gibt es überhaupt etwas zum Anfassen? Wohl kaum. Als Dienstleister müssen Sie sich jetzt etwas anderes einfallen lassen, um das Vertrauen Ihrer Kunden zu gewinnen. Bei einem Produkt sieht der Kunde, was er erhält. Bei einer Dienstleistung nicht. Er muss Ihnen vertrauen. Denn der nachfolgende Entscheidungsprozess soll in Ihrem Sinne ausfallen.

Ob er Ihnen vertrauen kann, hängt von Ihnen ab. Deshalb ist vor allem eines wichtig: Senden Sie den Interessenten vertrauensbildende Signale – nicht nur eines, sondern möglichst viele. In der Phase der Kaufentscheidung herrscht seitens des Interessenten nach wie vor Unsicherheit bezüglich Ihrer Leistungs- und Ergebnisqualität. Ein Zuviel an Vertrauen gibt es nicht, darum investieren Sie nun alle Kraft in den Vertrauensaufbau. Der Fisch, der angebissen hat, soll schließlich auch an Land kommen. Also nicht locker lassen und die Schnur gespannt halten! Bleiben Sie an Ihrem potenziellen Kunden dran, und senden Sie mehrere Signale zum Vertrauensaufbau. Nur viele Instrumente ergeben zusammen ein Orchester, ein einzelnes Instrument dagegen hört sich etwas dünn an. Und der große Paukenschlag ist mit der Geige nur schwer zu vollbringen: Nur die schöne Fassade Ihres Gebäudes oder nur Ihr umwerfender Charme wird es kaum allein schaffen, das Vertrauen aufzubauen und einen Kunden zu gewinnen. Alle Instrumente zusammen lassen das Gesamtbild harmonisch wirken, und Ihr Kunde fühlt sich sicher(er).

Dienstleistungen sind nun einmal immateriell, individuell und kommen nur durch die mehr oder weniger aktive Mitwirkung des Kunden zustande. Deswegen können sie nicht wie ein in Reihe gefertigtes Produkt in einem Showroom mit Lichteffekten ausgestellt oder aus Ihrem Präsentationskoffer gezaubert werden.

Beim Kauf eines hochwertigen Produkts, wie beispielsweise einem Auto, ist ja alles noch ganz einfach. Denn da beschäftigt man sich im Allgemeinen umfassend mit dieser Sache. Es wird mitunter tage- oder gar wochenlang verglichen, gerechnet, betrachtet und nochmals betrachtet und irgendwann – nach mehr als gründlicher (natürlich nur rein objektiver!) Überlegung – entschieden. Nur wenige suchen ein Fahrzeug, die Fahrzeug- und Interieurfarbe, Felgen und Sonderausstattung nach Katalog aus. Nein, wir wollen sehen, wofür wir uns entscheiden – damit kein Zweifel bleibt.

Problematischer wird es da schon bei der Beschaffung hochwertiger und komplexer Dienstleistungen. Ein gutes Beispiel ist der Verkauf eines Unternehmens und die Übertragung auf einen neuen Eigentümer durch ein darauf spezialisiertes Unternehmen. Geben Sie in einer Internet-Suchmaschine doch einfach mal das Stichwort „Unternehmensverkauf" ein – neben den fast 15 000 Standardtreffern buhlen über 30 Unternehmen mit Anzeigen um Sie (oder vielmehr Ihr

Geld). Jedes dieser Unternehmen möchte Sie glauben machen, dass nur es allein in der Lage ist, Ihr Unternehmen bestmöglich zu verkaufen. Aber nichts von dem eigentlichen Ergebnis, dem erfolgreichen Verkauf, ist davon im Vorfeld zu sehen – es ist ja eine Dienstleistung. Und die meisten der zumeist freundlich-zuversichtlichen Ansprechpartner der Beratungsunternehmen versprechen Ihnen einen unglaublichen Verkaufserfolg. Unnötig zu erwähnen, dass das Honorar der Unternehmen stets im Vorfeld zu erbringen ist – natürlich ohne Erfolgsgarantie. Das schafft doch echtes Vertrauen!

Aber auch bei den vielen seriösen Unternehmen gilt: Wie gut und ehrlich Dienstleistungsunternehmen den Nachfrager auch betreuen – das Gefühl, die „Katze im Sack" gekauft zu haben, bleibt in aller Regel. Oder? Vielleicht können Sie ja in Ihrem Fall etwas dagegen tun.

Machen Sie Unsichtbares sichtbar

Wie leicht ist es doch, einem Kunden Produkte zu präsentieren, die er mit seinen fünf Sinnen erfassen kann. Nichts davon aber haben Sie als Dienstleistungserbringer in der Hand. Als einzigen Anhaltspunkte hat Ihr Kunde zunächst nur Ihr meist vollmundiges Leistungsversprechen und ein aufgrund verschiedener Indikatoren (die Sie teils auch schon kennen gelernt haben) gewonnenes Vertrauen in Ihre Leistungsfähigkeit. Das Risiko einer Fehlentscheidung ist – aus Kundensicht betrachtet – ziemlich hoch und die beim Vertragsabschluss empfundene Unsicherheit groß. Hat sich der Kunde dann für Sie entschieden, stellt sich das gleiche Problem zu einem späteren Zeitpunkt wieder. Hierzu äußert sich auch Dieter Schek, Leiter „Internationale Servicequalität" bei BMW: „Unser Problem ist, dass ein Kunde sein Auto zur Inspektion bringt, eintausend Euro bezahlt und es anschließend wieder mitnimmt, ohne dass er irgendeine der ausgeführten Leistungen wahrnimmt".

Ein Lösungsansatz wäre hier, dass die Werkstatt dem Kunden die defekten Teile zeigt und mit ihm kurz die erledigten Prozesse durchspricht – gegebenenfalls per Fotos dokumentiert. Das lässt den Kunden Teil des Prozesses werden. So verlässt der Kunde die Werkstatt trotz hoher Rechnung mit der Gewissheit, gut betreut worden zu sein.

Zurück zum Vertrauensaufbau in der Anbahnungsphase: Die eigentliche Leistung ist nun einmal nicht materiell darstellbar. Was Sie daher brauchen, sind so genannte Surrogate. Gemeint sind damit Dinge, die stellvertretend für Details Ihrer Leistung stehen, für den Kunden aber genauso oder zumindest annähernd so greifbar sind wie das Auto während der Probefahrt. Ein Beispiel: Ein Seminaranbieter für Wellness- und Entspannungsseminare kann seinen Kunden spezielle Teesorten, die entspannend wirken, als Werbemaßnahme zukommen lassen. Ein auf dem Papier präsentiertes Seminar, das weder sichtbar noch greifbar ist, wird plötzlich in den Lebensraum des Kunden gebracht – zwar nur in Form eines Teebeutels, aber es berührt die Sinne und steht als Surrogat für das Seminar. Der Beutel riecht bestenfalls, wird in die Hand genommen und der fertige Tee schmeckt und tut gut.

Oder: Um einen hohen Hygienestandard zu kommunizieren, lassen die meisten Airlines das Besteck in ein separates und transparentes Tütchen einschweißen. An sich völlig sinnlos, aber es ist ein Surrogat für die gewünschte Hygiene.

Steuerberater haben es oft schwer, Ihren eigentlichen Nutzen positiv aufzuzeigen. Versuchen Sie als Steuerberater es doch einfach einmal damit, Ihren potenziellen oder auch bestehenden Mandanten zehn Euro zu senden – als symbolische Geste (und Surrogat) für die gesparten Steuern aufgrund Ihrer perfekten Leistung.

Jeder Patient ist – trotz vergleichbarer anatomischer Gegebenheiten – ein Individuum und will und muss als solches vom Arzt behandelt werden. Ein Wiener Schnitzel enthält stets die gleichen Bestandteile (hoffentlich!), aber dennoch hängt es auch im selben Restaurant von der Tagesform des Kochs und der Bedienung ab, wie und was serviert wird. Die Individualität der Dienstleistung bedeutet also, dass aufgrund der zumeist personalintensiven Leistungserbringung und den individuellen Anforderungen des Nachfragers jeder Leistungsprozess ein anderes Ergebnis zur Folge hat. Eine detailgetreue Wiederholung gibt es trotz Standardisierung kaum.

Wenn die Beratung eines Unternehmensberaters bei Firma Müller zum Erfolg führte, ist dies für die interessierte Firma Schneider leider noch keine Garantie für eine ebenfalls erfolgreiche Beratung durch denselben Dienstleister.

Im Übrigen erklärt dieser Aspekt auch, warum gerade bei Dienstleistern der Faktor Mensch so wichtig ist. Aus Erfahrung weiß ich auch aus meinem Unternehmen, dass es für bestehende Kunden teils schwierig ist, wenn Ansprechpartner wechseln. Plötzlich entsteht für den Kunden wieder die Ungewissheit, wie Wünsche und Anforderungen nun umgesetzt werden. Ein anderer Bearbeiter im selben Unternehmen kann durch seine Herangehens- und Arbeitsweise ein völlig anderes Leistungsergebnis zur Folge haben. Umso wichtiger ist deshalb die Formulierung von Qualitätsstandards, die nicht nur das Leistungsergebnis, sondern eben auch den Umgang mit Kunden regeln. Dass Kunden mit der erbrachten Leistung zufrieden sind, erkennen Sie oftmals daran, dass eine erneute Beauftragung oft von einem Bearbeiter abhängig gemacht wird. Meine Frau lässt sich nur von „ihrem" Friseur die Haare schneiden, ich möchte in einer Gemeinschaftspraxis nicht von irgendeinem Dentisten, sondern nur von „meinem" Zahnarzt betreut werden.

Das Leistungsergebnis (und somit die Möglichkeit der Beurteilung) hängt mitunter stark von der Integration des Kunden in den Erstellungsprozess ab. Ohne die aktive Mitwirkung des Auftraggebers ist meist keine Leistungserstellung möglich. Es kann zum einen nicht im Voraus „auf Lager" auf Paletten produziert werden, zum anderen ist die Leistung eben so individuell, dass eine Vorproduktion völlig am Bedarf des Kunden vorbei gehen würde. Allerdings gibt es hier partiell Ausnahmen, beispielsweise finden Sie diese in Reisekatalogen. „Vorgefertigte" Reisen werden Ihnen angeboten, und Sie müssen nur noch „ja" sagen und bezahlen. Dann kann es losgehen. Dem Reiseanbieter kann egal sein, ob Müller oder Schmitz bucht – das macht für den Leistungsprozess keinen Unterschied.

Über den Grad der Kundenmitwirkung definieren wir Marketingmenschen übrigens den Grad der Dienstleistung und ihre daraus resultierende Notwendigkeit des Vertrauensaufbaus. Je weniger Ihr Kunde mitwirken muss, desto standardisierter läuft der Leistungsprozess und desto einfacher können Sie im Vorfeld präsentieren und über die Prozess- und Ergebnisqualität Vertrauen aufbauen. Aber nur wenige Dienstleister genießen den „Luxus", standardisierte Leistungen ohne Mitwirkung der Kunden anbieten zu können:

Das Übersetzungsbüro kann nicht wahllos irgendwelche Texte bearbeiten in der Hoffnung, dass gerade dieser Text in Kürze nachgefragt wird. Eine Werbeagentur kann kaum Werbekampagnen auf Halde produzieren, da es abhängig vom Kunden, seinem Angebot und seiner Kundschaft ist. Es gibt also kaum eine Dienstleistung ohne direkten Kundenbezug. Aber gerade von der mehr oder weniger aktiven Mitwirkung des Kunden hängt auch das Leistungsergebnis ab. Wie gut kann ein Rechtsanwalt sein, der lückenhafte Informationen von seinem Mandanten erhält? Wie effektiv kann der Telefonsupport eines IT-Unternehmens sein, wenn der liebe Kunde keine (aus Technikersicht gesehen) „sachlich verwertbaren" Informationen liefert und der Techniker im Nebel stochert? Wie soll der Fotograf seinen Kunden professionell ablichten, wenn er vorher die Nacht zum Tag gemacht hat?

Kurzum, die Qualität der Dienstleistung kann im Vorfeld von Ihrem Kunden nicht bewertet werden. Dadurch besteht eine nicht zu unterschätzende Unsicherheit auf Käuferseite. Diese Unsicherheiten bezüglich einer Dienstleistungsqualität und des Anbieters bestehen ausschließlich aufgrund fehlender Informationen. Würde also Ihr Kunde von Ihnen alle relevanten Informationen über Ihre Leistungserbringung und die fertigen Ergebnisse im Voraus erhalten (am besten materialisiert sichtbar und greifbar), hätte er Entscheidungssicherheit. Da es in der Natur der Sache liegt, dass dies hier eben nicht möglich ist, sind Sie nun gefordert, den Prozess und das Ergebnis der Leistung so gut wie nur irgendwie möglich schon im Vorfeld sichtbar zu machen. Das ist teils gar nicht so schwierig und erfordert nur etwas Kreativität. Aber es gibt Ihrem Kunden ein erhebliches Maß an Sicherheit und Vertrauen in Ihre Leistungsfähigkeit.

Die eigentliche Leistung, also beispielsweise eine Urlaubsreise, können Sie – was Ergebnis und Erlebnisqualität betrifft – weder ansatzweise noch ganz im Vorfeld präsentieren. Als Inhaber eines Reisebüros sollten Sie Ihre Räumlichkeiten daher im Urlaubsflair einrichten – als Spezialanbieter für Asienreisen beispielsweise in asiatischem Stil. Sie können in großen Lettern auf das Schaufenster „Spezialist für Asien-Reisen" schreiben (optische Wirkung mal dahingestellt), aber erst indem Sie es präsentieren (also wieder etwas für die Sinne bereitstellen), werden Sie glaubwürdig. Was geschieht bei einem Kunden, der Ihr besonders dekoriertes Reisebüro betritt? Er erkennt, dass Sie tatsächlich Spezialist für Asienreisen sind und er vertraut Ihnen. Durch die Dekoration und womöglich angebotenen Tee fühlt sich Ihr Kunde schon wie auf der Reise und bekommt einen Vorgeschmack, denn Sie haben einen Teil Ihrer Leistung im Vorfeld sichtbar und greifbar gemacht. Wenn ihm das gefällt, ist er überzeugt und wird bei Ihnen buchen.

Oder: Ein Fuhrunternehmen verschenkt Modell-Laster im Design der eigenen Flotte und mit eingebauter Digitaluhr. Ein hervorragendes Surrogat für pünktliche Lieferung.

Eine Fluggesellschaft kann Exklusivkunden mit Champagnerflaschen für ihren Service in der 1. Klasse bewerben. Ist der Aufenthalt in der 1. Klasse schlecht im Vorfeld präsentierbar, so wird der unsichtbare, abstrakte Luxus greifbarer durch den Champagner (das Surrogat). Der Kunde erlebt mit seinen Sinnen schon einen Teil der zukünftig an ihn erbrachten Leistung und taucht bereits im Vorfeld in die Erlebniswelt ein.

Qualitätsstandards und Garantien

Je nach Branche können diverse Qualitätsstandards, Garantien und Versprechen weiter helfen, die Unsicherheit hinsichtlich des Leistungsergebnisses zu minimieren, Sicherheiten aufzubauen und das nötige Vertrauen zu vermitteln.

Qualitätsstandards sind vom Dienstleistungsunternehmen selbst klar definierte Vorgaben für einzelne Ausprägungen der Dienstleistung, beispielsweise bezüglich der Pünktlichkeit. Unter Qualitätsgarantie werden Versprechen verstanden, die im Falle des Nichterreichens greifen und dem Kunden eine Entschädigung zusichern, beispielsweise kostenfreie Zustellung eines Pakets, wenn der Zustellzeitpunkt nicht eingehalten werden konnte.

Vor allem dort, wo anderweitige Erfahrungen die Meinung der Kunden einseitig beeinflussen, können Sie mit Garantien einen erheblichen Vertrauensbonus gewinnen. Zwei Beispiele aus der Agenturwelt veranschaulichen dies: Internetagenturen leiden unter dem Ruf, Projekte gerne verzögert zu Ende zu bringen. Geben Sie als Agentur Ihrem Kunden vorab eine Fertigstellungsgarantie, und er fühlt sich in seinem Anliegen verstanden. Selbstverständlich können Sie sich gegen Nichtlieferung der Kunden entsprechend absichern, es muss eben nur transparent kommuniziert werden. Bieten Sie von sich aus die Zahlung einer Konventionalstrafe an (beispielsweise ein Prozent des Projektumsatzes pro verzögertem Tag), sollte das Projekt nicht termingerecht fertig gestellt sein. Das gibt Ihren Kunden Sicherheit und spornt Ihre Mitarbeiter an – eine klassische Win-Win-Situation. Lange Erfahrungen bestätigen diese Aussage, und bei disziplinierten und gut organisierten Unternehmen trifft dieser Fall ohnehin meist nicht ein. Unabhängig davon fühlen sich die Kunden aber sicherer.

Nun ein Blick zu den Werbeagenturen: Durch eine Vermögenshaftpflichtversicherung von wenigen Euro im Jahr versichert sich eine Agentur gegen selbstverschuldete Fehler, die ins Geld gehen können. Macht die Agentur hieraus eine Garantie für ihre Kunden, indem sie ihnen die volle Übernahme aller Druckkosten und den Neudruck zusagt, wenn ein fehlerhaftes Printobjekt gedruckt wurde und der Fehler auf Seiten der Agentur liegt, ist der Kunde beruhigt. Auch hier geben Sie Ihrem Kunden Sicherheit über die rechtliche Situation (empfundenes Risiko wird abgebaut), er wird von seiner schweren Verantwortung entbunden (mit meiner Freigabe bin ich schuld, egal was da steht) und hinsichtlich des Leistungsergebnisses geben Sie ein eindeutiges Zeichen: Nur ein perfektes Ergebnis muss von dir bezahlt werden.

Qualitätsstandards helfen Ihnen, auch langfristig Ihr positives Image zu behalten oder es gar zu steigern. Stimmen Sie Qualitätsstandards unbedingt auf Ihre Zielgruppe ab, da Sie ansonsten womöglich viel Aufwand völlig umsonst betreiben. Für Geschäftsreisende ist es im Hotel wichtiger, W-LAN und einen Schreibtisch zu haben als Kinderbetreuung.

Der meines Erachtens wichtigste Qualitätsstandard für Dienstleistungsunternehmen ist die Grundregel, dass nur einwandfreie Leistungen Ihr Unternehmen verlassen. Nennen Sie es die „100-Prozent-Garantie" oder wie auch immer Sie wollen, aber kommunizieren Sie es. Geben Sie sich niemals mit 99 Prozent zufrieden, und scheuen Sie keine Kosten und Mühen, die 100 Prozent zu erreichen. Über kurz oder lang rächt sich der eine Prozentpunkt – Ihre Kunden werden latent unzufrieden und das Vertrauen schwindet. Das können Sie sich nicht leisten, zumal die Argumentation für Ihre gegenüber Ihren Mitbewerbern womöglich teurere Leistung schwierig ist. Ganz nebenbei geben sich auch Ihre Mitarbeiter mit den 99 Prozent zufrieden – der eigene Anspruch sinkt, und schon bald kämpfen Sie intern und extern mit Qualitätsproblemen, die Ihnen das Geschäft schwer machen. Durch Standards und Garantien setzen Sie sich selbst klar definierte Vorgaben, an denen Ihre Kunden Ihr Unternehmen messen können.

Die Erfolgsgarantie verspricht Ihren Kunden die Nachhaltigkeit einer bestimmten Leistung oder den Erfolg Ihrer Maßnahme und mindert das Kaufrisiko. Als Garantieleistung einer Rankingagentur, die von ihrer Arbeit überzeugt ist, wäre etwa die garantierte Mindestplatzierung innerhalb einer Suchmaschine geeignet. Unternehmensberater, Agenturen und andere Dienstleister werden mehr und mehr herausgefordert, sich am Erfolg ihrer Tätigkeiten messen zulassen. Oftmals reicht auch eine Mischung aus fixen und variablen Honoraren, um dem Kunden die nötige Gewissheit zu geben, dass Sie Ihr Bestes geben. Diese Garantie funktioniert natürlich nur, wenn die Dienstleistung die Integration des Kunden in den Prozess überschaubar hält. Wenn Sie als Unternehmensberater zu dem beratenden Unternehmen kein vertrauensvolles Verhältnis haben und die Umsetzung der von Ihnen empfohlenen Maßnahmen unsicher ist, tun Sie gut daran, Ihren variablen Anteil möglichst gering zu halten.

Allerdings täten sich noch mehr EDV-Systemhäuser selbst einen Gefallen, ihre Leistungen nur im Erfolgsfall abzurechnen. Können Sie noch an einer Hand abzählen, wie oft Sie für EDV-Leistungen zahlen mussten, obwohl das Problem nicht behoben war oder sich dadurch ein anderes Problem ergab? Ein Rechner mit ständigen Systemabstürzen wurde von einem externen Systemverantwortlichen der Reihe nach komplett neu aufgebaut, ohne den Fehler tatsächlich zu finden. Erst wurde der Arbeitsspeicher getauscht, ohne Erfolg. Dann wurde die Festplatte gewechselt, ohne Erfolg. Schließlich war ganz offensichtlich das Mainboard defekt, was sich dann auch als unwahr herausstellte – und so weiter und so fort. Raten Sie einmal, wer die Hardware und die Servicezeiten bezahlen durfte. Indem sich ein Dienstleister seine Versuche bezahlen lässt, werden seine Kunden kaum Vertrauen in seine Leistungsqualität aufbauen. Es gibt zum Glück auch andere Dienstleister, die übrigens bestens wirtschaftlich leben können. Seien Sie einer davon und gewinnen Sie zufriedene Kunden, die Sie gerne weiter empfehlen.

Qualitätsstandards und Garantien

Das Pre-fair Modell

Bei der Entwicklung dieses absolut außergewöhnlichen Modells haben wir uns einen Begriff aus dem Englischen **pre**... (vor, früher als) ausgeliehen, weil wir unsere Leistung (Seminare) erbringen, bevor Sie sich Gedanken machen müssen, wie viel Sie ausgeben wollen. Wir sind der Überzeugung, dass dies die **fair**ste Art ist, mit Ihnen Geschäfte zu machen und verlassen uns darauf, dass auch Sie **fair** mit Ihren Partnern umgehen.

Die Praxis:
Sie sagen uns Ihre Ziele, wir erstellen ein individuelles Konzept und führen das Seminar für Sie durch. Erst danach, wenn Sie die Möglichkeit hatten den gesamten Vorgang für sich bzw. Ihr Unternehmen zu bewerten, sagen Sie uns, wie viel es Ihnen wert ist. (innerhalb 2 Wochen nach Seminarende). In der von Ihnen für richtig befundenen Höhe, stellen wir dann die Rechnung aus.

Der Hintergrund:
Mit diesem Modell wollen wir mehr beweisen, als auf den ersten Blick ersichtlich ist.

1. Qualität
Natürlich sind wir von der Qualität unserer Seminare überzeugt und machen dies damit offen bekannt. Wir stehen uneingeschränkt dazu, egal welche Konsequenzen es bedeutet.

2. Überzeugung
Wir sind überzeugt, dass 90 bis 95 % aller Menschen ehrlich und fair sind. Wenn wir uns jedoch das Umgehen miteinander, die Kommunikation untereinander anschauen, dann stellen wir fest, dass wir uns genau gegenteilig verhalten. Vor allem im Geschäftsleben tun wir so, als ob mind. 90 % der Menschen unehrlich und mit betrügerischen Absichten durchs Leben gehen würden. Wir wollen für alles und jedes im Voraus schon 150 %ige Sicherheiten, damit uns ja niemand übervorteilen kann. Diese Prägung sitzt tief in uns allen.
Wir sind der Meinung, es sollten nicht 95 Menschen misstrauisch behandelt werden, weil 5 unehrlich sind. Im Gegenteil, es sollten auch die 5 Unehrlichen fair behandelt werden, weil 95 ehrlich sind. Unsere Prägung sollte aus dem Verhalten entstehen, welches die meisten Menschen zeigen, nicht aus dem, was eine verschwindend kleine Minderheit an den Tag legt.
Wir von EK-Seminare, Institut für Persönlichkeit & Kompetenz glauben fest daran, dass wir diese Prägung ändern können und dass es richtig ist, dies zu tun. Denn 90 bis 95 % von uns sind ehrlich und gehen fair miteinander um, wenn wir uns die Möglichkeit dazu geben.

Wir glauben, dass Sie mit dazu gehören und laden Sie ein, gemeinsam mit uns den Beweis für unsere Theorie anzutreten.

Das **Pre-fair** Modell ist unser Beweis für Offenheit und Ehrlichkeit an Sie. Wenn Sie lieber ein Angebot mit einer konkreten Summe wollen, dann erhalten Sie natürlich auch das – informieren Sie uns einfach.

EK-Seminare Institut für Persönlichkeit & Kompetenz   Freyung + Bad Homburg + Passau
94078 Freyung Marchzipf 18 ☎ 0700-96249696 📠 08551-910052 📧 info@ek-seminare.de 🌐 www.ek-seminare.de

Quelle: EK-Seminare
Der Seminaranbieter arbeitet auf reiner Zufriedenheitsbasis und baut somit Unsicherheiten ab.

Auf reiner Zufriedenheitsbasis bietet beispielsweise der Seminaranbieter EK-Seminare seine Leistung an (siehe Abbildung). Das für namhafte Kunden wie BMW, Siemens, SAP und Lufthansa tätige Unternehmen ermöglicht seinen Kunden, nur soviel für das Seminar zu bezahlen, wie es ihnen wert ist. Unsere erste Reaktion ist natürlich zu denken, dass diese Freiheit ausgenutzt wird. Aber in den meisten Fällen wurden die Honorarerwartungen übertroffen und unterm Strich sind die durchschnittlichen Tagessätze seit Einführung des Modells angestiegen. Dieses so genannte Pre-fair Modell funktioniert nicht nur bei Inhouse-Veranstaltungen für Unternehmen, der Anbieter hat auch eigene Seminare im Portfolio, zu denen sich Einzelpersonen anmelden können. Auch hier gibt es eine Zufriedenheitsgarantie: Wem es nicht gefällt, der braucht nicht zu bezahlen. Durch dieses mutige Vorgehen hat der Seminaranbieter sein Verkaufsinstrument gefunden und hat damit Erfolg. Etwas Selbstbewusstsein gehört dazu und der Mut wurde belohnt.

Ein kundenorientiertes Unternehmen ist gegenüber einem stark gewinnorientierten Unternehmen klar im Vorteil. Selbstverständlich müssen und wollen kundenorientierte Unternehmen auch Gewinne machen (und auch nicht unbedingt weniger) – sie tun es allerdings mit zufriedenen und begeisterten Kunden, die gerne wiederkommen und auch gerne ein paar Euro mehr bezahlen. Wer kleinlich jede Minute und jeden Kilometer abrechnet, ohne dass der Kunde einen Nutzen davon hatte, braucht sich nicht zu wundern, wenn er keinen Auftrag mehr erhält. Die Erfahrung zeigt uns, dass Kunden aufgrund einer konkreten Benennung des Leistungsergebnisses und der Minimierung der Risiken bereit sind, teils ein Mehrfaches an Kosten zu tragen und auch einem höherpreisigen Anbieter den Vorzug geben. Was nutzt die Zusage eines Programmierers zur pünktlichen Auslieferung der individuellen Software, wenn er sich nicht daran hält? Als Kunde investiere ich lieber einige Euro mehr, bin aber sicher, dass das Versprechen gehalten wird und keine Zusatzaufwendungen durch Zeitverzögerung entstehen.

Die von der Accor Gruppe geführten 670 Ibis Hotels (2 Sterne) sichern in ihrem „15-Minuten-Versprechen" ihren Kunden zu, alle vom Kunden wahrgenommenen Störungen innerhalb von 15 Minuten zu beheben oder anderenfalls den Kunden einzuladen. Sollte es also wider Erwarten Probleme geben, darf sich der Kunde sicher sein, dass innerhalb kürzester Zeit Abhilfe geschaffen wird. Rechnet die Hotelkette mit Beschwerden oder hat es in der Vergangenheit viel davon gegeben? Nein, aber dem Kunden soll signalisiert werden, dass das Hotel von seinem Standard überzeugt ist und ihm das Wohlbefinden der Gäste am Herzen liegt. Ibis ist darüber hinaus ISO 9001 zertifiziert und bietet immerhin Frühstück von 4 bis 12 Uhr an – da denkt wohl offensichtlich jemand an seine früh aufstehenden und langschläfrigen Kunden. Diesen Service vermisst man in der Regel selbst bei wesentlich höher klassifizierten Hotels.

Nicht nur nebenbei bieten Qualitätsstandards und -garantien eine hervorragende Möglichkeit, sich von Mitbewerbern abzusetzen. Denn schließlich geht es um das „Wie" der Leistungserstellung. Indem Sie sich für Ihre Leistung verbürgen und dafür garantieren, differenzieren Sie sich erheblich von Ihren Mitbewerbern. Denn derzeit bieten nur wenige Anbieter Garantien auf ihre Leistungen. Qualitätsgarantien helfen Ihnen auch, das angekündigte Qualitätsniveau zu erreichen, da sie für Transparenz bei der Ermittlung der gelieferten Qualität sorgen. Jede vom Kunden eingelöste Garantie zeigt immerhin auf, dass eine mangelhafte Leistung vollbracht worden ist und wo dies geschehen ist. Ein Beispiel:

Das Mannheimer Sporthaus Engelhorn überzeugt durch seine „Service-Garantien". Fast 40 Versprechen und Garantien gibt das Kaufhaus seinen Kunden, unter anderem eine Besaitungs-Garantie: „Wir garantieren Ihnen die guten Spieleigenschaften der bei uns ausgeführten Neubesaitung Ihres Schlägers. Sollte die Neubespannung nicht Ihren Erwartungen entsprechen, wird die Besaitung kostenlos ersetzt."

Wenn Sie Ihrem Tennisschläger nun eine neue Besaitung gönnen – wo lassen Sie diesen Auftrag ausführen? Ganz sicher dort, wo Sie die Garantie erhalten, dass die Besaitung Ihren Wünschen entsprechen wird. Denn die Garantie gibt Ihnen eine Sicherheit, dass die gekaufte Leistung auch Ihrer Anforderung entspricht. So möchten auch Ihre Kunden die Sicherheit bekommen, dass die von Ihnen getätigte Leistung Ihre Erwartungen erfüllt.

Die Sparda-Bank Baden Württemberg verspricht Ihren Kunden einen besonderen Service, sollten die elektronischen Dienstleister einmal ihren Dienst verweigern: „Ist eines unserer Selbstbedienungsgeräte nach Schalterschluss ersatzlos ‚außer Betrieb', füllen Sie die in den SB-Zonen ausgelegte ServiceGarantie-Anzeige aus und wir leisten schnell und unbürokratisch ‚Schadensersatz':

- Ausfall Geldautomat: Wir übernehmen die Gebühren der Fremdbank, bei der Sie am selben Tag ersatzweise Geld abheben müssen – bis zu 2,50 Euro. Teilen Sie uns einfach Tag und Uhrzeit des Ausfalls mit. Die Erstattung Ihrer Auslagen erfolgt dann prompt auf Ihr SpardaGirokonto.
- Ausfall Chipladegerät: Wir erstatten Ihnen die Gebühren der Fremdbank für das Aufladen Ihrer Geldkarte am selben Tag pauschal mit 1,- Euro. Notieren Sie auch in diesem Fall Tag und Uhrzeit Ihres Besuchs. Wir überweisen Ihre Auslagen umgehend auf Ihr SpardaGirokonto."

Beachten Sie folgende Anforderungen, die Garantien erfüllen müssen:

- Die Garantie muss sich an den tatsächlichen Bedürfnissen Ihrer Kunden orientieren.
- Die Garantie sollte nach Möglichkeit keine Einschränkung enthalten.
- Die Garantie muss klar den Fall formulieren, in dem der Kunde eine Entschädigung enthält.
- Die Garantie muss leicht verständlich und vermittelbar sein.

Achten Sie darauf, dass keine Standards kommuniziert werden, die ohnehin üblich sind und vom Kunden als selbstverständlich erachtet werden. Die Lufthansa warb vor Jahren damit, dass jeder, der einen Transatlantikflug für die erste oder die Businessklasse gebucht hat, auch einen Platz in dieser Klasse erhält. Hätten Sie etwas anderes erwartet? Die Deutsche Bahn trötet heute lautstark, dass jeder eine heiße Tasse Kaffee erhält, wenn die Heizung in der Bahn ausfällt. Dieses Versprechen ist schon ziemlich frech, ist es doch das Allermindeste, was man als „Entschädigung" erwarten darf.

Beziehen Sie bei der Erstellung von Qualitätsstandards und -garantien Ihre Mitarbeiter, insbesondere das Kundenkontaktpersonal, unbedingt mit ein. Bei einer Vielzahl von Versprechen ist darauf zu achten, die Mitarbeiter nach und nach in die Materie einzuarbeiten. Die Kommunikation der Standards und Garantien und eben auch die Entgegennahme von Beschwerden fallen meist in den Aufgabenbereich der Mitarbeiter, die begeistert hinter den Aussagen stehen müssen.

Eine Inflation von Garantien kann sich allerdings auch kontraproduktiv auswirken, da die Glaubwürdigkeit des Unternehmens darunter leiden kann. Vor allem bei so genannten „seriösen" Dienstleistern wie Anwalt oder Arzt wird gut Gemeintes eher eine gegenteilige Wirkung erzielen. Ein Gesichtschirurg mit der Qualitätsgarantie „kostenfreie Nachbesserung" dürfte kaum Vertrauen erweckend sein (zugegeben, etwas übertrieben). Nicht jede Garantie ist also für jedes Unternehmen geeignet. Andererseits kann ein Anwalt, Steuerberater oder Ingenieur aber ruhig offen kommunizieren, dass er bei Falschberatung für den entstandenen Schaden haftet (das tut er sowieso, da er gesetzlich dazu verpflichtet und entsprechend versichert ist). Meines Erachtens bricht ihm damit kein Zacken aus der Krone, und die Ohnmacht vieler Kunden gegenüber Anwälten oder Steuerberatern weicht der Sicherheit, dass im schlimmsten Fall der Schaden ersetzt wird.

Kurzum: Qualitätsstandards und -garantien sind dafür geschaffen, unseren Kunden Sicherheit zu geben. Setzen Sie dieses Mittel bedacht und gezielt ein, und Sie werden erleben, dass sich mancher Verkaufsabschluss leichter tätigen lässt.

Lassen Sie andere für Sie sprechen

„Wir sind die Guten" mag stimmen, glaubt Ihnen aber im Zweifelsfall niemand. Aufgrund der ständigen Reizüberflutung und überzogener Werbeaussagen messen wir den eigenen Aussagen von Unternehmen nur einen sehr geringen Bedeutungswert bei. Denn schließlich kann ja jeder von sich behaupten, was er möchte, und sich im besten Licht präsentieren. Sie müssen sich also damit auseinander setzen, dass Ihnen Ihre Werbeaussagen kaum noch abgenommen werden. Was nun? Lassen Sie andere für Sie sprechen, nämlich Ihre zufriedenen und begeisterten Kunden. Dies kann mehr oder weniger direkt sein, diverse Möglichkeiten möchte ich Ihnen nun gerne aufzeigen. Einige davon sind Ihnen bekannt und werden vermutlich auch schon angewandt, die anderen Maßnahmen des Vertrauensaufbaus kann ich Ihnen nur empfehlen.

Referenzen

„Schicken Sie mir erstmal Ihre Unterlagen und vor allem eine ausführliche Referenzliste zu" oder „Welche Erfahrungen haben Sie denn in unserer Branche?". Diese oder ähnliche Aussagen und Fragen werden Sie als Dienstleister in der Akquisition immer wieder hören. Analysieren Sie einmal, sofern Sie das nicht ohnehin schon tun (was ich Ihnen allerdings wärmstens empfehle), die detaillierte Besucherstatistik Ihrer Internetpräsentation. Die meisten von Ihnen werden feststellen, dass die von den Besuchern Ihrer Internetseite am häufigsten besuchte Seite bzw. Rubrik die Kunden- bzw. Referenzliste ist. Wieso ist das so? Warum sind Referenzen für Neukunden offensichtlich so wichtig?

Ein Blick auf die Referenzliste offenbart ehrlich, welche Leistungen Sie bei welchen Unternehmen bereits erbracht haben. Vollmundige Werbeaussagen werden an dieser Stelle bestätigt oder entlarvt, und Ihr potenzieller Kunde kann überprüfen, ob Ihre Versprechen in der Realität Stand halten. Ich empfehle Ihnen daher wärmstens, Ihre Referenzliste aktuell und ausführlich zu halten.

Es gibt durchaus Branchen und Berufe, bei denen die Nennung von Kunden nicht möglich ist. Wenn machbar, sollten Sie aber zumindest Andeutungen abgeben und etwas wie die Rubrik „Projekte" auf Ihrer Website einrichten. Beispielsweise Unternehmensberatungen: „Für einen führenden deutschen Automobilbauer mit überdurchschnittlich internationalem Erfolg erarbeiten wir seit 1998 alljährlich aktuelle Pricing-Strategien für alle internationalen Märkte".

Fehlt eine Kunden- oder Referenzliste, haben Sie es, sofern Sie kein namhaftes Unternehmen besitzen, überdurchschnittlich schwer, an Neuaufträge zu kommen. Denn Ihren Neukunden fehlt schlicht der Nachweis Ihrer reellen Leistungsfähigkeit. Was aber, wenn Sie noch am Anfang stehen und mit keiner überzeugenden Referenzliste aufwarten können? Kommunizieren Sie es genau so, wie es ist. Verstecken Sie sich nicht, sondern heben Sie die positiven Eigenschaften hervor, die ein junges Unternehmen hat: Frische, Flexibilität und weit überdurchschnittliche Leistungsbereitschaft. Wenn Sie dann noch auf die anderen Punkte achten, die den Vertrauensaufbau fördern, werden Sie schon in absehbarer Zeit eine interessante Referenzliste vorweisen können. Glauben Sie an Ihre Leistungsfähigkeit, denn wenn Sie hier Zweifel haben, überträgt sich diese schnell auf Ihre potenziellen Neukunden.

Testimonials und Empfehlungsschreiben

Die wirkungsvollste Art, schon im Vorfeld ein überdurchschnittlich hohes Maß an Vertrauen aufzubauen, ist der Einsatz von so genannten Testimonials. Testimonials können Prominente oder Experten sein, die für Ihr Angebot sprechen und werben. Zumeist werben Prominente, aber lassen Sie doch wirkliche Experten für Sie sprechen – nämlich Ihre Kunden. Ob in gestalteten Anzeigen, in denen Ihr Kunde oder zumindest sein Logo und seine Empfehlung abgebildet sind, oder in der häufigeren Art, einfach durch ein Referenz- und Empfehlungsschreiben – ein neutraler Dritter, ein Kunde Ihres Unternehmens, lobt Ihre Leistungsfähigkeit und das Ergebnis. Warum ist dies für Interessenten so wichtig? Der Vorteil liegt klar auf der Hand: Ein Dritter vermittelt dem Unsicheren, dass die mit Ihnen getätigten Projekte zu seiner vollsten Zufriedenheit und Begeisterung erledigt wurden. Darüber hinaus wird der Text eines Dritten aufmerksamer und unvoreingenommener gelesen als ein vergleichbarer Werbetext mit denselben inhaltlichen Aussagen.

Wenn es Ihnen gelingt, für die verschiedensten Zielgruppen Referenzschreiben aus diversen Branchen zu erhalten, besitzen Sie ein äußerst wirkungsvolles Instrument in Ihrer Kommunikationspolitik.

Der Entscheidungsprozess wird in der Regel ebenso kürzer, da sich Menschen (ja, auch Einkäufer und Entscheider) gerne auf die Entscheidung anderer verlassen. Bei Ihrem potenziellen Kunden wird der Prozess der Identifikation ausgelöst – die Personen und deren Aussagen werden auf die eigene Situation übertragen. Denn welche Möglichkeit besitzt ein Kunde sonst, sich objektiv über ein Unternehmen und die Dienstleistungsqualität zu informieren? Es bleibt ihm andernfalls nur die Möglichkeit, über das Trial-and-Error-Verfahren seinen Dienstleister zu suchen. Ausprobieren ist aber Risiko, und deshalb verlässt er sich gerne auf die Aussagen unabhängiger Dritter. Nun hat sich der Testimonial-Geber schon für Sie entschieden und ist ganz offensichtlich mit der Leistung zufrieden. Daher kann eine Entscheidung für Sie leichter und schneller fallen, als wenn Sie ohne einen solchen Fürsprecher um die Gunst des Kunden werben würden. Bitten Sie Ihre Kunden nach erfolgreichen Projekten um ein Referenzschreiben. Begeisterte Kunden sind üblicherweise gerne bereit, ihrer Begeisterung über das mit Ihnen abgewickelte Projekt Ausdruck zu verleihen. Ein offizielles Schreiben des Geschäftsführers oder Projektverantwortlichen, das Sie in Ihre Informationsunterlagen mit aufnehmen, ist ein wesentlich größerer Beitrag beim Vertrauensaufbau als ein Leistungsversprechen Ihrerseits. Die Aussagen Ihres Kunden sind fix, Sie sind nicht fragwürdig und stellen für den Interessenten eine feste Größe dar.

Projektbeschreibungen

Als wichtiger Baustein beim Vertrauensaufbau hat sich die ausführliche Darstellung erledigter Projekte bewährt. Ob nun Fallstudien, Anwenderberichte, Projektbeschreibungen oder White Paper, Sie erfüllen einen wesentlichen Zweck: Im Detail beschreiben Sie den Ablauf eines Projekts und nehmen so den Interessenten in einen bereits getätigten und erfolgreichen Leistungsprozess mit hinein. Unsicherheiten hinsichtlich Prozess- und Ergebnisqualität lassen sich somit erheblich verringern. Wenn Sie diese Projektbeschreibungen dann auch noch mit dem Empfehlungsschreiben desselben Kunden zusammen herausgeben, haben Sie ein perfektes Instrument, um Ihre Interessenten zu überzeugen. Auch Projektbeschreibungen erstellen Sie idealerweise für diverse Branchen, um bestmöglich den Anforderungen von Neukunden zu begegnen.

Bleiben wir beim obigen Beispiel Unternehmensberatung und Pricing-Strategien: Die Unternehmensberatung beschreibt ausführlich zuerst die Aufgabenstellung des beauftragten Unternehmens und den Grund der Beauftragung. Somit kann sich der Leser in die Situation des Auftraggebers versetzen. Nun setzt die Unternehmensberatung an und beschreibt detailliert, wie die Briefing- und Konzeptionsphase ablief und zu welchen Beratungsansätzen und Empfehlungen sie gekommen ist. Darüber hinaus schildert sie die Umsetzung in den einzelnen Ländern und – wichtig! – das Ergebnis des Projekts, nämlich die Gewinnsteigerung des Unternehmens aufgrund des Beratungsprojekts.

Je detaillierter Sie hier Namen und Zahlen nennen können, desto besser. Es muss aber nicht sein. Das oben beschriebene Beispiel ist echt, und an keiner Stelle erfährt der Leser, ob es sich nun um Audi, BMW, Mercedes oder VW handelt. Die Gewinnsteigerung ist in Prozent angegeben, und kaum jemand wird je herausfinden können, welcher Kunde tatsächlich bedient wurde. Das ist aber auch egal, denn als potenzieller Neukunde habe ich in der ausführlichen Projektbeschreibung erfahren, dass die Unternehmensberatung kompetent und erfolgreich für namhafte Kunden aus der Automobilindustrie arbeitet. Das reicht mir als Kunde, um Sicherheit und Vertrauen zu gewinnen.

Dieses Beispiel lässt sich leicht auch auf Ihr Unternehmen übertragen. Sicherlich macht es keinen Sinn, dass ein Friseur oder ein Hotelbetrieb Projektbeschreibungen anfertigt. Aber schon bei Steuerberatern, Krankengymnasten, Werbeagenturen und vielen anderen in der Regel kleineren Dienstleistungsunternehmen kann dies durchaus interessant sein. Bei großen Unternehmen aus dem Transport- und Verkehrsgewerbe oder eben Beratungsunternehmen ist dies schon üblich.

Lassen Sie Ihre Leistungen auszeichnen

Die Commerzbank bewirbt in Deutschland offensiv, dass sie die erste Bank mit einem vom TÜV zertifizierten Fondsauswahlprozess ist. Die bankenuntypische Werbung (Print und TV) spielt vor dem Himmelstor und erzählt auf humorvolle Art, dass die Commerzbank als einziger Finanzdienstleister bei Fonds nachweislich objektiv berät. Es sind vier Bankberater zu sehen, die Petrus gegenüber stehen. Dieser fragt nach dem Beweis für die objektive Beratung. Den kann nur der Commerzbank-Berater antreten, indem er die TÜV-Plakette vorzeigt. Petrus bittet ihn durchs Tor in den Himmel, der den anderen Beratern verwehrt bleibt.

Der komplexe Beratungsablauf der Fondsauswahl wird dem Kunden in einem gesonderten Prospekt zudem grafisch einfach visualisiert (siehe Kapitel 8). Was wünscht sich der unsichere Kunde mehr? Er hat einen übersichtlichen Prozess (die Prozessleistung ist also klar) und offensichtlich ist er obendrein noch gut (der TÜV hat es ja zertifiziert). Gut, damit ist es noch nicht getan. Aber ein wesentliches Kriterium hat die Bank erkannt. Lediglich 34 Prozent der Kunden bringen ihrem Finanzinstitut Vertrauen entgegen. Eigene Versprechen und selbst kommunizierte Standards würden also nahezu ins Leere laufen. Der Finanzdienstleister tut gut daran, sich Qualität von einer unabhängigen Stelle bescheinigen zu lassen. Wenn dann die Rendite noch stimmt, wird der liebe Kunde auch nachhaltig zufrieden sein.

Ein weiteres Beispiel: „Wir sind angenehm überrascht von der Tatsache, dass schon kurze Zeit, nachdem wir das Gütesiegel von Trusted Shops in unserem Onlineshop integriert haben, die Bestellungen bei uns rapide um 50 Prozent angestiegen sind", schreibt ein Hardwarehändler, der die gleiche Ware wie Hunderte anderer Onlineshops im Internet vertreibt.

Die beiden oben genannten Zertifikate von unabhängigen Stellen stehen für eine objektive Bewertung der von den Unternehmen angebotenen Leistung. In erheblichem Maße ist für Nachfrager einer Dienstleistung der Sachverstand eines Dritten wichtig. Denn die subjektive Qualitätsmessung hat bekanntlich Schwächen, der Mensch verlässt sich lieber auf etwas Objektives. Weiter oben haben Sie schon erfahren, wie wichtig Testimonials sind. Sehr ähnlich verhält es sich mit den diversen Zertifizierungsstellen, die übrigens die Zertifikate nicht bis zum jüngsten Tag, sondern nur befristet ausstellen. Einer regelmäßigen Kontrolle müssen sich in der Regel alle Träger eines Zertifikats unterziehen. Achten Sie bei der Zertifizierung allerdings darauf, dass Sie sich von einer weitläufig bekannten Zertifizierungsstelle überprüfen lassen, ansonsten bietet Ihnen das Zertifikat – zumindest in der Außenwirkung – wenig Effekt. Für Onlineshops gibt es mittlerweile über ein halbes Dutzend Zertifizierungsstellen – nur die Hälfte davon macht Sinn.

Übrigens: Laut der TÜV-Projektleiterin stehen weitere Finanzdienstleister bereits Schlange. Warum wohl? Weil sie erkannt haben, dass die Kunden lieber einem unabhängigen Dritten als den Versprechen der Werbetreibenden glauben. Die Zertifizierung hat die Commerzbank lediglich einen fünfstelligen Betrag gekostet – jede andere (und sogar unwirksamere) Werbebotschaft hätte ein Vielfaches davon verschlungen.

Ein Onlineshop für Bekleidungsartikel generiert aufgrund seiner Zertifizierung bei Trusted Shops nahezu das Doppelte an Umsatz als seine Mitbewerber. Diese haben exakt die gleichen Produkte, teils auch sehr gutes Webdesign und gleich lautende Konditionen. Sie werben ebenso an denselben Stellen mit derselben Intensität. Sie sind also vollständig vergleichbar. Aber allein das Gütesiegel ist für monatlich Hunderte von Kunden Anlass, bei diesem und nicht bei einem anderen Shop zu bestellen (obwohl die anderen Händler sich gegenseitig mit Rabatten überbieten und die Ware dadurch günstiger ist).

Neben den genannten Zertifizierungsstellen gibt es darüber hinaus natürlich weitere Organisationen je nach Branche. Insbesondere für etwas größere Dienstleistungsunternehmen kann die Zertifizierung nach DIN ISO 9000 bis 9004 zum wesentlichen Wettbewerbsfaktor werden. Nicht zuletzt wird mittlerweile bei Ausschreibungen immer häufiger auf die Zertifizierung wert gelegt.

In Vorleistung gehen oder nicht?

Je nach Kundenwert und Kapazität können Sie als Dienstleister bei einigen Leistungen auch in Vorleistung gehen und Teile der Leistung vorab, quasi als

Demonstration Ihrer Leistungsfähigkeit, erstellen. Das geht für einige Dienstleistungen einfacher als für andere. Ein Hotelbetrieb kann kaum in Vorleistung gehen, denn dem Gast ein Zimmer zu überlassen, stellt ja schon einen Großteil der Leistung an sich dar. Aber für viele andere Dienstleistungsunternehmen ist dies durchaus möglich: Der Werbefotograf beweist seine Fähigkeit an einem einzelnen Produkt, der Arzt oder Rechtsanwalt gibt eine kostenfreie Vorberatung in der Hoffnung, den Patienten bzw. Mandanten zu halten, das Gebäudereinigungsunternehmen reinigt einmal zur Probe, ein Übersetzungsbüro bietet die kostenlose Übersetzung bis zu einer DIN A4-Seite, und das Paketunternehmen liefert das erste Paket für seinen gewerblichen Kunden kostenfrei – dies alles, um die Leistungsfähigkeit unter realen Bedingungen unter Beweis zu stellen und den Kunden vollends zu überzeugen.

Durch Vorleistungen vermindern Sie die Unsicherheit Ihres potenziellen Kunden hinsichtlich des Leistungsergebnisses. Die Erbringung von Vorleistungen beruht stark auf einem Vertrauensverhältnis (hier allerdings vom Unternehmen hin zum Interessenten), da Sie als Anbieter exklusiv in Vorleistung gehen und den Interessenten überzeugen wollen. Schließlich wollen Sie nicht einer von vielen sein, der umsonst arbeitet. Bei Unsicherheit, ob der Nachfrager Sie nur als „Ideenlieferant" schröpfen will, sollte eine solche Vorleistung sinnvollerweise nicht erbracht werden – die Zeit können Sie besser nutzen, um Kunden zu akquirieren, denen professionelle Leistung etwas wert ist. Mir ist ein renommiertes Speditionsunternehmen bekannt, das in regelmäßigen Abständen Werbeagenturen (die in der Hoffnung leben, langfristige Partner zu werden) mit Konzeptionen und Entwürfen beauftragt, um dann den Praktikanten der Marketingabteilung den Auftrag zu erteilen, die Entwürfe „abzukupfern" bzw. selbst nach günstigeren Möglichkeiten zu suchen.

Indem Sie als Dienstleister in Vorleistung gehen, vermitteln Sie Ihrem Kunden allerdings die hohe Sicherheit, dass das Leistungsergebnis auch seinen Erwartungen entspricht. Dabei lernt der Kunde Sie und Ihre Leistungskompetenz im Detail besser kennen und kann weiteres Vertrauen aufbauen. Erst nach einer Begutachtung und Freigabe des Nachfragers kommt ein Vertrag zustande. Die weitere Zusammenarbeit ist dann meist auf so hohem Vertrauensniveau angesiedelt, wie sonst nur nach der vollständigen Abwicklung eines Projekts.

Eine Internetagentur bietet ihren Kunden an: „Wir erstellen Ihnen kostenlos die Startseite Ihrer Internetpräsentation, die Sie auf unserem Testserver betrachten können. Sie können solange Änderungswünsche äußern, bis Sie mit dem Resultat zufrieden sind. Erst dann kommt es ggfs. zu einer Vereinbarung. Nutzen Sie diesen Service, um sicherzustellen, dass Ihr Internetauftritt genau so wird, wie Sie es sich vorstellen."

In Vorleistung gehen oder nicht?

In vielen Berufen und Berufszweigen ist das Erbringen von Vorleistungen jedoch geächtet. Der Gesamtverband der Kommunikationsagenturen (GWA), in dem viele Werbeagenturen Mitglied sind, lehnt kostenlose Vorleistungen für potenzielle Neukunden grundweg ab.

Aber auch diese Branche wie viele andere auch ist dem freien Wettbewerb unterworfen und sieht sich gezwungen, mehr und mehr in Vorleistung zu gehen, um Kunden zu überzeugen. Ob es immer der richtige Weg ist, sei dahingestellt. Erfahrungsgemäß ist auch eine kompetente und ausführliche Beratung, gepaart mit einem guten persönlichen Kontakt, eine ausreichende Vorleistung. Immerhin zeigen Sie als Anbieter so persönlich Initiative, und das Vertrauen in Ihre Leistungsfähigkeit kann wachsen. In kreativen Berufen wird jedoch die kreative Leistung und weniger Ihre Beratungsfähigkeit bewertet.

Je mehr Referenzen und Empfehlungsschreiben Sie in der Tasche haben, desto weniger haben Sie es jedoch nötig, in Vorleistung zu gehen. Denn eines ist klar: Jede Vorleistung kostet Geld, das an anderer Stelle wieder eingenommen werden muss. Je mehr Sie also in Vorleistung gehen (und diese nicht nur von unbezahlten Praktikanten erbracht wird), desto höher müssen Ihre Preise sein. Es gilt demnach abzuwägen, wo realistische Chancen auf Erfolg bestehen.

Quintessenz

- Beim Vertrauensaufbau helfen Ihnen vor allem die Instrumente
  - Sichtbarmachen des Unsichtbaren,
  - Versprechen, Garantien und Qualitätsstandards,
  - Referenzen und Testimonials,
  - Auszeichnungen und Zertifizierungen sowie
  - Vorleistungen.
- Hiermit erreichen Sie einen Abbau von Unsicherheiten hinsichtlich Ihrer Leistungsfähigkeit und des Ergebnisses. Je mehr Instrumente Sie nutzen, desto wahrscheinlicher entscheidet sich der Kunde für Ihr Angebot.

Checkliste

	Ja	To-Do
Sie setzen Surrogate für Ihre Leistungseigenschaften ein.		
Qualitätsstandards sind definiert und werden allen Interessenten vermittelt.		
Garantien sind festgelegt und werden kommuniziert.		
Sie lassen andere für Sie sprechen, indem Sie folgende Instrumente einsetzen: ■ ausführliche Referenzen ■ Testimonials ■ Empfehlungsschreiben ■ Projektbeschreibungen		
Ihr Unternehmen oder Ihre Leistung ist zertifiziert (TÜV, Verbraucherverband etc.) und Sie kommunizieren dies.		
Sie gehen in Vorleistung, um Kunden Sicherheit zu vermitteln.		

Ihr Fazit

Was haben Sie in diesem Kapitel gelernt, was soll in Ihrem Unternehmen umgesetzt werden? Tragen Sie es gleich hier ein, damit Sie nichts vergessen:

7. Spiel, Satz und Sieg – der Entscheidungsprozess

In diesem Kapitel erfahren Sie,

- auf welche Details es im Kaufentscheidungsprozess ankommt,
- wer tatsächlich Ihre Dienstleistung kauft,
- wie Sie Ihre Informationen aufbereiten,
- warum Sie Lösungen statt Leistungen besser verkaufen,
- wie Entscheider Ihr Angebot auswählen,
- dass Sie mit Preispolitik Kunden gewinnen können,
- dass sich faire Beratung immer auszahlt.

Die Entscheidung eines Interessenten, eine Dienstleistung anzunehmen, hängt nicht nur von Preis, Qualität und anderen Kriterien ab. Denn noch immer stellt sich die Frage, ob es nicht genügt, die eigentliche Leistung selbst zu erbringen und die daraus resultierende Qualität ausreichend ist. Nahezu alle Dienstleistungen können vom Nachfrager auch selbst erledigt werden – ob es die Leistung einer Unternehmensberatung, eines Handwerkers, Friseurs, Restaurants, Reisebüros, einer Agentur oder irgendeiner anderen Branche ist. Die Make-or-Buy-Entscheidungen sind somit existenziell für den Bestand eines Dienstleistungsbetriebs. Das Unternehmen muss also seine Leistungen in einer weitaus höheren Qualität anbieten, als dies der einzelne Nachfrager selbst könnte – vorausgesetzt, der Kunde hätte die entsprechende technische Ausrüstung, die mitunter benötigt wird. Dienstleistungsunternehmen leben somit von Outsourcing – und haben Angst vor Insourcing. Ein Geschäftsführer hat grundsätzlich die Möglichkeit, sich Standard-Arbeitsverträge aus dem Internet zu ziehen oder einen Rechtsanwalt zu beauftragen. Ebenso stellt sich für ihn die Frage, ob er einen Unternehmensberater engagiert oder ob er sich diese Aufgabe selbst zutraut. Das ist der Grund, warum Unternehmensberater zumeist erst gerufen werden, wenn das Kind schon in den Brunnen gefallen ist – für die Berater macht dies die Arbeit um ein Vielfaches schwieriger.

Beachten Sie dies bei Ihrer Überzeugungsarbeit: Sie müssen sich nicht nur gegenüber möglichen Mitbewerbern durchsetzen, sondern oftmals auch noch Überzeugungsarbeit leisten, dass ein Outsourcing für den Interessenten mehrfachen Nutzen bringt, den er selbst nicht herbeiführen kann. Anregungen hierzu finden Sie auch in Kapitel 9.

Lernen Sie die Entscheider kennen

Der Entscheidungsprozess beim Privatkunden ist recht einfach und überschaubar – auch für den Anbieter. Wer aber Unternehmen, Behörden und andere Großorganisationen betreut, weiß, dass der Prozess der Entscheidungsfindung mitunter sehr langwierig sein kann. Nicht selten vergehen viele Wochen und Monate, bis Entscheidungen fallen.

Sie besprechen sich stundenlang und intensiv mit Ihrem Ansprechpartner, er lässt Sie Konzepte und Angebote unterbreiten und ist schließlich hoch zufrieden mit Ihnen. Aber zu guter Letzt hören Sie: „Der Chef hat sich für einen anderen Anbieter entschieden." Aus meinem Geschäftsalltag kenne ich die Situation, dass alle Mühe vergeblich war. Denn auf den Entscheider kommt es an – und im Zweifelsfall setzt er andere Maßstäbe an einen Dienstleister als sein vorgeschalteter Assistent oder Mitarbeiter. So kann es also sein, dass Sie mit einem Einkäufer verhandeln, das Projekt aber bereits „Chefsache" ist und auch dort entschieden wird.

Sie müssen sich mühsam von unten nach oben durcharbeiten, um dann doch zu scheitern. Es ist demzufolge wichtig, gleich an die richtigen Personen zu kommen. Das schaffen Sie nur, indem Sie die Initiative ergreifen und aktiv auf das Unternehmen und den echten Entscheider zugehen. So können Sie selbst Ihren Ansprechpartner wählen, der zumeist auch Entscheidungsbefugnis hat.

Um die Komplexität der Thematik greifbar zu machen, wurde das Konstrukt „Buying Center" erschaffen. Als Buying Center wird die Gesamtheit aller an einem Kaufentscheidungsprozess beteiligten Personen verstanden – das Einkaufsgremium. Zwar kommt der Ansatz aus dem Investitionsgütermarketing, beim Marketing für Dienstleistungen haben wir es aber mit ähnlichen Strukturen zu tun. Folgende Rollen bzw. Personengruppen gibt es innerhalb des Buying Centers:

- Initiator
- Verwender
- Einflussnehmer
- Einkäufer
- Entscheidungsträger
- Informant

Der **Initiator** bringt den Stein ins Rollen. Er ist der, der die Notwendigkeit des Kaufs einer Dienstleistung anregt. Der Initiator kann zugleich der Verwender und/oder Entscheidungsträger sein und andere Rollen inne haben. In den seltensten Fällen wird eine Rolle von einer Person erfüllt – es gibt in der Regel immer Überschneidungen.

Der **Verwender** ist derjenige, der von Ihrer Leistung unmittelbar abhängig ist. Eine von Ihnen programmierte Software muss von ihm bedient werden. Der Verwender wird Ihr Angebot mit seiner fachlichen Brille kritisch beurteilen und ist oft Bedenkenträger oder jemand, der gerne am Bestehenden festhält. Für die meisten Verwender ist etwas Neues das „fremde Unbekannte" und macht Angst.

Einflussnehmer wie Ingenieure oder Abteilungsleiter, die von anderen Rollen in den Kaufentscheidungsprozess mit eingebunden werden, sind von außen kaum identifizierbar, und in der Regel treten sie auch nicht nach außen hin auf. Oftmals hat selbst der Ehepartner der Entscheider einen erheblichen Einfluss. Dies geschieht vor allem dann, wenn sich der Entscheider nicht völlig sicher ist und seine Entscheidung gerne auch mit einer unabhängigen Person erörtert. Die gleiche Rolle kommt nicht selten auch Freunden und externen Beratern zu.

Der **Einkäufer** ist in erster Linie ausführendes Organ, allerdings hat er vor allem bei der Betrachtung der Anbieter in Sachen Preis-Leistungs-Verhältnis und Nachhaltigkeit der erzielten Ergebnisse einen erheblichen Einfluss, teils sogar ein Vetorecht. Durch eine ausgefeilte Preispolitik (später mehr dazu) sollte auch er zu überzeugen sein.

Entscheidungsträger stellen letztlich unsere Zielperson dar – aber eben nicht allein. Die Entscheider tragen zwar die Verantwortung, sichern sich aber oft und gerne durch andere Meinungen (die der Informanten, Einkäufer, Einflussnehmer oder Verwender) ab. Entscheider wollen gerne ganzheitliche und umfassende Ergebnisse erzielen und werden deshalb andere Rollen in den Kaufentscheidungsprozess mit einbeziehen. Entscheider wollen in der Regel auf den Punkt gebrachte Angebote und suchen jede Form von Sicherheit, um ihre Entscheidung fundiert treffen zu können. Vor allem für sie sind Garantien und Versprechen äußerst wichtig.

Die so genannten „heimlichen Entscheider", die **Informanten**, sind für Dienstleister eine wichtige Zielgruppe beim Vertrauensaufbau während des Entscheidungsprozesses. Informanten sind die Personen, die Informationen über mögliche Anbieter einer Leistung einholen. Die Informanten müssen Sie als Dienstleister unbedingt für sich gewinnen, ansonsten bieten sich Ihnen keine weiteren Möglichkeiten, die Entscheidung zu gewinnen. Wenn der Informant nicht überzeugt ist, wird er den Dienstleister mit Sicherheit nicht an diejenige Person empfehlen, die ihn mit der Informationsrecherche beauftragt hat. Eine Sekretärin, die sich von einem Verkäufer nicht ernst genommen fühlt („das ist ja nur die Sekretärin"), wird ihm mit Vergnügen jedes Mal einen anderen Grund auftischen, warum ihr Chef nicht zu sprechen ist.

Aber nun mal ganz praktisch. So könnte ein typischer Ablauf und das Zusammenspiel der einzelnen Rollen sein: Der Geschäftsführer stellt fest, dass sein Unternehmen Unterstützung durch eine IT-Beratung benötigt (Rolle Initiator) und weist seine Sekretärin (Informant) an, sich zu informieren, welche Anbieter infrage kommen könnten. Sie hält Rücksprache mit den verantwortlichen IT-Anwendern (Verwender und Einflussnehmer) im Unternehmen und nimmt daraufhin Kontakt zu einigen IT-Beratungshäusern auf. Diese kommunizieren mit der Sekretärin, aber noch lange nicht mit Einflussnehmern oder dem Entscheidungsträger. Der Geschäftsführer wählt unter den Beratern, die ihm seine Sekretärin vorgeschlagen hat, drei aus und lässt diese einladen. Zusammen mit den Verwendern und Einflussnehmern lässt er die Anbieter präsentieren und wählt dann auf Anraten seiner IT-Profis den richtigen Anbieter eigenverantwortlich aus.

Der externe IT-Berater hat erst einmal Kontakt zur Sekretärin und muss diese überzeugen, um überhaupt auf die Liste der potenziellen Anbieter zu gelangen. Daraufhin hat er die Hürde zu nehmen, eingeladen zu werden und – gegebenenfalls basierend auf den dürftigen Auskünften der Sekretärin (die mit den fachlichen Fragen meist nicht vertraut ist) – eine gelungene Selbstdarstellung abzugeben. Nun folgen Fragen der IT-Spezialisten des Unternehmens, die der IT-Berater überzeugend beantworten sollte. Die internen IT-Spezialisten geben eine Empfehlung an den Geschäftsführer ab, an die er sich aber noch lange nicht uneingeschränkt halten muss. Also, wen muss der IT-Berater nun überzeugen? Die Antwort ist leider: jeden auf seine Art und Weise. Und das macht den Sachverhalt schon ziemlich komplex.

Oder als Bildungsträger für Mitarbeiterkurse: Wer ist zu überzeugen? Der Mitarbeiter (der zum Kurs geht) oder der Chef (der sendet und bezahlt). Womöglich möchte der Mitarbeiter den Kurs besuchen, der Chef aber gibt keine Erlaubnis. Oder der Chef fände es gut, der Mitarbeiter ist aber anderer Meinung. Wen spricht der Bildungsträger an? Mitarbeiter oder Vorgesetzten? Und wer erhält welche Informationen?

Wenn wir uns die Mühe machen wollen, das Konstrukt des Buying Centers sogar noch zu erweitern, dann wird es richtig spannend. Ein Campingplatz oder ein Erlebnispark hat nicht nur seine Kunden direkt anzusprechen, sondern hat sich auch um die Aufnahme in Reisekataloge, die Integration in Touren und die Nennung durch Reisemittler (Reisebüros) zu kümmern. Allein die Platzierung des Angebots bei allen relevanten Zielgruppen und Mittlern kann somit ein durchaus recht komplexer Vorgang sein. Und jeder von ihnen benötigt speziell ausgearbeitete Unterlagen und Informationen.

Als ich mich intensiver mit dem Thema des Buying Center beschäftigte, wurde mir schnell klar, dass die Art der Kommunikation mit den einzelnen Rollen aus dem Buying Center über Erfolg oder Misserfolg entscheiden kann. Denn was nützt eine mündlich zugesicherte Garantie an den Informanten, wenn im Zweifelsfall weder der Entscheidungsträger noch der Einkäufer von mündlichen Absprachen erfährt, die entscheidungsrelevant sein können?

Bereiten Sie entscheidungsrelevante Informationen auf

An Kaufentscheidungsprozessen für Dienstleistungen sind in Unternehmen in der Regel drei oder mehr Rollen beteiligt. Mindestens also auch drei Personen, die die Entscheidung maßgeblich beeinflussen. Je nach Rolle wählen diese Personen einen anderen Entscheidungsansatz aus und legen unterschiedliche Maßstäbe an einen Anbieter und ein Angebot fest. Jede Rolle für sich durchläuft einen Kaufentscheidungsprozess mit unterschiedlichen Unsicherheitsfaktoren. Was für den Anwender eine perfekte Software sein kann, ist für den Einkäufer schlichtweg zu teuer.

Beim Einflussnehmer müssen Sie nun andere Überzeugungsarbeit leisten als beim Einkäufer. Für einen Einkäufer sind mehr die Zahlungskonditionen relevant, und der Einflussnehmer muss durch eine hohe Leistungskompetenz überzeugt werden. Der tatsächliche Entscheider mag anders als die Person, die Informationen beschafft, in Sachen Leseverhalten vorgehen. Viele Marketingmenschen leben und arbeiten mit dem Internet und sind es gewohnt, Informationen digital zu erhalten. Ein Angebot in Mailform ist für sie ebenso gut wie per Post verschickte Unterlagen. Praktisch, denken Sie sich vielleicht, und machen es sich so einfach wie möglich. Und wundern sich dann manches Mal, wenn sich der Geschäftsführer doch für einen anderen Dienstleister entscheidet. Wie kommt's?

Entscheider in höheren Führungsebenen gehen gerne auf Nummer sicher und schließen Risiko gerne aus. Und oftmals erachten sie nur ein original unterschriebenes Schreiben als feste Aussage. Schon ein Fax ist für sie manches Mal zu unprofessionell und inoffiziell. E-Mail oder Fax werden als Surrogat für Unbeständigkeit angesehen – es ist eben nichts Definitives, es könnte „gefälscht" sein oder später nicht als Original und deswegen als stichfester Beweis angesehen werden. Unfug, mag der eine oder andere von Ihnen denken. Im Prinzip zu Recht, ich sehe das ähnlich. Aber wenn interessiert schon, wie Sie oder ich das in diesem Fall sehen? Auf den Entscheider kommt es letztlich an. Wenn für ihn – wie für viele Behörden auch – ein Original statt Fax oder E-Mail nötig ist, um Sicherheit zu haben, dann soll er es erhalten. Es erscheint als Surrogat für ordentliche Arbeit.

Stellen Sie sich einfach darauf ein, und senden Sie möglichst alle Informationen und vor allem Angebote in schriftlicher Form per Post oder Boten. Im Zweifelsfall liest der Entscheider vor seiner Entscheidung auch nicht mehr Ihre Mails und begutachtet Ihre Website – nur was schriftlich vorliegt, hat seine Aussagekraft und Wirkung.

Und, wie schon angedeutet, die Kommunikation mit einer Rolle bzw. Person ist noch lange keine Garantie, dass die Information auch die Runde macht. Was nützt es, wenn Sie dem Praktikanten (der in diesem Fall für die Angebotserhebung zuständig ist) vollends überzeugt haben, aber der seine Begeisterung für Ihr Unternehmen nicht weitergeben kann und wichtige Argumente, die für Ihre Leistung sprechen, unter den Tisch fallen?

Die Erfahrung lehrt, dass alle Informationen grundsätzlich schriftlich zu verfassen sind. Denn diese Unterlagen liegen in der Regel dann auch den anderen Personen in Kopie vor – das gehört bei den meisten Unternehmen zu einer guten Aufbereitung. Das Mündliche geht jedoch leider verloren und ist somit wirkungslos. Machen Sie sich die Mühe und reichen Sie alle Informationen in Schriftform ein – auch wenn es nur als Bestätigung und Fixierung des „soeben geführten Telefonats" gilt. Das macht für den Kunden einen guten Eindruck, und Sie haben eine höhere Sicherheit, dass die gewünschten und auch entscheidenden Informationen tatsächlich ihren eigentlichen Empfänger, nämlich den Entscheider, erreichen und seine Entscheidung in Ihrem Sinne beeinflussen können.

Gewinnen Sie Kunden mit flexiblen Zahlungsmöglichkeiten

Gewinnen Sie Kunden, bei denen die Investition doch höher wird als erwartet, oder Kunden ohne ausreichende Liquidität und solche, die ihre behalten wollen, mit flexiblen Zahlungsmöglichkeiten. „Ich bin doch keine Bank", mag Ihnen hierbei sofort einfallen – aber wieso eigentlich nicht? Was bei der Investitionsgüterindustrie für große Maschinen gilt, kann doch auch für Dienstleistungsunternehmen nicht schädlich sein. Erleichtern Sie Ihren Kunden die Möglichkeit, Ihre Leistung bei Ihnen einzukaufen.

Wenn Unternehmen ihren Kunden Rabatte einräumen, entsteht leicht ein fader Beigeschmack beim Abnehmer hinsichtlich des vorherigen Angebots, und es kann Ihnen den Markt verbrennen. Einmal gesenkte oder rabattierte Preise können Sie zu einem späteren Zeitpunkt kaum noch anheben, und auch bei Folgeaufträgen wird eine Preisreduzierung quasi schon vorausgesetzt. Umgehen Sie solche Diskussionen, indem Sie statt einer Rabattierung flexiblere Zahlungsmöglichkeiten anbieten. Somit erhält der Kunde die gewünschte Flexibilität (zwar nicht in der Höhe des Preises, aber hinsichtlich des Zahlungsziels), und Ihr Unternehmen erhält die gewünschten Einnahmen ohne Abstriche (abgesehen vielleicht vom üblichen Skonto bei Schnellzahlern).

Über das **Leasing** können beispielsweise umfangreiche individuelle Programmierungen (Warenwirtschaft, Website mit Redaktionssystem etc.) bezahlt werden. Schon seit Jahren bezieht sich das Leasing nicht mehr nur auf Fahrzeuge und Maschinen. Für den Dienstleister bietet Leasing die schönste Form, seinen Kunden Zahlungsflexibilität zu gewähren. Denn der Dienstleister erhält vom Leasingunternehmen den vollen Rechnungsbetrag innerhalb weniger Tage nach Rechnungsstellung überwiesen. Der Kunde geht einen Vertrag mit der Leasinggesellschaft ein, und durch monatliche Leasingraten an die Leasinggesellschaft sichert er seine Liquidität.

Die weitaus üblichere Form der flexiblen Zahlungsweise ist die Zahlung in **Raten**. Die Spanne reicht hier von wenigen Raten in der Form von Anzahlung und Restbegleichung bis hin zu vielen monatlichen Raten über einige Jahre. Vor allem für kleinere Unternehmen ist es sympathischer, eine monatlich Rate in Höhe von 500 Euro zu bezahlen als auf einen Schlag mehrere tausend Euro. Wenn es Ihre Liquidität erlaubt, sollten Sie solche Zahlungsmöglichkeiten mit anbieten. Vor allem wenn der Preis Ihrer Leistung sonst dazu führen würde, dass der Interessent das Angebot nicht annehmen kann. Durch eine Ratenzahlung wird es eher möglich sein.

Darüber hinaus möchten viele Unternehmen, Kommunen und öffentliche Institutionen gerne Verträge mit fest definierten Kosten, um sie besser budgetieren zu können. Eine Berechnung „nach Aufwand" können viele Betriebe nicht fest kalkulieren, lieber schließen sie einen Jahresvertrag mit beispielsweise dem Reinigungsbetrieb ab, der für den Kunden zwar rein kalkulatorisch schlechter ist als die Abrechnung nach tatsächlicher Leistung, aber eben besser plan- und budgetierbar.

Eine vollständig **spätere Zahlung (Stundung)** ist für Unternehmen, Kommunen und Behörden ideal, die ihr Budget schon verplant haben. Nicht selten können Aufträge in einem Jahr abgewickelt werden (und auf Seiten des Dienstleistungsunternehmens vielleicht dadurch eine Auslastungslücke schließen), die allerdings erst zu einem späteren Zeitpunkt (meist im nächsten Wirtschaftsjahr) berechnet und bezahlt werden können. Dieses Instrument können Sie einsetzen, wenn Sie sichergehen wollen, dass der Auftrag gar nicht mehr oder anderweitig vergeben wird oder Sie aufgrund der Auslastung den Auftrag gerade jetzt platzieren wollen.

Wie sieht die Preisgestaltung bei diesen Angeboten aus? Das hängt stark davon ab, welches Ziel Sie damit verfolgen. In der Regel sind die genannten Methoden als Instrumente zur Kundengewinnung und -bindung gedacht und dabei steht weniger die Möglichkeit einer zusätzlichen Einnahme durch Zinsen im Vordergrund. Liegt seitens des Unternehmens eine ausreichende Liquidität vor bzw. kann auf eine umgehende Zahlung verzichtet werden, spricht einer zinslosen Stundung der Zahlungen nichts im Wege.

Unter Umständen ist es sinnvoll, sich längere Zahlungsstundungen über eine **Bankbürgschaft** abzusichern. Das gibt die nötige Gelassenheit und Sicherheit, im schlimmsten Fall doch noch an sein Geld zu kommen. Wenn Dienstleister ihren Kunden soweit entgegen kommen und die Zahlungsfrist erheblich ausweiten, sollte es für den Kunden kein Problem darstellen, eine Bankbürgschaft zu bringen. Möchte das der Kunde nicht oder weigert sich gar die Bank, sollten Sie selbst davon Abstand nehmen.

Unternehmensphilosophie – Luxus oder Notwendigkeit?

Die Firma AVIS Autovermietung, die unter dem Slogan „We try harder" kommuniziert, hat sich folgende Grundsätze im Umgang mit Kunden gegeben:

- Unsere Kunden sind für uns die wichtigsten Personen, keine Außenstehenden, sondern Teil unseres Geschäfts.
- Unsere Kunden hängen nicht von uns ab. Wir hängen von ihnen ab.
- Unsere Kunden stören nicht bei unserer Arbeit, sie sind der Inhalt unserer Arbeit. Wir erweisen ihnen keinen Gefallen, indem wir sie bedienen. Sie geben uns die Gelegenheit, sie bedienen zu dürfen.
- Unsere Kunden sind keine EDV-gespeicherten Größen. Sie sind menschliche Wesen aus Fleisch und Blut mit Meinungen und Gefühlen wie wir selbst.
- Mit unseren Kunden streiten wir nicht. Niemand hat jemals einen Streit mit einem Kunden gewonnen.
- Unsere Kunden kommen mit ihren Wünschen und Bedürfnissen zu uns. Es ist unsere Aufgabe, diese Wünsche zu erfüllen, zum Nutzen unserer Kunden und zum Nutzen unseres Unternehmens und zu unserer eigenen beruflichen Zufriedenheit.

Eine Unternehmensphilosophie gibt einem Unternehmen und seinen Mitarbeitern den Rahmen seines Handelns trotz Umbrüchen und Veränderungen vor. Wechselnde Mitarbeiter oder Führungskräfte, geänderte Rahmenbedingungen, neue Leistungsangebote und vieles mehr bringen Turbulenzen in den Betriebsalltag. Aber die Unternehmensphilosophie bildet die unverrückbare Basis, an der sich auch neue Mitarbeiter hervorragend orientieren können. Und Kunden – sofern sie die Philosophie kennen – empfinden Sicherheit auf dem Fundament der definierten Grundregeln, die wie ein Gesetz für das Unternehmen gelten. Alle Unternehmungen und Aktivitäten, alle Mitarbeiterinnen und Mitarbeiter, ob Geschäftsführung oder Kundenkontaktpersonal eines Unternehmens, müssen sich am Leitbild messen lassen. Eine ausführliche Unternehmensphilosophie vereint die drei Komponenten Gesellschaftsbild (Position des Unternehmens zur Gesellschaft und Politik), Leitbild (Position des Unternehmens zum Wettbewerb) und Menschenbild. Die Unternehmensphilosophie beeinflusst daher maßgeblich die soziale Verantwortung des Betriebes, die Strategien und die Ziele des Unternehmens sowie den Führungsstil und die Führungsgrundsätze im Betrieb. Vor allem Dienstleistungsunternehmen benötigen eine klare Komponente, die die Stellung des Unternehmens und der Mitarbeiter in Bezug auf den Kunden regelt.

Die Deutsche Lufthansa AG hat sich beim Geschäftsfeld „Passage" folgende Mission gegeben und stellt sicher, dass ihre Mitarbeiter diese gut kennen:

- Wir sind ein Dienstleistungsunternehmen. Unsere Arbeit bezahlt der Kunde. Ihm dienen wir, für ihn leisten wir.
- Wir sind Lufthansa: Jeder von uns, jeden Tag, jederzeit, überall.

- Kundennutzen ist unser Produkt. Vor, während und nach der Reise setzen wir Maßstäbe in Qualität für unsere Kunden.
- Wir wollen Wettbewerb. Um im Wettbewerb vorn zu sein, müssen wir kostengünstiger sein als die anderen. Und besser.
- Wir hören zu und lernen von unseren Kunden, von unseren Partnern, von unseren Kolleginnen und Kollegen.
- Wir sind ein Team, helfen den anderen und vertrauen einander.
- Wir werden als Deutsche Lufthansa in den Märkten der Welt erfolgreich sein.
- Wir verstehen als Erfolg: Nutzen für unsere Kunden, Rendite für unsere Eigentümer und Perspektive für jeden von uns.

Kunden merken schnell, wenn ein Leitbild lediglich an der Wand eines Unternehmens hängt und sich niemand daran hält. Es ist halt schick, eine Unternehmensphilosophie zu haben. Wer sich aber nicht daran hält und das nicht lebt, muss sich nicht wundern, wenn Kunden enttäuscht sind. Denn: Die Erwartungshaltung des Kunden steigt bei großspurig geäußerten Zusagen auch in Form einer Unternehmensphilosophie. Wenn Sie zu viel versprechen und es nicht halten können, dann produzieren Sie enttäuschte Kunden. Sie wissen ja: Die Kundenzufriedenheit ist das Resultat aus erwarteter und gelieferter Leistung.

Fairness zahlt sich aus

Als Marketingberater bin ich oft längere Zeit direkt in Unternehmen vor Ort tätig und bekomme Einblick in die verschiedensten Prozesse, naturgemäß überwiegend im Bereich Marketing und Vertrieb. Gewisse – so dachte ich zumindest – selbstverständliche Verhaltensgrundregeln sind allerdings nicht immer an der Tagesordnung. Da verspricht der Vertrieb Dinge, die anschließend so nie umgesetzt werden können. Der Kunde muss Abstriche hinnehmen, aber das akzeptieren einige Unternehmen als nötige Verkaufsmaßnahme – Hauptsache, der Kunde wurde gewonnen und die Zahlen des Vertriebs stimmen. Zwar mit falschen Versprechen, aber das wird man „schon irgendwie hinbiegen".

Meine persönliche Meinung: Mittel- und Langfristig geht das nicht gut. Für wie unterbelichtet halten Unternehmen und Verantwortliche ihre Kunden? Selbst wenn Kunden die Lösung akzeptieren, ein fader Beigeschmack aber bleibt. Und irgendwann benötigt der Kunde wieder einen Dienstleister und wird sich dann entsprechend vorsichtiger verhalten und einen Bogen um seinen früheren Lieferanten machen.

„Ehrlich währt am längsten" sagt ein altes Sprichwort – und es hat nichts von seiner Bedeutung verloren. Wer mit einem gesunden Maß an Menschenkenntnis ausgestattet ist, erkennt ohnehin, wenn sein Gegenüber nicht aufrichtig ist. Je offener, ehrlicher und authentischer ein Unternehmen sich auch nach außen präsentiert, desto angenehmer ist dies für die betroffenen Mitarbeiter. Ich habe in einem Unternehmen die Erfahrung gemacht, dass Mitarbeiter extrem darunter gelitten haben, wenn Kunden mit falschen Versprechungen vom Vertrieb des Unternehmens gelockt wurden. Dabei stellt die mehr oder weniger starke Konfrontation mit dem Kunden nur einen Teil des Problems dar, die psychische Belastung für den Mitarbeiter im Allgemeinen ist wesentlich gravierender. Denn wer möchte schon gerne in einem Unternehmen arbeiten, das unaufrichtig ist?

Was gehört praktisch noch mit dazu? Zu einer ehrlichen und aufrichtigen Kommunikation gehört das Eingestehen von Fehlern. Wir alle mögen doch die aalglatten und profillosen Unternehmen nicht, die in Selbstbeweihräucherung dahinstolzieren. Alle machen Fehler, und wer dazu steht und nicht versucht zu vertuschen, wirkt aufrichtiger. Und Sie wissen ja bereits: Vertrauen bauen wir üblicherweise nur zu Personen und den Unternehmen auf, die uns sympathisch sind. Wenn Sie einen Termin vergessen haben, schieben Sie es nicht auf jemand anderen, sondern bleiben Sie ehrlich. Wenn ich Personen sehe, die gegenüber anderen nicht aufrichtig sind, woher soll ich die Sicherheit nehmen, dass sie es mir gegenüber sind? Wenn Personen über andere schlecht reden, muss ich davon ausgehen, dass sie auch hinter meinem Rücken lästern? Wie auch immer Sie es drehen und wenden: Machen Sie sich als Person unangreifbar, und sorgen Sie dafür, dass man Ihnen keine Vorwürfe machen kann. Das ist Ihr bester Schutz und hält auf Dauer.

Fairness ist vor allem auch Ehrlichkeit. Wer als Bankinstitut mehrere Kontenmodelle im Angebot hat, bietet dem Kunden das für ihn günstigste Paket an und macht sich nicht die Unwissenheit des Kunden zu Nutze. Die österreichische „Erste Bank" hält in ihren Grundsätzen fest: „Unser Verhalten ist durch Verlässlichkeit, Fairness, Ehrlichkeit und gegenseitige Wertschätzung geprägt."

Kommt der Kunde irgendwann darauf, dass er aufgrund der aus seiner Sicht schlechten Beratung nicht das Optimum erhalten hat, ist das Vertrauensverhältnis nachhaltig gestört. Er fühlt sich schlichtweg „über den Tisch gezogen" und „ausgeraubt". Wie möchten Sie behandelt werden, wenn Sie Kunde Ihres Unternehmens wären? Behandeln Sie jeden Kunden so, als wenn es der Prüfer von „Wiso" oder „Stiftung Warentest" wäre.

Eine faire und ehrliche Beratung ist Grundvoraussetzung für eine oft angepriesene Partnerschaft. „Ihr Partner für …" wird gern als Slogan verwendet, aber nur wenige Unternehmen verstehen nicht nur die rein technische Leistungsfähigkeit dahinter, sondern eben auch entsprechende Umgangsformen, die von gegenseitiger Wertschätzung, Fairness und Ehrlichkeit geprägt sind. Wenn Personen diese Einschätzung von Ihnen und Ihren Mitarbeitern erhalten, dann sind sie bereit, eine echte und loyale Partnerschaft mit Ihrem Unternehmen einzugehen.

Quintessenz

- Den Entscheidungsprozess gewinnen Sie auch durch
  - Kennenlernen der Entscheider bzw. des Buying-Centers,
  - individuelle Aufbereitung der Informationen,
  - flexible Zahlungsmodelle,
  - eine überzeugende Unternehmensphilosophie,
  - Ehrlichkeit und Fairness.

Checkliste

	Ja	To-Do
Sie bereiten Ihre Informationen für die verschiedenen Rollen des „Buying Center" individuell auf.		
Alle Informationen werden grundsätzlich auch schriftlich übersandt.		
Sie bieten Ihren Kunden diverse Zahlungsmöglichkeiten an: ■ Leasing ■ Ratenzahlung ■ spätere Zahlung (Stundung)		
Ihre Unternehmensphilosophie ist definiert.		
Die Unternehmensphilosophie ist allen Mitarbeitern bestens bekannt.		

Checkliste (Fortsetzung)

	Ja	To-Do
Alle Tätigkeiten werden am Maßstab der Unternehmensphilosophie gemessen.		
Sie bieten Ihrem Kunden stets die für ihn bestmögliche Lösung an.		

Ihr Fazit

Was haben Sie in diesem Kapitel gelernt, was soll in Ihrem Unternehmen umgesetzt werden? Tragen Sie es gleich hier ein, damit Sie nichts vergessen:

8. Mühsam ernährt sich das Eichhörnchen – der Erstellungsprozess

In diesem Kapitel erfahren Sie,

- worauf beim Prozess der Leistungserstellung zu achten ist,
- dass es unterschiedliche Wahrnehmungen gibt,
- warum Qualität Kommunikation voraussetzt,
- dass Mittelmäßigkeit nicht reicht,
- dass Ihr Kunde kein Versprechen vergisst,
- dass zwischen Anspruch und Wirklichkeit eine Lücke sein kann,
- warum es klug ist, Kunden nach Erwartungen zu fragen,
- dass Sie Ihre Kunden integrieren sollten,
- warum der Kunde gern selbst Hand anlegt.

Der Vertrieb hat seine Schuldigkeit getan, und Sie haben einen neuen Kunden gewonnen. Nun geht es an die Umsetzung – die Erfüllung der Kundenwünsche. Und hier beweist sich ein Dienstleistungsunternehmen, das nicht nur im Vertrieb, sondern auch in der „Produktion" stark ist. Denn auch Sie sind schon einmal Opfer von falschen Werbeversprechen geworden. Die Werbung für das neue Spaßbad war gigantisch, aber schon die Parkplatzsituation vor Ort und dann noch der mürrische Mensch an der Kasse haben Ihnen den Spaß am Bad gründlich verdorben. Oder die vollmundigen Versprechen eines Bankhauses erweisen sich vor Ort als doch nicht so herausragend – in der Werbung wurde die Einschränkung schlichtweg „vergessen". Je stärker die Erwartungshaltung in die Höhe gepusht wurde, desto mehr gilt es nun, den Beweis dafür anzutreten.

Aber selbst ein Unternehmen, das sich die Erfüllung von Kundenbedürfnissen auf die Fahne geschrieben hat, trifft nicht immer den Geschmack der Kunden. Grund ist die verschiedenartige Wahrnehmung der am Leistungsprozess beteiligten Gruppen. Selbst die Gruppe der Kunden ist ja nicht über einen Kamm zu scheren – die Erwartungshaltung an eine „Hotelleistung" kann bei verschiedenen Kundengruppen (Geschäftsreisende, Singles, Familien) und Begebenheiten (Hotelaufenthalt einmal als Geschäftsreisender und im selben Hotel einmal als Familie) nicht unterschiedlicher sein. Eine vergleichbare Leistung wird also zu unterschiedlichen Zeitpunkten auch noch unterschiedlich bewertet.

Anspruch und Wirklichkeit

In Kapitel 5 haben wir uns mit der Erwartungshaltung der Kunden beschäftigt. Sie setzt sich ja bekanntlich aus verschiedenen Einflüssen zusammen. Und da Kunden keine Roboter und dadurch standardisiert sind, wird jeder Kunde mit anderen Erwartungshaltungen an den Leistungserstellungsprozess herangehen.

So verwundert es nicht, dass während des Erstellungsprozesses der Dienstleistung eine Vielzahl von Diskrepanzen (oder Lücken, engl. „gap") zwischen Kunden und Dienstleister auftreten können. Das soll auf keinen Fall so bleiben und muss deswegen analysiert werden – je eher und intensiver, desto besser. Das so genannte GAP-Modell der Dienstleistungsqualität bildet diese Unterschiede zwischen der Kundenerwartung auf der einen Seite und der Leistungserbringung des Unternehmens auf der anderen Seite ab. Die Dienstleistungsqualität ist, wie Sie bereits wissen, dabei die Differenz zwischen Kundenerwartung und -wahrnehmung einer Dienstleistung. Dabei ist zu beachten, dass es hier stets um eine subjektive Erwartung und eine subjektive Wahrnehmung des Kunden geht. Wir halten an dieser Stelle deswegen fest:

- Für die Qualitätsbeurteilung ist nicht nur das Ergebnis, sondern in hohem Maße auch der Leistungserstellungsprozess von Belang.
- Für die Beurteilung der Dienstleistungsqualität ist ausschließlich die Kundenperspektive relevant.

Die Bedienung der Kunden lässt sich demnach nur denkbar schlecht standardisieren – jeder Kunde bringt seine eigene Erwartungshaltung mit und muss entsprechend individuell behandelt werden. Nur dann stimmt auch die Wahrnehmung. Zwar werden wir auf den folgenden Seiten die einzelnen Prozessschritte auseinander nehmen und analysieren, wo Diskrepanzen auftreten können, dürfen dabei aber nicht aus den Augen verlieren, dass der Kunde eine Gesamtwahrnehmung besitzt. Er wird in der Regel nicht unterscheiden, wo im Detail ein Fehler aufgetreten ist. Die Zerlegung des Prozesses hilft Ihnen als Dienstleistungsunternehmen allerdings, die Gründe für ein mögliches Leistungsversagen zu finden.

Anspruch und Wirklichkeit

Lücke 5

Erwartete Leistung
↕
Wahrgenommene Leistung

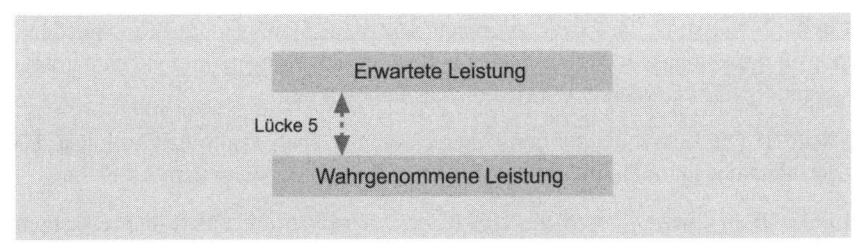

Lücke 5 der GAP-Analyse: die Diskrepanz zwischen erwarteter und wahrgenommener Leistung

Die gesamte Diskrepanz, nachfolgend Lücke 5 genannt, zwischen erwarteter und wahrgenommener Dienstleistung ist die Summe aus vier einzelnen Lücken bzw. Differenzen, die die Fehlerquellen auf dem Weg zu einer guten Servicequalität darstellen.

Die nachfolgende Abbildung veranschaulicht die einzelnen Lücken innerhalb des Leistungserstellungsprozesses (also in der Kontaktphase):

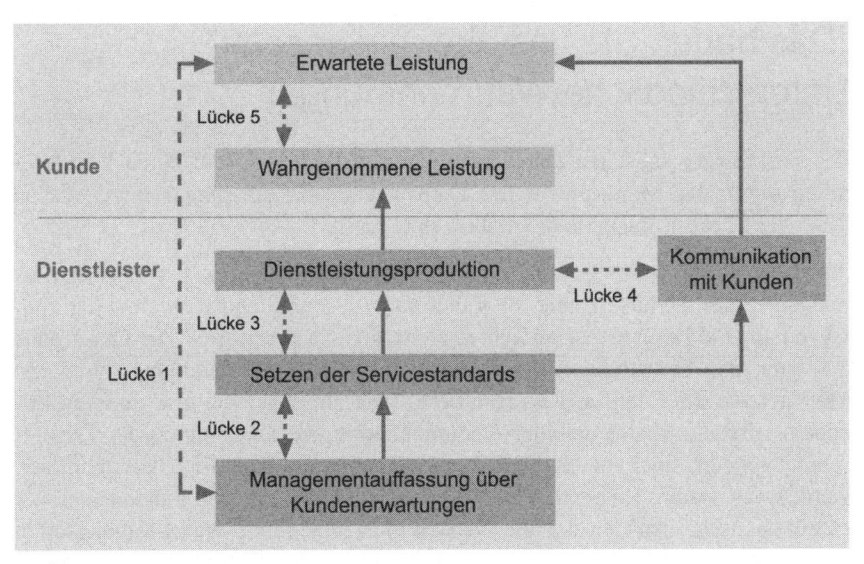

Die Übersicht der vollständigen GAP-Analyse mit den Lücken 1 bis 5

Lücke 1: Diese Lücke ist die Diskrepanz zwischen der Erwartungshaltung der Kunden und die Wahrnehmung der Erwartung durch die Verantwortlichen des Dienstleistungsunternehmens.

Lücke 2: Sie stellt die Lücke zwischen dem vom Management des Dienstleistungsunternehmens wahrgenommenen Kundenerwartungen und deren Umsetzung in Spezifikationen der Dienstleistungsqualität dar.

Lücke 3: Die Lücke 3 stellt den Unterschied zwischen den Spezifikationen der Dienstleistungsqualität und der tatsächlich erstellten Leistung dar.

Lücke 4: In Lücke 4 wird die Diskrepanz zwischen der tatsächlich erstellten Leistung und der vorher in der Kommunikation mit dem Kunden vermittelten sichtbar.

Um Diskrepanzen zukünftig zu vermeiden und so die Kundenzufriedenheit während der Leistungserstellung nachhaltig zu erhöhen, müssen Sie die einzelnen Lücken etwas detaillierter betrachten. Wenn es Ihnen dann gelingt, diese vier Lücken zu minimieren, wird automatisch die Lücke zwischen der erwarteten und der real erlebten Dienstleistung durch den Kunden kleiner. Dadurch steigt automatisch die Kundenzufriedenheit in Ihrem Unternehmen.

„Das haben Sie uns aber nie gesagt!" – Unterschiedliche Wahrnehmungen

Die Diskrepanz zwischen den Erwartungen des Kunden und deren Wahrnehmung durch das Management des Dienstleistungsunternehmens bildet die so genannte Lücke 1, die erste mögliche Fehlerquelle.

Als Dienstleister sind Sie der Meinung, ein hervorragendes Ergebnis erwirkt und abgeliefert zu haben, aber ihr Kunde sieht das möglicherweise leider grundlegend anders. Denn er hat schlichtweg etwas anderes erwartet. Die Diskrepanz zwischen den Erwartungen des Kunden und deren Wahrnehmung durch das Management des Dienstleisters resultiert – wie übrigens auch die weiteren Lücken – oftmals aus mangelnder Kommunikation. Ja, nicht nur in der Partnerschaft, sondern auch in Geschäftsbeziehungen muss gründlich kommuniziert werden, um spätere Reibereien auszuschließen. Denn in beiden Fällen haben wir es mit Menschen zu tun, die alle für sich unterschiedliche Wahrnehmungsarten besitzen. Es gibt Menschen, denen man alles zwei- oder dreimal erklären muss, andere verstehen sofort, worauf man hinaus möchte.

Im Detail können vier Hauptursachen für diese Lücke ausgemacht werden:

- fehlende, unzureichende oder fehlerhafte Marktforschungsaktivitäten,
- fehlende, unzureichende oder fehlerhafte Kommunikation mit dem Kunden,

- fehlende, unzureichende oder fehlerhafte Information der Vorgesetzten,
- durch die Anzahl der Hierarchiestufen bedingte Informationsverluste.

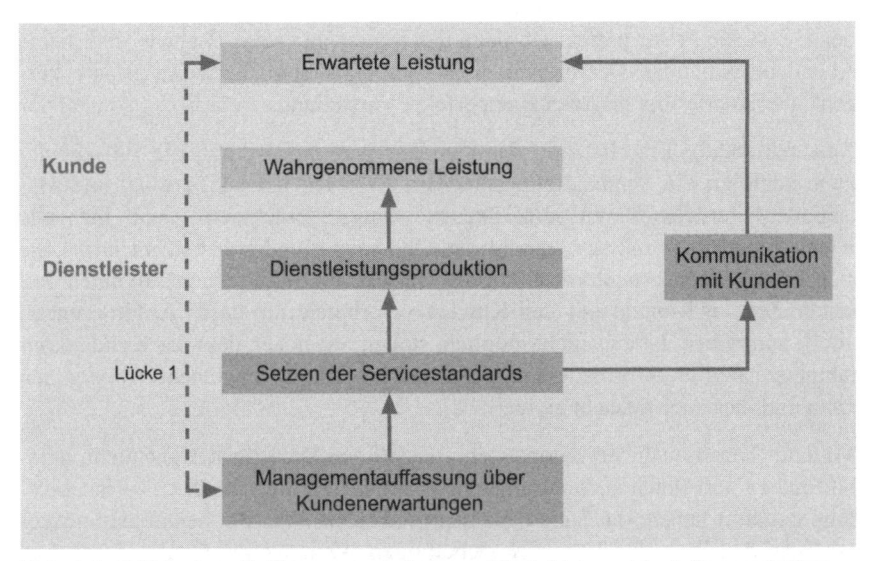

```
                    ┌──► Erwartete Leistung ◄────────────┐
                    │                                    │
    Kunde           │    Wahrgenommene Leistung          │
                    │           ▲                        │
────────────────────┼───────────┼────────────────────────┼──────
                    │           │                        │
    Dienstleister   │    Dienstleistungsproduktion    Kommunikation
                    │           ▲                     mit Kunden
                    │           │                        ▲
    Lücke 1         │    Setzen der Servicestandards ────┘
                    │           ▲
                    │           │
                    └──► Managementauffassung über
                         Kundenerwartungen
```

Lücke 1 der GAP-Analyse: die Diskrepanz zwischen erwarteter Leistung und der Auffassung darüber beim Management des Anbieters

Wer sich nicht mit dem Markt im Allgemeinen und dem Kunden im Speziellen befasst, kann gar nicht die Erwartungshaltungen der Kunden erfüllen. „Selbstverständlich", sagen jetzt die meisten von Ihnen. Aber wie kommt es dann, dass im Marketing vieler Unternehmen nach wie vor die Kunden zum Angebot gesucht werden und nicht anders herum, dass also das Angebot an die Bedürfnisse der Kunden angepasst wird? Wir setzen viel zu sehr voraus, dass unsere Leistung den Erwartungen der Kunden entspricht („ansonsten hätten sie uns ja nicht beauftragt"), als dass wir uns die Mühe machen, intensiv zu erforschen, ob es noch tatsächlich dem entspricht, was Kunden heute wollen. Erfahrungsgemäß tritt eine Kundenunzufriedenheit häufig dann auf, wenn etwas „wie immer", also wie stets zuvor erledigt wurde. Aber vielleicht wollte eben dieser Kunde es etwas anders.

Grundsätzlich müssen sich Dienstleistungsunternehmen vor Augen führen, dass die Leistungserbringung für das Unternehmen und seine Mitarbeiter reine „Routine" sein mag – für den Kunden aber ist es womöglich ein äußerst wichtiges Projekt. Wenn der Prozess „abgearbeitet" wird, mag es für den Dienstleister nicht die Top-Priorität darstellen. Die Spedition liefert „wie gewohnt", für den Nachfrager ist es von entscheidender Bedeutung, dass die Lieferung wie beauftragt bis 12 Uhr seinen Empfänger erreicht. Für den Friseur ist es der 15. Haarschnitt des Tages – reine Routine –, für den Kunden allerdings ist es entscheidend, dass die Frisur perfekt ist, denn das Rendevouz seines Lebens steht heute Abend im Kalender. Der Friseur denkt sich also möglicherweise „Haare kürzen", der Kunde aber erwartet eine perfekte Vorstellung.

Eine fehlerhafte Einschätzung der Kundenerwartungen durch die Entscheider kann auch auf ein Verständigungsproblem zwischen Kontaktpersonal und Management zurückzuführen sein. Dienstleistungsunternehmen – und hier alle Hierarchiestufen – müssen ständig das Ohr beim Kunden haben. Erinnern Sie sich an das Management von Sixt oder Disney? Es muss regelmäßig einen Teil seiner Zeit im Kontakt mit den Kunden verbringen, um deren Anforderungen „live" zu erleben. Ist dies nicht möglich, stellen Sie sicher, dass das Kundenkontaktpersonal alle Informationen ungefiltert an das Management weitergeben kann und dies auch tatsächlich tut.

Mitunter haben auch Sie schon erlebt, dass Ihnen Dienstleister gar nicht zugehört haben und Ihnen – vorausahnend wissend, was Sie wünschen – eine Leistung geliefert haben, die Sie so gar nicht haben wollten. Sie bekommen ausgearbeitete Angebote für Lebensversicherungen, Vermögensaufbau und sonstige Dinge, die Sie nie wollten. Der Berater hat Ihnen schlichtweg nicht zugehört und wusste im Vorfeld schon alles besser. Wem dient es letztlich? Der Berater bzw. sein Back-Office hat sich unnötig Arbeit gemacht, der Kunde ist verärgert, und zu einem Vertragsabschluss kommt es so ohnehin nicht.

Sie können Kunden nicht begeistern, wenn Sie nicht wissen, was diese erwarten und wünschen. Den meisten Ärger mit Kunden gibt es ja dann, wenn ganz konkrete Ansprüche nicht erfüllt wurden. Da wir es aber oft verpassen, unsere Kunden nach ihren konkreten Erwartungen zu fragen, können wir sie auch nicht erfüllen. Banken bestätigen oft ihr Image von unnahbaren und arroganten Dienstleistern, und für eine Reihe von ihnen trifft dies aus meiner Sicht auch zu. Umso überraschter war ich, als mich die Filialleiterin einer SEB-Bank gleich zu Beginn eines Beratungsgesprächs fragte, was ich denn von ihr und einer Bank erwartete. So sollte das eigentlich sein, aber nur selten fragen wir Kunden direkt. Fragen Sie Ihre Mandanten, was sie von einem Anwalt erwarten – denn der eine will schnell und kostengünstig Auskunft, der andere will umfassend beraten werden und weiß, dass guter Rat teuer ist. Die meisten der mir bekannten Mobilfunkteilnehmer wissen nicht, ob sie den richtigen Tarif haben. Sie fühlen sich nicht korrekt beraten und dadurch latent „über den Tisch gezogen". Undurchschaubare Tarifstrukturen sind ja bekanntlich gewollt – aber warum? Das Gefühl, betrogen zu werden, ist schon gar nicht so falsch. Kundenfreundlich aber wäre, übersichtliche und einfache Tarifmodelle anzubieten, dadurch Kunden zu begeistern und Kunden zu Stammkunden zu machen. Denn kaum irgendwo ist die Wechselbereitschaft so hoch wie im Mobilfunkmarkt – ein deutliches Indiz für unzufriedene Kunden. Kunden erwarten, ehrlich beraten zu werden und eine Leistung ohne Haken zu erwerben.

Stimmen bei Ihnen die Erwartungen der Kunden und Ihre Wahrnehmung überein? Welche Maßnahmen ergreifen Sie bereits, um Kundenerwartungen abzufragen? Was können Sie unternehmen, um diese Lücke weiter zu schließen?

Qualität setzt (interne) Kommunikation voraus

Als Lücke 2 ist die Diskrepanz zwischen den vom Management des Dienstleistungsunternehmens wahrgenommenen Kundenerwartungen und deren Umsetzung in Spezifikationen der Dienstleistungsqualität zu verstehen.

Wenn wir den vielfältigen Versprechen der Verkäufer Vertrauen schenken dürften, müssten alle Dienstleister hoch zufriedene Kunden haben. Aber Sie und ich wissen, dass wir nicht immer glücklich mit der Servicequalität der Dienstleister sind, die sich an uns versuchen. Offensichtlich herrscht zwischen Versprechen oder auch Wunsch von Unternehmensleitung und Verkäufer und der tatsächlichen Leistungsqualität eine beträchtliche Lücke. Und vermutlich gibt es sie auch in jedem Unternehmen – manchmal etwas größer, manchmal etwas kleiner.

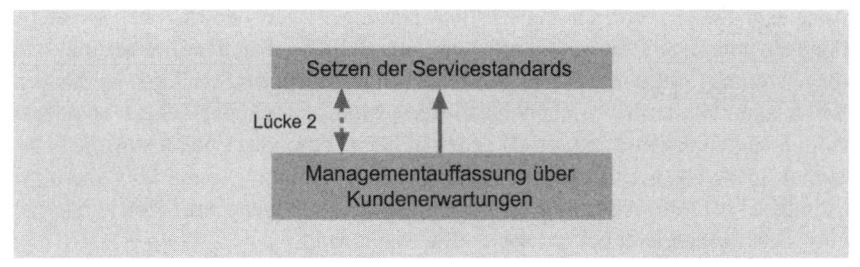

Lücke 2 der GAP-Analyse: die Diskrepanz zwischen der Auffassung des Unternehmensmanagements und dem Setzen der Servicestandards

Ist es plumpe Propaganda oder bewusstes Kalkül? Nein, es ist schwieriger zu lokalisieren. Die Qualitätslücke entsteht zwischen der Unternehmensleitung und den ausführenden Mitarbeitern. Hochgesteckte Ziele und Kundenorientierung im Detail sind leicht plan- und kommunizierbar. Aber jemand muss es umsetzen, jemand muss es leben. Es trifft die Mitarbeiter an der „Front" – sie müssen leben, was sich ein Unternehmen hinsichtlich Servicequalität auf die Fahne geschrieben hat und dürfen auch bei großen Herausforderungen nicht einknicken und versagen.

Wie lässt sich das Problem lösen? Meines Erachtens gibt es zwei Hauptgründe für diese Lücke:

- ungenügende Strukturen, Prozesse, Standards und Normen,
- ungenügendes Service-Design.

Strukturen, Prozesse, Standards und Normen der Servicequalität sind in der Regel schlichtweg nicht oder nur sehr ungenügend definiert. Nur die wenigsten Unternehmen machen sich die Mühe, kundenorientierte Standards festzulegen. Und wenn, dann sind sie – ja, auch das kommt vor – der Einfachheit halber von anderen Unternehmen übernommen und kurz überarbeitet oder vom Management quasi als Verwaltungsakt dem Unternehmen verliehen worden. Wenn Sie allerdings erwarten, dass Mitarbeiter sich nach definierten Prozessen verhalten und vielmehr noch bestimmte Normen zu ihren ganz eigenen Normen machen und danach handeln, dann bleibt kein anderer Weg übrig, als von Anfang an diese auch von den Mitarbeitern erarbeiten zu lassen. Viele Geschäftsführer und Marketingleiter wissen von der Notwendigkeit, Standards für die tatsächliche Servicequalität aufzustellen. Allerdings wissen sie auch, dass man diese den Mitarbeitern schlecht „überstülpen" kann – wollen aber auch das Risiko nicht eingehen, die Mitarbeiter selbst die Standards definieren zu lassen.

An dieser Stelle kann ich Sie wirklich beruhigen: Mit der richtigen Strategie (machen Sie zuerst einen Workshop zum Thema Kundenorientierung und -begeisterung) werden Mitarbeiter immer überzeugende Standards in Sachen Servicequalität setzen. In der Regel stellen Mitarbeiter sogar höhere Standards auf, als die Geschäftsleitung dies gemacht hätte. Zumindest bei den Workshops, die ich in diversen Unternehmen geleitet habe, war ich erstaunt über die hohe Messlatte, die Mitarbeiter an sich selbst anlegen wollten. Nur eben vom Management aufgedrückt bekommen wollte es niemand.

Sind Standards und Normen gesetzt, kann es am ungenügenden **Service-Design** liegen, dass die Vorstellungen der Unternehmensführung und die tatsächlich erbrachte Leistungsqualität auseinander klaffen. Das Ziel ist nun klar, aber wo ist der Weg? Wie im Detail soll nun etwas gemacht werden? Als Norm wurde festgelegt, dass alle Beschwerden innerhalb eines Werktags bearbeitet werden und der Kunde ein Feedback erhält. Das ist gut, aber wie soll das geschehen?

Der Prozess an sich muss Schritt für Schritt festgelegt werden. Leistungsqualität sinkt dann ab, wenn – überspitzt ausgedrückt – keiner weiß, was er wie machen soll. Die Prozesse gehören deshalb standardisiert – unter dem Aspekt der Kundenorientierung. Innerhalb der Prozesse benötigt jeder Mitarbeiter dann auch seinen nötigen Handlungsfreiraum. Wie soll eine Dame an der Reklamation wirkungsvollen Kundenservice bieten, wenn sie wegen jeder Reklamation grundsätzlich zum Geschäftsleiter pilgern muss? Der Handlungs- und Entscheidungsspielraum muss den Tätigkeiten angepasst sein, ansonsten wird sich ein Mitarbeiter nie verantwortlich fühlen können. Und wenn er das nicht tut, sollte er besser nicht auf anspruchsvolle und kritische Kunden losgelassen werden. Dort wird er auflaufen und Kunden verärgern.

Bitte beachten Sie, dass wir aber auch nicht immer davon ausgehen können oder dürfen, dass die Grundlage für die Schaffung des Service-Designs stimmt. Wenn beispielsweise die erste Lücke nicht geschlossen ist, das Management also eine falsche Vorstellung von den Kundenerwartungen hat, dann können auch kaum die richtigen Normen und Standards festgelegt werden. Und wenn die schon falsch sind, kann das Service-Design nicht korrekter werden Der eine Baustein gründet sich auf den anderen – eine falsche Vermutung hinsichtlich der Kundenerwartung wird sich durch alle Stufen ziehen und die einzelnen Ergebnisse immer weiter von der eigentlich gewünschten und erwarteten Dienstleistung entfernen lassen. Lücke 1 ist also nicht nur Aneinanderreihung von mehreren Missverständnissen, sondern das Ergebnis einer Multiplikation von Unkenntnissen, die sich gegenseitig beeinflussen. Durchbrechen Sie den Teufelskreis, indem Sie stets eng mit Ihren Kunden kommunizieren – eben auch während des Erstellungsprozesses, damit nicht am Ende das böse Erwachen kommt.

Stimmen bei Ihnen Kundenerwartungen und Ihre Strukturen, Prozesse, Standards und Normen sowie das Service-Design überein?

„Ach, das reicht schon ..." – Jetzt nicht aufhören!

Die Diskrepanz zwischen den Spezifikationen der Dienstleistungsqualität und der tatsächlichen erstellten Leistung bildet die Lücke 3. Hier stellt sich die Frage, ob die Servicestandards mit den erbrachten Leistungen übereinstimmen. Sind Prozesse und Normen definiert und passt das Service-Design, ist die theoretische Grundlage für eine gelungene Dienstleistung in der Tat geschaffen. Allerdings kann auch zwischen der definierten Leistungsqualität und der tatsächlich erbrachten Leistungen wieder eine Diskrepanz bestehen. Denn hier zeigt sich, ob das Personal die Leistung auf dem definierten Niveau auch wirklich erbringt. Als potenzielle Fehlerquellen sind hier eine mangelnde Qualifikation der Mitarbeiter, falsche Kriterien der Leistungsüberwachung sowie unzureichende Teamarbeit zu nennen.

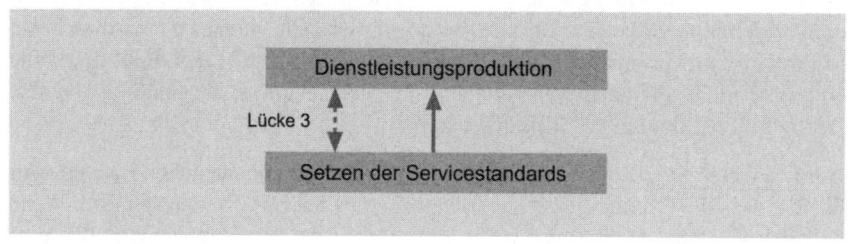

```
                    ┌──────────────────────────────┐
                    │   Dienstleistungsproduktion  │
                    └──────────────────────────────┘
                              ▲        ▲
              Lücke 3         │        │
                              ▼        │
                    ┌──────────────────────────────┐
                    │  Setzen der Servicestandards │
                    └──────────────────────────────┘
```

Lücke 3 der GAP-Analyse: die Diskrepanz zwischen den definierten Servicestandards und der tatsächlichen Erstellung

Die Teamarbeit bewahrt Ihr Unternehmen vor vielerlei Problemen im Hinblick auf die Qualität der Leistungsproduktion. Nicht nur Inspiration und der gegenseitige Anreiz lassen Gruppen effektiver als Einzelpersonen arbeiten, sondern durch das Mehr-Augen-Prinzip ist die Gefahr von Fehlern und Unachtsamkeiten geringer. Selbst der beste Arzt kann etwas übersehen, aber innerhalb eines Ärzteteams sinkt das Potenzial für Fehlentscheidungen enorm. Bei aller Übertragung von Verantwortung habe ich doch festgestellt, dass die meisten Mitarbeiter eine weitere Instanz benötigen, die ihnen als Fangnetz dient. Denn auch ein gewissenhafter Mitarbeiter übersieht schon mal einen Tippfehler – und wenn die Broschüre dann in Druck geht, ist es zu spät. Also hier ruhig etwas mehr Zeit investieren und einen anderen Mitarbeiter kontrollieren lassen. Es lohnt sich: Die Fehlerhäufigkeit sinkt und die Kundenzufriedenheit steigt.

Wenn Ihr Kunde direkt an der Leistungserstellung beteiligt ist, treten gern unvorhergesehene Entwicklungen auf, die dann kaum standardisiert abgewickelt und gelöst werden können. Wenn Kunden in den Leistungsprozess integriert sind, können folgende Fehlerpunkte eintreten:

- Die Kunden wissen nicht, welche Tätigkeit sie erbringen müssen.
- Die Kunden können die von ihnen erwartete Tätigkeit nicht erbringen.
- Die Kunden stören sich gegenseitig.
- Die Kunden sind mit ihrer eigenen Leistung unzufrieden.

Das Leistungsergebnis leidet selbstverständlich darunter, und die Kunden sind natürlich unzufrieden.

Bei umfangreicheren Projekten tritt oft und gerne eine mangelnde Ausdauer an konstant hoher Servicequalität auf. Ein Beispiel: Ein gewissenhafter Programmierer wird bei 100 Zeilen Programmiercode streng darauf achten, dass alles in Ordnung ist, die Dokumentation stimmt und vieles mehr. Bei einem Großprojekt, an dem der Programmierer viele Wochen oder Monate arbeitet, sinkt die Qualität der Programmierung. Die Begeisterung für das Projekt lässt nach einiger Zeit nach, und der Dienstleister will „endlich mal fertig werden". Viele Projektleiter können ein Lied davon singen, dass Mitarbeiter nach langen Strecken irgendwann sagen: „Das reicht schon." Die Funktionalität ist hergestellt, aber eben auch nicht mehr. An dieser Stelle ist die Personalführung gefragt, von Beginn an die Personen zu rekrutieren, die die benötigten Eigenschaften (z. B. in diesem Fall Ausdauer und peinliche Gewissenhaftigkeit) besitzen und somit ihren Beitrag zur Kundenzufriedenheit leisten. Danach gilt es, Mitarbeiter – ebenso wie Kunden – zufrieden zu stellen und zu begeistern. Es liegt in der Unternehmenskultur und nicht an dem von der Gewerkschaft ausgehandelten Gehalt, ob ein Mitarbeiter an seinem Arbeitsplatz glücklich ist oder nicht.

Nur mit begeisterten und engagierten Mitarbeitern erhalten Sie begeisterte Kunden. Das fängt bei einem einfachen Telefonat an (welches entscheidend von der Stimmung des Mitarbeiters abhängt) und endet nicht zuletzt bei der Qualität der Arbeit. Mitarbeiter, die nur das Nötigste machen, erfüllen die hochgesteckten Erwartungen unserer Kunden nicht. Wenn darüber hinaus die technischen Systeme die Mitarbeiter bei ihren Tätigkeiten nicht unterstützen, wird selbst ein gewillter Mitarbeiter Kunden kaum begeistern können. Denken Sie nur einmal an Kaufhäuser: Kunden möchten gerne mit Kreditkarte bezahlen, aber das Kaufhaus akzeptiert nur ec-Karten mit Geheimzahl. Jedes Mal, wenn ich in einem bestimmten Bekleidungsgeschäft einkaufe, gibt es an der Kasse Kunden, die sich beschweren. Die Mitarbeiterinnen sind sehr höflich und zuvorkommend, aber eine Kundenbegeisterung mag trotzdem nicht aufkommen. Wie auch, wenn in jeder Schlange Kunden stehen, die sich darüber aufregen, dass nicht mit Kreditkarte bezahlt werden kann.

Ferner differiert die erbrachte Leistung stark mit der Auftragslage. Ein einfaches, aber einprägsames Beispiel, welche Auswirkungen Nachfrageschwankungen haben: Bestellen Sie in einem der beiden großen Fastfood-Restaurants einen Hamburger, während kaum ein Kunde im Restaurant ist, erhalten Sie diesen schnell, aber in der Regel nur noch lauwarm (er liegt schon etwas länger im zu niedrig eingestellten Warmhalteregal, obwohl es dafür eigentlich Maximalzeiten gibt – aber wer hält sich vor Ort schon daran?). Besitzen Sie dann die Unverfrorenheit, das kalte, labberige Teil zu reklamieren, bringen Sie zwar den eigentlichen Ablauf durcheinander, erhalten aber eine eindrückliche Vorstellung eines nicht durchgestylten Prozesses, der manches Mal darin mündet, dass der Restaurantleiter (!) den Umtausch organisieren muss. Bestellen Sie dagegen Ihren Hamburger während der Mittagszeit, müssen Sie zwar teils sehr lange warten (und kommen gar in den „Genuss" der Bedienung am Tisch: „Es dauert noch etwas, wir bringen es dann an Ihren Tisch" – wenn die Pommes kalt sind), aber zumindest der Hamburger ist so schön heiß, dass Sie sich an den Gurken den Gaumen verbrennen. Nachfrageschwankungen können Sie teils durch unterschiedliche Preise (beispielsweise „Happy Hour") oder die Anpassung Ihres Kundemixes glätten, um so zumindest zu gewährleisten, dass auf der einen Seite Mitarbeiter ausgelastet sind und andererseits in Zeiten hoher Nachfrage der Peek etwas abgemildert wird und die gewünschte Qualität trotzdem erbracht werden kann.

Stimmen bei Ihnen die spezifizierte Dienstleistungsqualität und die tatsächlich erstellte Leistung überein?

Jedes Versprechen muss auch eingelöst werden

Die Lücke 4 besteht in der Diskrepanz zwischen tatsächlich erstellter Dienstleistung und der an den Kunden gerichteten Kommunikation über diese Dienstleistung.

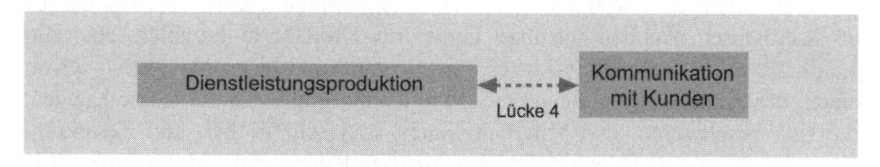

Dienstleistungsproduktion	←----→	Kommunikation mit Kunden
	Lücke 4	

Lücke 4 der GAP-Analyse: die Diskrepanz zwischen der erstellten Leistung und der Kommunikation mit dem Kunden

„Natürlich", sagen Sie sich, wenn Sie die Überschrift lesen. „Natürlich", meint auch Ihr Kunde. Und Recht hat er, denn schließlich ist er das Risiko eingegangen und hat einem bestimmten Dienstleister einen Auftrag erteilt. Nicht aufgrund undefinierbarer Gründe, sondern weil er überzeugt wurde. Beispielsweise durch Garantien und andere vertrauensbildende Maßnahmen. Ein Autohaus wirbt damit, dass es Wagen zur Inspektion kostenfrei abholt und nach getaner Arbeit wieder abliefert. Ein toller Service, der längst nicht bei allen Werkstätten normal ist. Solange das Unternehmen seine Versprechen hält, ist alles gut. Wird der Service jedoch nach wenigen Wochen, nachdem Kunden ihren Wagen dort gekauft haben, wieder eingestellt (weil zu aufwändig), verlieren die Kunden jegliches Vertrauen in den Dienstleister auch für die Zukunft. „Dem ist nicht zu glauben", setzt sich fest. In der allgemeinen Werbung sind solche Fälle weniger zu finden, aber in Verkaufsgesprächen wird mitunter vieles versprochen, was hinterher nicht umgesetzt werden kann. Der Ärger ist groß und die Begeisterung im Minus-Bereich. Dienstleister, die so Kunden gewinnen, sind gezwungen, ständig neue Kunden zu finden, und können nicht auf Stammkunden setzen. Ein anstrengendes Geschäft, das sich kaum rechnen dürfte.

Aber es geht auch noch etwas feiner: Es wird ein Eindruck erweckt, ob durch das Verkaufspersonal oder die gestaltete Werbung, der schlichtweg zu viel verspricht. Ich habe Unternehmer kennen gelernt, die potenziellen Neukunden das Blaue vom Himmel herunter versprochen haben und dann intern ein großes Problem hatten, da sie die versprochene Leistung so aus technischen Gründen gar nicht umsetzen konnten. Im Agenturgeschäft, vor allem bei großen Werbeagenturen, ist es durchaus üblich, dass die erste Riege zu Präsentationen antritt. Da werden die besten Art Directoren aufgeboten, damit alles überzeugt. Ist der Kunde dann begeistert, wird die restliche Arbeit von Praktikanten durchgeführt. Dabei fehlt dann oft die Kreativität, und die detailgetreue und professionelle Bearbeitung im Alltag lässt zu wünschen übrig. Ich kann von etlichen Kunden berichten, die enttäuscht von derartigen Agenturen verständlicherweise lieber einen Mitbewerber mit der Hoffnung auf Besserung aufsuchten.

Nicht immer aber ist es Absicht, oft fehlt oder scheitert schlichtweg die Kommunikation zwischen Marketing, Vertrieb und Produktion. Vor allem in größeren Unternehmungen, wo die Abteilungen personell und räumlich getrennt sind, lassen fehlende oder zumindest nicht funktionierende Schnittstellen die versprochene und erbrachte Leistung auseinander klaffen. Das Marketing prescht eben auch gerne mit Neuigkeiten nach vorne, ohne dass schon die einzelnen Prozesse wirklich durchdesignt sind und die Mitarbeiter wissen, was Sache ist. Rufen Sie doch mal am Tag der Bekanntgabe eines neuen Services die Hotline eines Mobilfunkanbieters an. Kaum einer der Mitarbeiter dort kann über oberflächliche Standardfragen hinaus Antworten geben – ein Problem mit diesem Service sollten Sie besser nicht haben, Sie ernten nur Schulterzucken.

Stimmt bei Ihnen die erstellte Dienstleistung mit der an den Kunden gerichteten Kommunikation überein?

Integrieren Sie Ihre Kunden

Aus vielerlei Gründen ist es durchaus sinnvoll, auch bei Dienstleistungsprozessen, die im Prinzip ohne die ständige und direkte Mitwirkung des Kunden vonstatten gehen können, Kunden in den Erstellungsprozess aktiv mit einzubinden oder sie zumindest ständig informiert zu halten. Dies können Sie beispielsweise online tun, indem Sie für Ihre Kunden ein Extranet einrichten, in dem der Fortgang Ihrer Arbeiten beobachtet werden kann.

Natürlich kann es bei kontrollwütigen Kunden dazu kommen, dass der Arbeitsfluss über die Maßen gebremst wird und Kunden „alles besser wissen". In solchen Fällen bietet es sich dann allerdings an, nur bestimmte Meilensteine miteinander zu besprechen.

Wenn Sie Kunden in den Leistungsprozess integrieren, müssen Sie folgende wichtige Faktoren beachten:

1. Ergebnisqualität

Bei der aktiven Mitwirkung der Kunden – ob ständig oder partiell – zeigt sich erfahrungsgemäß eine aus Kundensicht höhere Ergebnisqualität als bei Prozessen ohne deren Mitwirkung. Die Begründung ist denkbar einfach: Ist es dem Kunden möglich, während des Leistungsprozesses direkt seine Meinung zu äußern, kann der Anbieter schneller und einfacher Änderungen vornehmen. Ein einfaches Beispiel: Ein Friseur, der nicht fragt, sondern munter drauflos schneidet (und die Kundin ist in ein Magazin vertieft), könnte durchaus Probleme mit seiner Kundschaft bekommen. Er wird sich also tunlichst immer wieder erkundigen, wie es denn gewünscht ist und ob die Länge so in Ordnung ist. Im Prinzip sollte der Prozess bei vielen anderen Unternehmen auch so ähnlich verlaufen – denn wer nur davon ausgeht, dass er den Kundenwunsch exakt verstanden hat, kann mitunter auf Akzeptanzprobleme stoßen. In der Anfangszeit meiner Agentur haben wir möglichst viel fertig gestellt, bevor wir es stolz unseren Kunden präsentierten. Heute ist das anders: mehr Besprechungen, mehr Präsentationen, mehr Freigabestufen und unterm Strich eine höhere Ergebnisqualität, die dann automatisch zu mehr Kundenzufriedenheit führt.

Indem Sie Kunden am Prozess beteiligen, läuft die Qualitätskontrolle automatisch mit. So erhalten Sie schnelles Feedback, ob die Kundenanforderung korrekt verstanden wurde und ob die Umsetzung wie gewünscht verläuft. Faktisch kommen Sie so schneller zum gewünschten Ergebnis.

2. Gefühlte Wartezeit

Zu Recht sprechen wir bei der Erstellung und Bereitstellung von Dienstleistungen von Dienstleistungs**prozessen.** Denn im Gegensatz zum Kauf von Waren nimmt die Tätigkeit etwas Zeit in Anspruch. Ein Glas Marmelade in den Einkaufskorb zu legen dauert wenige Sekunden, online einen Drucker oder PC zu bestellen nimmt auch nur wenige Minuten in Anspruch und selbst der Kauf eines Hauses ist – rein unemotional gesehen – ein Aufwand von wenigen Minuten beim Notar. Aber die Rechtsberatung dauert ebenso wie die Gebäudereinigung oder die Anfertigung technischer Zeichnungen eben eine gewisse Zeit und erfordert meist einen Erstellungsprozess, der in der Regel ja erst nach dem geäußerten Kaufwunsch beginnt. Sie wissen bereits, dass Dienstleistungen kaum „auf Halde" produziert werden können, da sie individuell und immateriell sind.

Die japanische Ogaki Kyoritsu-Bank hat sich etwas Besonderes ausgedacht, um die „gefühlte" Wartezeit am Geldautomaten zu verkürzen. Während das System die eingegebenen Kartendaten prüft und das Geld zur Auszahlung vorbereitet, erscheint auf dem Bildschirm eine Art einarmiger Bandit. Per Knopfdruck kann der Kunde dann drei rotierende Zahlen stoppen und mit Glück sogar einen kleinen Geldgewinn einstreichen. Das Geldinstitut erklärt: „Wir wollen, dass unsere Kunden ein wenig Aufregung verspüren, während sie am Geldautomaten warten." Die Bank hat aber noch eine andere Absicht: Die Kunden sollen in die Filialen gelockt werden (nur dort kann der Gewinn abgeholt werden), wo verschiedene Produkte und Dienstleistungen angeboten werden.

Nach Marion E. Haynes gibt es die so genannten „Sieben Prinzipien des Wartens". Beachten Sie diese bei der Erstellung Ihrer Leistungen und verkürzen Sie durch geeignete Maßnahmen die Wartezeit für Ihre Kunden:

- Leere Minuten sind länger.
- In-Prozess-Minuten sind kürzer.
- Unerklärbare Wartezeiten, deren Ursachen für den Kunden nicht ersichtlich sind, erscheinen länger.
- Bei hochwertigen Leistungen erscheint die Wartezeit kürzer.
- Faires Warten erscheint kürzer.
- Übertriebene Versprechungen lassen selbst begründete Wartezeiten länger erscheinen.
- Sichtbare Zeitsparmaßnahmen des Anbieters lassen Wartezeiten kürzer erscheinen.

Wenn Sie Kunden in Ihre Prozesse integrieren, ist die gefühlte Prozessdauer kürzer. „Leere Minuten", Wartezeiten ohne praktische oder sinnvolle Tätigkeiten, haben mittlerweile einige neue Unternehmen auf den Plan gerufen. Beispielsweise für Ärzte und deren Wartezimmer gibt es ein eigenes TV-Programm, das die Patienten mit individuellen Inhalten aus der Praxis ebenso versorgt wie mit medizinischen Informationssendungen und Nachrichten. Die wartenden Patienten empfinden die Wartezeit mit Unterhaltungsprogramm wesentlich kurzweiliger als ohne einen solchen Service. Und ganz nebenbei bauen die gezeigten Informationen Vertrauen gegenüber dem praktizierenden Arzt und seiner Praxis auf.

3. Kosten

Eine Integration von Kunden in den Prozess kann zu einer Reduzierung der auf Seiten des Anbieters entstehenden Kosten führen. IKEA lagert Transport und Aufbau von Möbel auf seine Kunden aus, bei Burger King & Co. dürfen Kunden selbst ihre Speisen zum Tisch tragen – was in einem normalen Restaurant undenkbar wäre. Die PR-Agentur spart Zeit und dadurch Kosten, indem Kunden die Texte inhaltlich schon fertig liefern und die Agentur die Texte dann nur noch überarbeiten muss, anstatt Recherchearbeit zu leisten. Oder: Kreditinstitute lagern durch das vom Kunden selbst ausgeführte Onlinebanking Prozesse aus und sparen dadurch Personalkosten.

4. Vertrauensaufbau

Die Integration des Kunden in Prozesse führt automatisch zu einer erhöhten Transparenz der Leistungsabwicklung. Kunden können Beginn, Fortgang und Ende exakter einschätzen, lernen einzelne Arbeitsschritte besser kennen, bauen dadurch leichter Vertrauen auf und fühlen sich sicherer.

Wer selbst sein Haus gebaut hat, braucht keinen Gutachter zur Beurteilung der Bausubstanz. Er kennt sein Haus selbst. Wer aber ein fertiges Haus kauft, ist gut beraten, wenn er von einem Fachmann ein entsprechendes Gutachten einholt.

Wer will als Laie schon nachvollziehen, ob alle Maßnahmen, die ein Zahnarzt ergreift, vom rein medizinischen Standpunkt aus notwendig sind. Mein Zahnarzt hat Kamera und TV im Behandlungsraum und begutachtet mit mir jeden Zahn. So kann ich selbst sehen, ob alles in Ordnung ist oder ein Zahn Behandlung benötigt. Keine Frage, diesem Zahnarzt kann ich jetzt vertrauen.

5. Kundenzufriedenheit

Untersuchungen bestätigen die Vermutung, dass Kunden zufriedener sind, wenn sie in den Leistungsprozess mit eingebunden waren. Natürlich gibt es Ausnahmen – Kunden, die schlichtweg keinerlei Integration wünschen, sondern lediglich die pünktliche und korrekte Ablieferung des Leistungsergebnisses erwarten.

Integrieren Sie Ihre Kunden 153

COMMERZBANK

/ die tüv-geprüfte fondsauswahl /
WIE DIE COMMERZBANK DIE RICHTIGEN FONDS FÜR IHRE KUNDEN FINDET.

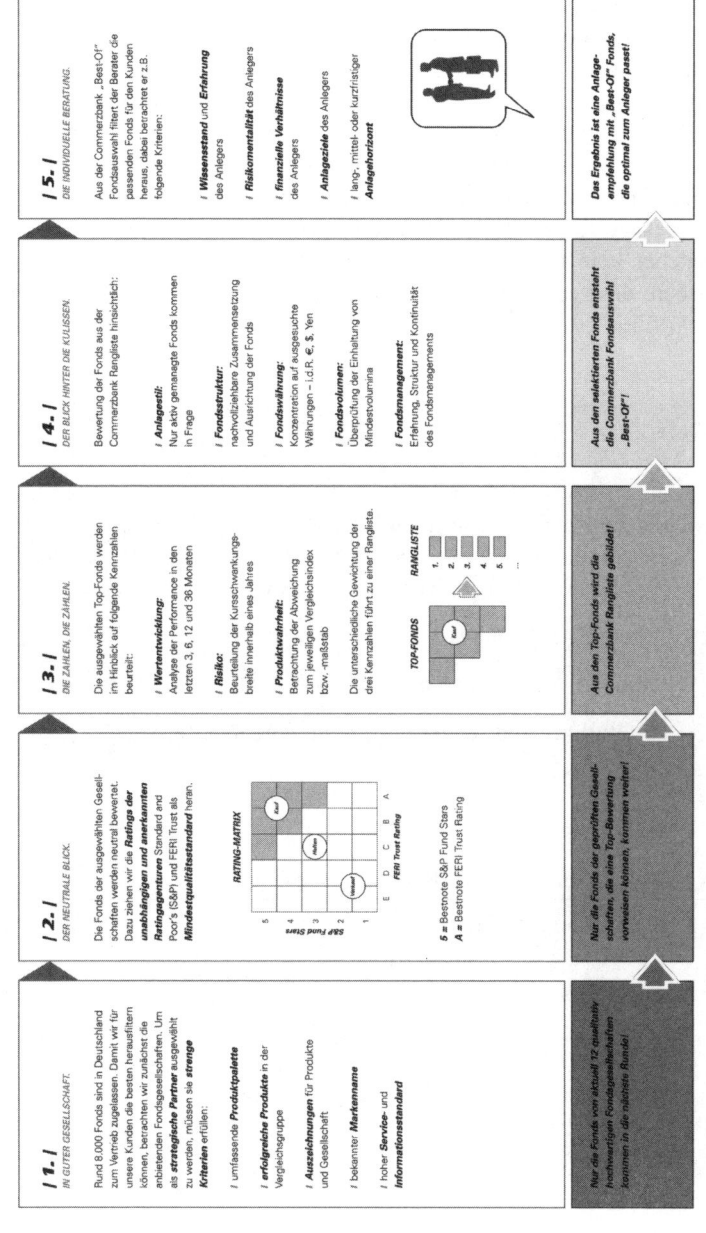

/ 1. / IN GUTER GESELLSCHAFT.

Rund 8.000 Fonds sind in Deutschland zum Vertrieb zugelassen. Damit wir für unsere Kunden die besten herausfiltern können, betrachten wir zunächst die anbietenden Fondsgesellschaften. Um als **strategische Partner** ausgewählt zu werden, müssen sie **strenge Kriterien** erfüllen:

/ umfassende **Produktpalette**
/ **erfolgreiche Produkte** in der Vergleichsgruppe
/ **Auszeichnungen** für Produkte und Gesellschaft
/ bekannter **Markenname**
/ hoher **Service-** und **Informationsstandard**

Nur die Fonds von aktuell 12 qualitativ hochwertigen Fondsgesellschaften kommen in die nächste Runde!

/ 2. / DER NEUTRALE BLICK.

Die Fonds der ausgewählten Gesellschaften werden neutral bewertet. Dazu ziehen wir die **Ratings der unabhängigen und anerkannten Ratingagenturen** Standard and Poor's (S&P) und FERI Trust als **Mindestqualitätsstandard** heran.

RATING-MATRIX

S&P Fund Stars (5,4,3,2) × FERI Trust Rating (E,D,C,B,A)

5 = Bestnote S&P Fund Stars
A = Bestnote FERI Trust Rating

Nur die Fonds der geprüften Gesellschaften, die eine Top-Bewertung vorweisen können, kommen weiter!

/ 3. / DIE ZAHLEN, DIE ZAHLEN.

Die ausgewählten Top-Fonds werden im Hinblick auf folgende Kennzahlen beurteilt:

/ **Wertentwicklung:**
Analyse der Performance in den letzten 3, 6, 12 und 36 Monaten
/ **Risiko:**
Beurteilung der Kursschwankungsbreite innerhalb eines Jahres
/ **Produktwahrheit:**
Betrachtung der Abweichung zum jeweiligen Vergleichsindex bzw. -maßstab

Die unterschiedliche Gewichtung der drei Kennzahlen führt zu einer Rangliste.

TOP-FONDS RANGLISTE
1.
2.
3.
4.
5.

Aus den Top-Fonds wird die Commerzbank Rangliste gebildet!

/ 4. / DER BLICK HINTER DIE KULISSEN.

Bewertung der Fonds aus der Commerzbank Rangliste hinsichtlich:

/ **Anlagestil:**
Nur aktiv gemanagte Fonds kommen in Frage
/ **Fondsstruktur:**
nachvollziehbare Zusammensetzung und Ausrichtung der Fonds
/ **Fondswährung:**
Konzentration auf ausgesuchte Währungen – i.d.R. €, $, Yen
/ **Fondsvolumen:**
Überprüfung der Einhaltung von Mindestvolumina
/ **Fondsmanagement:**
Erfahrung, Struktur und Kontinuität des Fondsmanagements

Aus den selektierten Fonds entsteht die Commerzbank Fondsauswahl „Best-Of"!

/ 5. / DIE INDIVIDUELLE BERATUNG.

Aus der Commerzbank „Best-Of" Fondsauswahl filtert der Berater die passenden Fonds für den Kunden heraus, dabei betrachtet er z.B. folgende Kriterien:

/ **Wissensstand** und **Erfahrung** des Anlegers
/ **Risikomentalität** des Anlegers
/ **finanzielle Verhältnisse** des Anlegers
/ **Anlageziele** des Anlegers
/ lang-, mittel- oder kurzfristiger **Anlagehorizont**

Das Ergebnis ist eine Anlageempfehlung mit „Best-Of" Fonds, die optimal zum Anleger passt!

HINWEIS: Selbstverständlich erhalten Sie bei der Commerzbank alle in Deutschland zum Vertrieb zugelassenen Fonds – und können sich individuell über diese informieren.

Die einzelnen Beratungsstufen zur Fondsauswahl bei der Commerzbank werden dem Kunden transparent erläutert – er fühlt sich somit in den Prozess mit hineingenommen (Quelle: Commerzbank)

Der hohe Grad von Internetnutzungen bei Reisebuchungen zeigt beispielsweise, dass Kunden der Meinung sind, dass sie viele Services gleich gut oder sogar besser als ein entsprechender Dienstleister, also ein Reisebüro in diesem Fall, verrichten können – und dabei bestenfalls noch ein Schnäppchen machen und Geld sparen. Dabei entstandene Fehler (das gebuchte Hotelzimmer ist doch nicht der erwartete und erhoffte Hit zum Schnäppchenpreis) schreibt sich der Kunde dann zu einem guten Teil selbst zu – die Schuldzuweisung an Dritte (beispielsweise das Hotel) fällt geringer aus. Bei Erbringung eigener Leistung kann eben kein anderer dafür in Haftung genommen werden, und wer will schon zugeben, dass er in der Auswahl doch kein so glückliches Händchen hatte wie der Profi im Reisebüro?

Quintessenz

- Kundenzufriedenheit während des Erstellungsprozesses und danach gibt es nur dann, wenn erwartete und erfahrene Leistung deckungsgleich sind. Mögliche Diskrepanzen können vermieden werden durch

    – Analyse der Kunden,

    – Kommunikation mit Kunden,

    – strukturierte und standardisierte Prozessabläufe,

    – Service-Design,

    – motivierte Mitarbeiter,

    – ehrliche Kommunikation,

    – Integration der Kunden in den Prozess.

Checkliste		
	Ja	**To-Do**
Durch Marktforschung kennen Sie die Erwartungshaltung Ihrer Kunden.		
Durch intensive Kommunikation mit dem Kunden wissen Sie um seine Erwartungen.		
Sie versetzen sich in die Lage des Kunden.		
Alle Hierarchiestufen kommunizieren gemeinsam über Ziele und Kundenorientierung.		
Strukturen, Prozesse, Standards und Normen sind definiert.		
Strukturen, Prozesse, Standards und Normen sind realistisch und werden umgesetzt.		
Das Service-Design ist festgelegt.		
Das Service-Design ist realistisch und wird umgesetzt.		
Ihre Mitarbeiter haben ausreichend Handlungsspielraum, um verantwortlich arbeiten zu können.		
Durch Teamarbeit wird die Fehlerquote gering gehalten.		
Ihre Mitarbeiter können auch bei langwierigen und schwierigen Projekten begeistert werden und neues Engagement kann herbeigeführt werden.		
Sie integrieren Kunden in den Leistungsprozess, um Kundenanforderungen besser begegnen zu können.		
Sie verkürzen Wartezeiten durch geeignete Maßnahmen.		

Ihr Fazit

Was haben Sie in diesem Kapitel gelernt, was soll in Ihrem Unternehmen umgesetzt werden? Tragen Sie es gleich hier ein, damit Sie nichts vergessen:

9. Aber bitte mit Sahne – der Bonus

In diesem Kapitel erfahren Sie,

- ob Kunden jemals zufrieden sind,
- ob Erwartungen überhaupt übertroffen werden können,
- wie Sie mehr leisten, als Ihr Kunde erwartet,
- wie Dienstleistungen zu Events werden,
- ob Sie für Ihren Kunden teuer oder günstig sind.

An welche Serviceerlebnisse erinnern Sie sich noch gut? Mit Sicherheit an viele schlechte, aber hoffentlich auch an einige gute. Aber was sind gute Leistungen? Lassen Sie sich diese einmal kurz durch den Kopf gehen – warum denken Sie noch daran, was hat gerade diesen Service zu einem guten Service gemacht?

Wir erinnern uns in der Regel kaum an Dienstleistungen, die zu unserer Zufriedenheit – das heißt entsprechend unseren Erwartungen – erfüllt wurden. Was haften bleibt, sind (neben den schlechten) besonders gute, im Prinzip unerwartet gut erledigte Leistungen. Denn sie haben uns nicht nur zufrieden gestellt, sondern vielmehr begeistert.

Sind Kunden jemals zufrieden zu stellen?

In einem vorherigen Kapitel haben wir bereits ausführlich die Erwartungshaltung von Kunden analysiert. Werden die Erwartungen erfüllt, sind Kunden zufrieden, werden sie übererfüllt, können Sie es schaffen, Ihre Kunden zu begeistern. Die Erwartungshaltung der Kunden gegenüber dem Anbieter und seiner Leistung entsteht ja auch aus der Bewertung der bereits bekannten fünf Suchkriterien für die Qualität einer Leistung und ihres Anbieters:

- tangibles Umfeld
- Verlässlichkeit
- Reaktionsfähigkeit
- Leistungskompetenz
- Einfühlungsvermögen

Diese Eigenschaften zählen besonders stark vor der Ausführung der eigentlichen Leistung – haben aber ihre Daseinsberechtigung ebenso auch während und nach der Erstellung der Dienstleistung. Einen Knick in puncto Verlässlichkeit oder Reaktionsfähigkeit darf sich Ihr Unternehmen zu keinem Zeitpunkt leisten – es zählt eben das gesamte „Erlebnis" für den Kunden. Leistet Ihr Unternehmen nun mehr, als der Kunde erwartet, wird seine Erwartungshaltung übererfüllt, und er ist begeistert.

Die eigentliche Leistung ist erbracht, und Ihr Kunde ist nun (hoffentlich) zufrieden. Zufriedene Kunden sind gut, aber nicht ausreichend. Denn zufriedene Kunden sind keine begeisterten Kunden. Aber Dienstleister wie Sie benötigen begeisterte Kunden, um gegen Kundenabwanderung sicher zu sein. Wer nur „zufrieden" ist, schaut schon mal nach links oder rechts. Ich habe schon einige Automarken gefahren und war mit allen Autos zufrieden. Aber begeistert hat mich keines davon – deshalb wechsle ich auch ständig die Marke.

Nur begeisterte Kunden werden Ihr Unternehmen aktiv und gerne weiter empfehlen – zufriedene Kunden nur auf Anfrage.

Bei **unzufriedenen Kunden** hat das Dienstleistungsunternehmen schlichtweg nicht den Erwartungen des anspruchsvollen Kunden entsprochen. Was kommt, ist klar: eine Menge Beschwerden mit der Hoffnung auf Wiedergutmachung. Wenn es damit schon erledigt wäre, wäre ja alles halb so schlimm. Nein, unzufriedene Kunden sind besonders gute Multiplikatoren – ihrer negativen Meinung. Nicht zufrieden gestellte Kunden reden weitaus häufiger über ihre Erfahrungen als zufriedene Kunden. Das ist aus Unternehmersicht ungerecht, aber so ist es leider einmal. Der Schaden für den Dienstleister ist mehrfach: Nicht nur der eine Kunde ist verloren, sondern er zieht auch andere potenzielle Kunden ab, indem er sich bei ihnen über die schlechte Leistung beschwert.

Zufriedene Kunden stellen hinsichtlich der negativen Meinungsäußerung keine Gefahr dar – im Gegenteil. Es besteht sogar die Hoffnung, dass sie wiederkommen und erneut Leistung beziehen. Allerdings besteht dahingehend keine Sicherheit. Kunden, deren Erwartungshaltung erfüllt wurde und bei denen der Leistungsprozess und das Resultat „in Ordnung" waren, zeichnen sich durch ein fehlendes Involvement gegenüber dem Dienstleistungsunternehmen aus, und es besteht die ständige Gefahr der Abwanderung. Zufriedene Kunden suchen gern nach Varianten und anderen Angeboten – vielleicht ist ein anderer Anbieter ja noch besser. Zu viel Risiko gehen diese Kunden bei anderen Versuchen allerdings auch nicht ein – dann bleiben sie lieber.

Das Ziel unserer Bemühungen ist aber, **begeisterte Kunden** zu haben. Genau wie die Unzufriedenen reden sie viel über ihre Erlebnisse – aber eben im positiven Sinne. Sie sind positive Meinungsbildner und können einem Unternehmen einen erheblichen Mehrumsatz durch Empfehlungen bescheren. Viele Dienstleister können nach einigen Jahren nahezu ausschließlich von Empfehlungen begeisterter Kunden leben. Die Kunden selbst glänzen darüber hinaus mit einer hohen Wiederkaufrate und einem hervorragenden Cross-Selling-Potenzial. Sie sind eben so von dem Unternehmen überzeugt, dass weitere vertrauensbildende Maßnahmen kaum nötig sind. Sie haben schon soviel Vertrauen aufgebaut, dass sie sogar eine recht geringe Preissensibilität aufweisen. Aber Vorsicht: Reizen Sie die Potenziale nicht über die Maßen aus – ansonsten haben Sie schnell einen verärgerten und unzufriedenen Kunden.

Zurück zur Frage, ob Kunden jemals zufrieden zu stellen sind. Die Antwort ist klar und eindeutig: Ja, sie sind zufrieden zu stellen. Im besten Sinne. Voraussetzung ist allerdings, dass Sie auf Kunden individuell eingehen und die Erwartungen im Vorfeld detailliert abfragen. Wer das nicht tut, braucht sich nicht zu wundern, wenn er die (nicht bekannten) Erwartungen nicht erfüllen kann. Sind Kunden zufrieden, haben Sie einen hervorragenden Boden geschaffen, um sie relativ einfach auch begeistern zu können.

Sind Kunden jemals zu begeistern?

Ein Großteil der erfüllten Erwartungen hat leider kaum einen Einfluss auf eine positive Kundenzufriedenheit. Die Erfüllung wird im Prinzip schlichtweg als Selbstverständlichkeit vorausgesetzt und führt nicht zu Zufriedenheit oder gar Begeisterung. Werden sie allerdings nicht erfüllt, ist der Kunde unzufrieden.

Das nachfolgend abgebildete Diagramm hilft, die verschiedensten Kundenanforderungen zu strukturieren und ihren Einfluss auf die Kundenzufriedenheit zu bestimmen. Denn nicht jede erfüllte Anforderung lässt Kunden in wahre Begeisterungsstürme ausbrechen.

Während der Leistungserbringung hat der Kunde bestimmte Anforderungen an einen Dienstleister. Sie unterteilen sich in die so genannten Basisanforderungen, Leistungsanforderungen und Begeisterungsanforderungen.

Basisanforderungen sind selbstverständlich, darüber spricht der Kunde nicht (beispielsweise dass er am Bankautomaten Geld von seinem Konto abheben kann). Werden diese Anforderungen aber nicht erfüllt, fallen sie dem Kunden als Anforderung erst auf, und er ist massiv unzufrieden. Die Bewerbung dieser Ansprüche ist im Prinzip lächerlich, wird aber gerne gemacht. Oder wie wirkt das auf Sie, wenn ein Personenbeförderungsunternehmen damit wirbt, pünktlich zu sein? Es macht auch wenig Sinn, wenn ein Elektromeister kommuniziert, dass er Fachmann ist und seine Tätigkeit somit immer zum gewünschten Erfolg führt. Nun, dass ein Elektromeister auch Fachmann ist, ist schlichtweg eine Basisanforderung. Die Aussage verleitet eher zu Mutmaßungen, warum er es nötig hat, so zu werben. Ebenso gerne wird auch mit dem Zusatz „professionell" geworben. Wenn ein Unternehmen auf dem Markt tätig ist, erwarte ich doch selbstverständlich, dass die Arbeiten professionell ausgeführt werden. Wie denn sonst, bitte schön? Die grundlegenden Erwartungen ausdrücklich beim Namen zu nennen, ist nicht professionell und verwirrt den potenziellen Kunden eher.

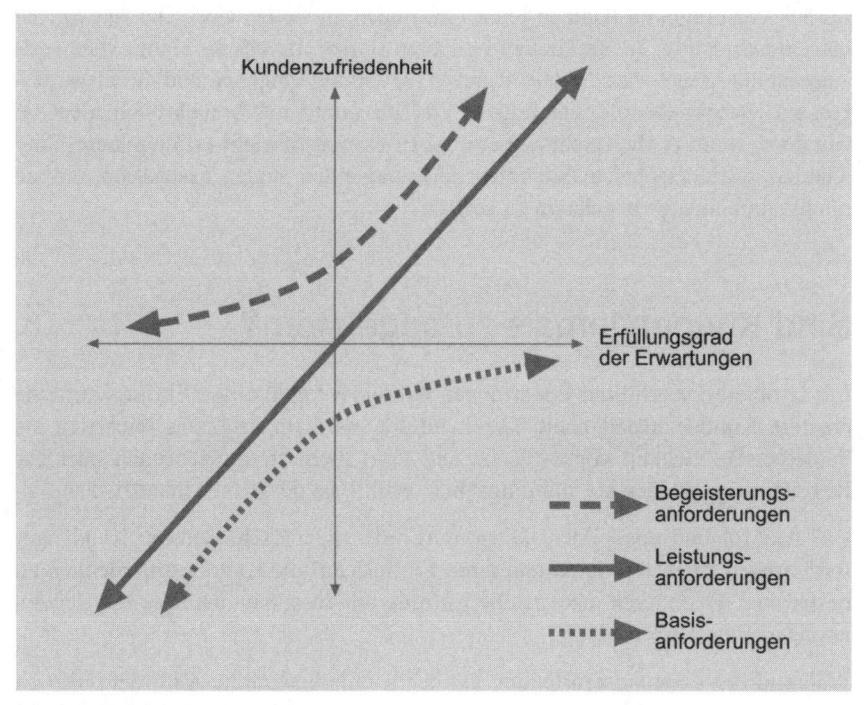

Das Kano-Modell der Kundenzufriedenheit

Eine Internetagentur bietet seinen Kunden im Rahmen des Full-Service auch das Hosting der Internetseiten auf seinem Server mit an. Durch vergleichsweise hohe Preise für diesen Service wurden potenzielle sowie auch bestehende Kunden bei zunehmender Bewerbung von Billigangeboten durch Massenprovider irritiert und haben sich über die Preise geärgert. Zwar war der technische Unterschied schnell erklärt, aber nach einem gewissen Zeitrahmen trat der Ärger wieder zutage. Die Agentur hat dann für sich erkannt, dass die Bereitstellung eines preisgünstigen Webservers eine Basisanforderung der Kunden darstellt. Wird diese Basisanforderung nicht erfüllt, gelingt es aufgrund dieser Barriere teils nicht mehr, dem Kunden die eigentliche Kernleistung, also die Gestaltung und Programmierung von Internetpräsentationen, zu vermitteln.

Es gilt demnach, die Basisanforderungen der Kunden zu erforschen und bestehende Barrieren abzubauen. Wer die Basisanforderungen nicht erfüllt oder aus Kundensicht hier ein schlechtes Angebot bietet, hat sich schon früh disqualifiziert. Dann wird es auch bei Erfüllung von Leistungs- und Begeisterungsanforderungen kaum zu Zufriedenheit kommen. Das Fundament muss stimmen, damit die eigentlichen Leistungen wirken können.

Die **Leistungsanforderungen** sind die der eigentlichen zu erbringenden Leistung zugeordneten normalen Anforderungen, deren Nichterfüllung zur Unzufriedenheit und Beschwerde der Kunden führt. Im umgekehrten Fall: Die Erfüllung führt zu Zufriedenheit und die Erwartungen wurden erfüllt. Der vereinbarte Preis wird eingehalten, der Lieferservice funktioniert wie besprochen, die Leistung entspricht genau den definierten Anforderungen – dies alles sind Leistungsanforderungen, die der Kunde eben auch so erwartet. Auch hier gilt: Wer die an ihn gestellten Leistungsanforderungen als Dienstleister nicht erfüllt, braucht sich über Begeisterungsfaktoren erstmal keine Gedanken machen. Denn eine Begeisterung der Kunden kann dann nicht mehr herbeigeführt werden.

Allerdings steigt die Zufriedenheit des Kunden proportional zum Grad der Erfüllung der Leistungsanforderungen. Je mehr Sie leisten, desto zufriedener wird der Kunde. Fragen Sie Ihre Kunden, was sie erwarten, und achten Sie bei der Erfüllung darauf, genau diese Punkte zu treffen. Denn die Leistungsanforderungen sind Kunden bewusst, und auf Nachfrage können diese geäußert werden.

Die **Begeisterungsanforderungen** dagegen sind höchstens latent vorhandene Anforderungen seitens der Kunden. Bietet der Dienstleister aber einen neuen und unerwarteten Zusatznutzen, sind die Kunden begeistert. Je unerwarteter Kunden nun überrascht werden, desto höher ist die Begeisterung, die wiederum eine positive Mundpropaganda zur Folge haben kann.

Finden Sie heraus, welche Leistungsbereiche aus Ihrem Leistungsspektrum den drei Anforderungsarten zuzuordnen sind. Lassen Sie mich die Aufteilung anhand eines Hotelbetriebs veranschaulichen:

- Als Basisanforderung an ein gebuchtes Hotelzimmer erwartet der Kunde Sauberkeit, Ruhe …
- Die Leistungsanforderung ist das Zimmer in der gebuchten Kategorie, zum vereinbarten Preis, das Angebot beim Frühstücksbuffett …

- Die Begeisterung kommt mit zusätzlichen Services, wie beispielsweise frische Blumen auf dem Zimmer, kostenfreie Erstausrüstung der Minibar ...

Nun ist es aber so, dass sich Kunden recht rasch an Begeisterungselemente gewöhnen. Schon nach wenigen Wiederholungen werden diese Zusatzleistungen praktisch erwartet. Wer mehrmals einen Strauß frischer Blumen auf seinem Zimmer hatte, dem fällt es negativ auf, wenn er fehlt. Der Gewöhnungseffekt tritt recht schnell ein, die Begeisterungsanforderung wird irgendwann zur Leistungsanforderung und zu einem noch späteren Zeitpunkt zu einer Basisanforderung. Die Ansprüche steigen also, was Dienstleistungsunternehmen dazu anhält, ständig neue Ideen zu kreieren, wie sie ihre Kunden stets aufs Neue begeistern können.

Mehr als Ihre Kunden erwarten

Es gibt zwei Arten von Elementen, die zur gewünschten Begeisterung Ihrer Kunden führen:

- Elemente aus Ihrem Leistungsspektrum
- Elemente unabhängig von Ihrer Leistung

Elemente aus Ihrem Leistungsspektrum lassen sich einfach definieren: Ihr Unternehmen leistet mehr, als der Kunde erwartet hat. Seine Erwartung ist also übererfüllt und er ist begeistert. Der Kunde einer Internetagentur, der ein komplexes System gekauft hat, erhält eine weitere Funktion, beispielsweise die Funktion, automatisch personalisierte Newsletter zu versenden, kostenfrei hinzu. Bei Begeisterungselementen aus dem Leistungsspektrum handeln Sie sich mitunter aber einige Probleme ein. Zum einen mag der Kunde vermuten, dass die Leistung ohnehin nichts wert ist, oder er kann sie im Wert nicht beurteilen. Andererseits wird leicht eine Erwartungshaltung seitens des Kunden aufgebaut, die Sie beim nächsten Auftrag nicht nur erfüllen müssen, sondern wiederum übertreffen müssten, um Begeisterung zu wecken. Die Anforderungen „wandern": Begeisterungsanforderungen werden zu Leistungsanforderungen, diese werden irgendwann zu Basisanforderungen. Als mein kleiner Sohn beim Metzger die erste Scheibe Wurst geschenkt bekam, war er begeistert. Heute, nach etlichen Metzgereibesuchen, erwartet er eine Wurst und ist maßlos enttäuscht und sauer, wenn die Verkäuferin vergessen hat, ihm „seine" Scheibe Wurst zu geben. Was einst zu Begeisterung führte, wird irgendwann zur Basisanforderung.

Ich empfehle Ihnen deshalb die Verwendung von Begeisterungselementen, die unabhängig von Ihrem Leistungsportfolio sind. Es ergibt sich dabei ein höheres Überraschungsmoment für den Kunden, denn mit einem leistungsfremden Element oder vielmehr einer Überraschung rechnet kaum ein Kunde. Das Hotel kann seinen guten Gästen im Sommer kostenfreie Strandkörbe zur Verfügung stellen, das Auto reinigen lassen oder seinen Gästen nach einem heißen Sommertag ein Eis aufs Zimmer bringen lassen. Sie sehen schon, die Aufmerksamkeiten müssen nicht groß oder wertvoll sein. Die Geste zählt und überrascht die Kunden. Das Geldinstitut kann seine Kunden zu einem Sommerfest einladen oder Kunden mit entsprechendem Kundenwert eine Eintrittskarte ins Theater, zu einem Fußballspiel oder einen Gutschein für ein Essen zu zweit spendieren. Rechnen Sie es einmal durch: Bei der Summe der sonstigen Werbeausgaben sind diese Maßnahmen, die sich darüber hinaus ja an bestehende Kunden richten, die dann mit ihrer Begeisterung einen hervorragenden Empfehlungseffekt auslösen, im Hinblick auf die Kosten eigentlich nicht der Rede wert. Es ist so einfach, Kunden nachhaltig zu begeistern: Als Arzt oder Therapeut können Sie nach der Behandlung Ihren Kunden anrufen (oder lassen Sie es eine Arzthelferin tun, wenn Sie dafür keine Zeit haben) und nachfragen, ob die gewünschte Besserung eingetreten ist. Wenn nicht, können Sie gleich einen neuen Termin vereinbaren. Ihre Patienten werden staunen, dass Ihnen soviel an ihrer Gesundheit liegt – und begeistert auch ihren Bekannten davon erzählen. Ein Architekt oder Vermessungsbüro kann seinen Kunden zum Einzug in das vorher entworfene Haus bzw. vermessene Grundstück ein kleines Geschenk überreichen. Ihr Kunde ist begeistert, und es spricht sich herum.

Erlebnisse führen zu Begeisterung

Sie wissen mittlerweile, dass sich die Kundenzufriedenheit aufgrund des individuellen Vergleichs von Erwartung und tatsächlich erlebter Dienstleistung bildet. Die Wahrnehmung ist immer emotionaler Art und rein subjektiv. Kein Mensch kann Erwartungen und Empfindungen rein objektiv werten. Kann Ihr Dienstleistungsunternehmen nun sein Angebot in ein emotionelles Umfeld einbetten oder die Leistung selbst zum Erlebnis machen, fällt die Kundenzufriedenheit wesentlich höher aus, als bei der reinen Leistungserbringung. Aus Hallenbädern werden deswegen heute Erlebnisbäder mit Wellen und tropischen Pflanzen oder aus Restaurants Erlebnisgastronomie. Die bekanntesten davon sind beispielsweise das Witzigmann Palazzo, die Hard Rock Cafes oder vielzählige mittelalterliche Ritteressen. Das Essen wird mit Erlebnissen kombiniert – die Erlebniswelt gewinnt somit erhebliche Dimensionen dazu und wird attraktiver. Durch den Erlebnischarakter sind Kunden grundsätzlich zufriedener als bei vergleichbaren Leistungen ohne entsprechende Aktivitäten.

Dort, wo Kunden ohnehin in den Leistungsprozess integriert werden müssen, weil die Leistung an ihnen verrichtet wird (Friseur, Restaurant) oder ihre Teilnahme benötigt wird (Workshops, Freizeitparks), kann ein hohes Involvement des Kunden in den Prozess eine höhere Begeisterung auslösen. Die Beantragung eines Personalausweises oder eine TÜV-Untersuchung führt natürlich nur im Ausnahmefall zu vorsichtigen Begeisterungsausbrüchen. Andere Branchen, wie das Beherbergungsgewerbe, Reiseveranstalter oder Autohändler, können ein emotionales Konsumerlebnis wesentlich leichter herbeiführen. Wer sich aber etwas Gedanken macht, findet auch für seine Leistung einen Erlebnisfaktor.

Nehmen wir als Beispiel einfach einmal die recht trockene Angelegenheit „TÜV-Prüfung". Selbst das TÜV-Gutachten kann zum „Erlebnis" werden, wenn der Gutachter die interessierte Person mit in den Leistungsprozess integriert. Die mitgebrachten Kinder erhalten erstmal ein kleines Auto mit TÜV-Aufdruck, und der Gutachter erklärt dem Wageninhaber, was er gerade macht und prüft, erzählt interessante Storys und bindet den Kunden so in den Prozess mit ein, als ob er selbst die Prüfung durchführen würde. Der Kunde wird begeistert sein (vorausgesetzt, er erhält auch die Plakette). Aber selbst bei Ablehnung der Plakette kann der Prüfer von einem erhöhten Verständnis für seine Bewertung ausgehen. Der Kunde hat die Mängel ja auch selbst gesehen. Wenn ihm der Prüfer dabei dann auch erklärt, welches Gefahrenpotenzial daraus entsteht, kann kaum noch jemand sauer sein. Ein unliebsamer Termin kann so mit recht wenig Aufwand für die Kunden zu einem angenehmen Erlebnis werden.

Einbindung der Kunden in Leistungsprozesse auch dort, wo es nicht „nötig" ist, kann durchaus dann Sinn ergeben, wenn sich für den Kunden ein Mehrwert daraus ableitet. Der Kunde kann helfen, wenn er möchte, und dadurch ein gewisses Maß an Erfolgserlebnis für sich selbst herbeiführen. Im TÜV-Beispiel lernt der bis dato unwissende Kunde sein eigenes Auto gleich noch besser kennen und sieht es womöglich zum ersten Mal von unten.

Es gibt Autowerkstätten, in denen Laien unter Anleitung eines Kfz-Meisters selbst ihr Fahrzeug soweit warten und reparieren können, wie sie wollen. Das Erfolgserlebnis beim Kunden ist groß, und die Leistungsqualität wird als sehr hoch eingestuft – denn schließlich hat man es ja selbst erledigt. Und für heikle Angelegenheiten steht ein Meister hilfreich zur Seite und übernimmt die Tätigkeiten, die für einen selbst zu schwer waren.

Viele Dienstleistungen werden heute aufgrund der mit ihnen verbundenen Erlebniswirkung erst für den Kunden interessant. Internet-Service-Provider beispielsweise können ihren Kunden online anbieten, selbst zu überprüfen, ob einzelne Domainnamen frei sind. Darüber hinaus kann ein registrierter Kunde selbst weitere Domains reservieren – das erhöht die Transaktionshäufigkeit, da der Aufwand geringer ist, als seinen Provider anzurufen oder zu mailen, und darüber hinaus ist das Ergebnis der Bemühungen sofort sichtbar.

Die Integration in Prozesse und das Erleben führt bei den meisten Kunden zu einer höheren Zufriedenheit, bestenfalls sogar zur Begeisterung. Irgendwann aber werden die Begeisterungsfaktoren zur Gewohnheit, und sie degradieren zu reinen Leistungsfaktoren. Denn wer das zehnte Erlebnisbad besucht, ist nur durch neue Features zu begeistern, ein gewisser Standard ist für ihn normal. Solange aber eine Vergleichbarkeit zwischen verschiedenen Anbietern nur schwer oder gar nicht machbar ist (Witzigmanns Palazzo ist in dieser Art wohl einzigartig), kann der Kunde nicht vergleichen. Und frühere oder ähnliche Erfahrungen prägen ja schließlich eine Erwartungshaltung. Ist diese erst einmal geprägt, müssen sich andere Anbieter umso stärker anstrengen, um Kunden zu begeistern.

Teuer oder günstig?

Der eigentliche Wert einer Leistung liegt nicht im Preis (den hat der Nachfrager und Kunde ohnehin schon akzeptiert, als er den Anbieter beauftragte), sondern in der Beurteilung des Leistungsempfängers nach Erfüllung des Leistungsversprechens. Bei der Beurteilung des Wertes zählt für den Kunden nicht nur der Preis, bei weitem nicht. Nein, der gesamt Prozess und alle damit verknüpften Erlebnisse des Kunden werden reflektiert, als Gesamtheit betrachtet und dem Gesamtaufwand (auch nicht nur Preis, sondern beispielsweise auch Zeitinvestition) gegenüber gestellt.

Eine billige Spedition bringt gar nichts, wenn die versendete Palette erst zwei Tage später ihren Zielort erreicht. Die damit zusammenhängenden Zusatzaufwendungen (Nachtelefonieren, Vertrösten des Empfängers, Konventionalstrafe, …) ist so hoch, dass es günstiger gewesen wäre, eine teure, aber zuverlässigere Spedition zu beauftragen. Die Freude über den guten Preis weicht der Enttäuschung über die verzögerte Lieferung – im Endeffekt gibt es einen unzufriedenen Kunden. Der Preis spielt dabei dann keine Rolle mehr.

Jeder Dienstleister, der preislich im höheren Segment arbeitet, weiß von Kunden, die gerne auch günstigere Mitbewerber ausprobieren. Oft – natürlich nicht immer – kommen die Kunden aufgrund besserer Leistung eher zum höherpreisigen Anbieter zurück, als dass sie Qualitätseinbußen bei Billiganbietern akzeptieren. Natürlich gibt es eine gewisse Preisbereitschaft, die nicht überschritten werden darf. Viele Internetprovider haben damit zu kämpfen, dass Äpfel mit Birnen verglichen werden. Denn 100 MB Webspace sind eben nicht einfach ohne weitere Kriterien vergleichbar. Genau das gaukelt aber die Werbung der Billigprovider vor. Der hochpreisige Provider bietet (für den Kunden erst einmal nicht sichtbare) umfassende Sicherheitsmaßnahmen gegen Ausfälle des Servers, die den Preis stark erhöhen. Erst bei einer Panne (Website ist tagelang nicht zu erreichen und für die Hotline ist man nur einer von Tausenden von Kunden) verstehen Kunden, warum es sinnvoll sein kann, auch ruhig das Doppelte oder Dreifache an Servermiete zu bezahlen. Wenn Sie nämlich einen Webshop betreiben und Umsatzausfälle erleiden, zahlt sich die Zuverlässigkeit aus.

Für ein Dienstleistungsunternehmen gilt es also, den Wert einer Leistung herauszustellen, indem es aufzeigt, welchen Nutzen der Kunde – finanziell, ideell oder auch psychologisch – hat. Entsprechend der Kundenstruktur hat eine Dienstleistung nämlich für den Kunden auch einen anderen Wert. Ein Gärtner mit einem Stundensatz von 40 Euro ist vielen zu teuer. Aber bei denen würde es auch nichts ändern, wenn er nur die Hälfte verlangen würde. Diesen Luxus will oder kann sich nun mal nicht jeder leisten. Wer allerdings einen Stundensatz von 100 Euro oder mehr verdient, findet die 40 Euro geradezu lächerlich und macht eine einfache Rechnung auf: „Meine Gartenarbeit (auf die ich ohnehin keine Lust habe) dauert wöchentlich drei Stunden. Wenn ich sie selbst erledige, „verplempere" ich damit im Monat demnach zwölf Stunden à 100 Euro, macht zusammen 1 200 Euro. Der Gärtner macht das sogar gründlicher als ich, kostet für zwölf Stunden aber nur 480 Euro. Somit habe ich durch die gewonnene Zeit, die ich für Arbeit genutzt habe, zusätzlich 720 Euro mehr verdient." Sie sehen, es ist immer nur eine Frage des Standpunkts. In diesem Fall gibt es einen **finanziellen Grund,** die Dienstleistung in Anspruch zu nehmen und dafür Geld aufzuwenden. Finden Sie für Ihre Leistung und Ihren Preis den richtigen Abnehmerkreis, und rechnen Sie Ihren Kunden vor, welche Vorteile sich aus Ihrer Leistung ergeben. Für die meisten Branchen ist dies in der Regel recht einfach:

- Der Steuerberater macht seine Leistung an den gesparten Steuern fest.
- Der Anwalt verweist auf einen gewonnen Prozess oder auf abgewendete Kosten aufgrund umfassender rechtlicher Beratung des Mandanten.
- Der Bildungsträger zeigt auf, welches potenzielle Gehalt ein Student mit seiner Bildung erhält (und wie schnell sich somit das Honorar amortisiert hat).
- Eine Gebäudereinigung rechnet seinen Kunden vor, wie hoch der finanzielle Aufwand für eigenes Reinigungspersonal wäre.

- Die Vermögensverwaltung zeigt auf, welche Leistungen sie für den Kunden erbringt und welche Zeit für ihn nötig wäre, um auch nur auf ähnliche Lösungen und Renditen zu kommen.

Ich bilde mir ernsthaft ein, handwerklich ungeschickt zu sein. Und meine Erfahrungen bestätigen dies: Ich fürchte mich vor Stromschlägen beim Bohren und beim Anbringen von Lampen (beides erledigt nun meine Frau) und bekomme die Krise bei Arbeiten, die Dreck und Staub verursachen. Es ist mir einfach ein Gräuel. Welche frühkindlichen Erfahrungen dazu geführt haben, kann ich allerdings auch nicht mehr nachvollziehen. Deshalb müssen grundsätzlich andere diese Arbeiten verrichten. Es gibt also einen handfesten **psychologischen Grund**, bei Bedarf andere Dienstleister heranzuholen. Koste es, was es wolle – das spielt dabei kaum eine Rolle, wenn es sich in einem anständigen Rahmen bewegt. Hauptsache, ich muss es nicht selbst machen (und dabei Gefahr laufen zu sterben). Viele Dienstleistungsunternehmen leben davon, dass andere sich bei der Entscheidung „Make-or-buy" für den Kauf einer Leistung entschieden haben. Jeder kann sich doch selbst den Umgang mit Word oder anderer Software beibringen – zur Not kauft man sich ein gutes Buch und fertig. Aber nein, die Angst vor Neuem und Unbekannten füllt die Säle der Bildungsträger, die in Word und Windows schulen. Was für einige unverständlich sein mag, ist für andere schlichtweg nötig.

Wer Hunger hat, kann kochen, und wer seine Büroräume sauber halten möchte, muss zum Staubsauger greifen. Theoretisch. Wir haben uns aber Komfortzonen geschaffen, die wir ungern wieder aufgeben möchten. Wieso auch? Immerhin gibt es ja Restaurants und Gebäudereinigungsbetriebe. Und schließlich kann man (oder besser: will man) ja auch nicht alles selbst machen. Richtig, deswegen gibt es Dienstleister, die uns **Aufwand und Mühe** abnehmen. Das Internet mit Onlineshops und Onlinebanking ist natürlich so beliebt, weil es den Kunden viel Aufwand erspart. Um Schuhe oder Bücher zu kaufen, braucht sich heute niemand mehr ins Auto oder in öffentliche Verkehrsmittel zu zwängen, sondern man bestellt gerade dann online, wenn man ein paar Minuten Zeit hat (bezeichnenderweise meist während der Arbeitszeit, wie die meisten Statistiken von Onlineshops zeigen).

Und nicht zuletzt gibt es einen **zeitlichen Grund,** einen Vorteil, weshalb es einem Käufer einer Leistung wert ist, Geld – und eben auch viel Geld – zu bezahlen. Wer hat schon die Zeit, sich umfassend um die Vermögensverwaltung zu kümmern? Dafür gibt es ja einen Berater. Oder wer nimmt sich die Zeit, zu Fuß von Hamburg nach Berlin zu laufen? Wieso denn auch, es gibt ja genügend Dienstleistungsunternehmen, die einen Transport anbieten: Autovermietung, Bahn, Fluggesellschaft etc.

Niemand ist gezwungen, Ihre Leistung in Anspruch zu nehmen (es sei denn, gesetzliche Vorgaben „treiben" die Kunden in Ihre Arme). Finden Sie heraus, weshalb Ihr Kunde Ihre Leistung nachgefragt und geordert hat. Führen Sie abschließend diesen Grund (ob finanziell, psychologisch oder praktisch) bei der Gesamtbetrachtung noch einmal ins Feld und beleuchten Sie diesen. Dann stehen der Grund und der Nutzen im Vordergrund – und „das Honorar" ist nur ein logischer Teil davon. Das gibt Ihrem Kunden abschließend noch einmal die Bestätigung, dass er sich richtig entschieden hat und Ihre Leistung jeden Cent wert ist.

Quintessenz

- Aus zufriedenen Kunden müssen begeisterte Kunden gemacht werden.
- Begeisterte Kunden gewinnen Sie durch Begeisterungsfaktoren, Unerwartetes und Neues.
- Diese zusätzlichen Leistungen sollten unabhängig von Ihrem eigentlichen Leistungsspektrum sein, damit das Angebot seinen Wert behält.
- Je mehr Sie Ihre Kunden involvieren und Positives erleben lassen, desto einfacher ist es, Ihre Kunden zu begeistern.
- Der Wert der Leistung liegt nicht nur im Preis, sondern im Nutzen. Es gibt den finanziellen Nutzen, den psychologischen Nutzen, den Nutzen durch ersparten Aufwand und Mühe, sowie den Nutzen durch ersparte Zeit.
- Kommunizieren Sie den Nutzen stärker als den Preis!

Checkliste

	Ja	To-Do
Sie haben Basis-, Leistungs- und Begeisterungsanforderungen für Ihre Leistungen definiert.		
Durch gezielte Begeisterungselemente begeistern Sie Ihre Kunden und übererfüllen ihre Erwartungen.		

Checkliste (Fortsetzung)		
	Ja	To-Do
Ihre Leistung wird inszeniert – Sie machen sie selbst oder zumindest die Übergabe für den Kunden zum Erlebnis.		
Sie kommunizieren den finanziellen Nutzen Ihrer Leistung.		
Der pschologische Grund für die Leistungsanforderung wird herausgestellt.		
Sie kommunizieren den Nutzen Ihrer Leistung durch ersparten Aufwand und entgangene Mühe.		
Sie weisen auf die Zeitersparnis durch die Inanspruchnahme Ihrer Leistung hin.		
Sie kommunizieren den Nutzen stärker als den Preis.		

Ihr Fazit

Was haben Sie in diesem Kapitel gelernt, was soll in Ihrem Unternehmen umgesetzt werden? Tragen Sie es gleich hier ein, damit Sie nichts vergessen:

10. Durch dick und dünn – der After Sales Service

In diesem Kapitel erfahren Sie,

- wie Sie einen schlüssigen After Sales Service aufbauen,
- wann der günstigste Zeitpunkt für Ihre Rechnungsstellung ist,
- wann Sie Folgegeschäfte ansprechen sollten,
- dass es sich lohnt, sich treu zu sein,
- warum es durchaus sinnvoll ist, Beschwerden zu fördern,
- wie Sie Kunden zu Stammkunden machen.

Wir wissen, dass die „Erlebniswelt" unserer Kunden nicht mit der Erledigung der Leistung beendet ist – im Prinzip dauert Sie ständig an. Die einmalige Inanspruchnahme einer Dienstleistung bleibt in der Erinnerung haften und oftmals bleibt es dann auch nicht bei einem Mal. Fast egal, welche Dienstleistungsbranchen wir nehmen, in der Regel haben Kunden wieder einmal Bedarf daran. Jeder von uns besucht mehrmals im Leben einen Arzt, Steuerberater oder Anwalt, bedarf ständig der Leistungen eines Geldinstituts, einer Versicherung oder Agentur, besucht dauernd diverse oder vielleicht auch dieselben Hotels, Restaurants oder touristische Stätten wie Freizeitparks oder Schwimmbäder. Kaum eine Dienstleistung wird nur einmal in Anspruch genommen.

Dies vor Augen, muss uns Dienstleistern zweierlei wichtig werden lassen: Zum einen muss die Leistung stets so ausgeführt werden, dass der Kunde gerne wieder kommt, und zum anderen muss es gelingen, den Kunden so lange zu halten und an sich zu erinnern, bis er dann endlich wieder kommt.

Zeigen Sie Initiative und Verantwortungsbewusstsein

Sie kennen die Situation: Der freundliche und zuvorkommende Ton ändert sich nach der Fertigstellung der Leistung und Begleichung der Rechnung. Ich habe das an mehreren Stellen beobachtet – oftmals nur bis zur Auftragserteilung ist man als Kunde der König. Anschließend nur noch eine Nummer. Ein Autohaus war viele Jahre dafür bekannt, einen hervorragenden Service zu besitzen – allerdings nur bis zur Vertragsunterzeichnung. Anschließend änderte sich der Ton – man erhielt weder eine Auskunft noch hat der Ansprechpartner jemals zurück gerufen. Nicht nur einmal und bei einem Kunden, sondern unaufgefordert erzählten mir Geschäftspartner bei Nennung der Automarke ihre Erlebnisse mit dem Händler. Ich habe mich oft gefragt, wie so ein Händler überleben kann. Die Antwort ist: gar nicht. Er hat mittlerweile Insolvenz angemeldet. Die Mitbewerber sind stärker und besser geworden, da kauft kein Kunde freiwillig ein zweites Mal bei demselben Händler. Das muss jedem Mitarbeiter klar sein: Nach dem Kauf ist vor dem Kauf, und durch Empfehlungen kann ein Unternehmen bei potenziellen Neukunden erheblich an Gunst gewinnen.

Durch ein durchgängiges Design Ihrer Serviceabläufe sowie einer Blueprint-Analyse verstehen alle Mitarbeiter, dass der After Sales Service genauso Bestandteil des Kundenservice ist und ebenso Teil der Meinungsbildung beim Kunden darstellt. Einen erheblichen Anteil an Neukunden unserer Agentur haben wir durch Empfehlungen gewonnen – ein Indiz dafür, dass wir unsere Kunden nachhaltig begeistern konnten und eben auch der Service danach stimmte und überzeugte. Was wir mit unserer verhältnismäßig kleinen Firma können, schaffen Sie schon lange!

Nachdem die Verkäufer Ihres Unternehmens ihr Bestes gegeben haben, um eine Leistung „an den Mann" zu bringen, und die restliche Mannschaft sich das Wochenende um die Ohren gehauen hat, damit termingerecht „geliefert" werden konnte, zeigen Sie nun Verantwortungsbewusstsein, indem Sie Ihren Kunden zeitnah befragen, ob er mit der Ergebnisqualität rundum zufrieden oder von ihr sogar begeistert ist. Stellen Sie in kleinen und mittelständischen Unternehmen in Ihrer Rolle als Geschäftsführer, Vertriebs- oder Marketingleiter persönlich sicher, dass Ihre Kunden auch abschließend ein stimmiges und hervorragendes Bild von Ihrem Dienstleistungsunternehmen erhalten. Ihr Kunde soll wissen, dass seine völlige Zufriedenheit Chefsache ist und es dem Unternehmen wichtig ist, welches abschließende Bild er von Ihrer Leistung hat.

Ist alles gut gelaufen und der Kunde ist zufrieden, dann bedanken Sie sich mit einem kleinen Geschenk für die reibungslose Zusammenarbeit oder laden Ihre Kunden „zur Feier des Tages" in ein Restaurant ein. Seien Sie ruhig etwas kreativ – senden Sie beispielsweise eine Flasche Champagner an Ihren Kunden, denn aufgrund Ihrer hervorragenden Leistung und den dadurch für ihn erhaltenen Nutzen hat er nun allen Grund zum Feiern. Natürlich macht das keinen Sinn für einen Friseur, aber auch er kann seinen Kunden zeigen, dass er glücklich ist, sie bedienen zu dürfen.

Gibt es allerdings Anlass zu Beschwerden und ist Ihr Kunde noch nicht vollständig zufrieden, muss er spätestens jetzt von Ihnen hören, dass Sie alle Hebel in Bewegung setzen, um eine lückenlose Zufriedenheit herzustellen. Aber auch in diesem Fall ist ein Präsent bestens angebracht – als Dank und auch als Entschädigung oder Entschuldigung für Dinge, die weniger optimal liefen. Wie mit Beschwerden im Detail umgegangen wird, werden wir gleich noch sehen.

Wählen Sie Zeitpunkt und Form der Rechnungsstellung richtig

Sicherlich kennen auch Sie den leichten Ärger, wenn Sie eine Rechnung noch vor der erbrachte Leistung erhalten. Der erste Posten, der nach einer Kontoeröffnung bei einigen Banken abgeht, sind die Kontogebühren. Der Maler bringt seine Rechnung gleich morgens mit und drückt sie Ihnen in die Hand, noch bevor er Farbe und Pinsel aus dem Auto geholt hat und Sie die leiseste Ahnung davon bekommen haben, wie gut er seine Tätigkeit ausführen wird. Bei Fastfood-Restaurants bezahlen Sie schon, bevor die erste Pommes auf dem Tablett liegt. Es geht doch bitte auch anders!

Es gibt natürlich auch unzählige Branchen wie Versicherungen, Bildungsträger oder auch alle denkbaren Verkehrsbetriebe (Bus, Bahn, Flugzeug), die im Voraus kassieren. Wir haben uns daran gewöhnt, und für die Unternehmen stellt es sicher, dass die Leistung tatsächlich auch bezahlt wird und nicht unrechtmäßig in Anspruch genommen werden kann. Das ist legitim und auch für etliche andere Dienstleister, vor allem bei großen Projekten für Neukunden, durchaus zu empfehlen. Die meisten Unternehmen aber führen eine Leistung aus und kassieren anschließend. Ich halte es für wichtig, dieses „anschließend" zu konkretisieren, da ein ungünstiger Zeitpunkt der Rechnungsstellung tatsächlich zu erheblichem Unmut seitens Ihrer Kundschaft führen kann. Je nach Abstand zum geleisteten Service treffen Dienstleistungsunternehmen nämlich auf die unterschiedlichsten Stimmungen. Die Rechnungsstellung muss zeitlich derart gestaltet sein, dass Kunden eine positive Grundstimmung dabei haben.

Es gibt deutlich ein „zu früh", wie oben schon beschrieben, es gibt aber genauso ein deutliches „zu spät". Setzen Sie nicht voraus, dass Kunden glücklich sind, wenn Rechnungen sehr spät geschrieben werden.

Der beste Zeitpunkt, eine Rechnung zu stellen, ist, wenn der Kunde den Nutzen aus der für ihn erbrachten Leistung festgestellt hat und dadurch zufrieden oder sogar begeistert ist. Das kann bei einem üblichen Restaurant in der Tat direkt nach dem Essen sein, bei Rechtsanwälten beispielsweise aber erst nach einem (hoffentlich erfolgreichen) Prozess. Steuerberater könnten ihre Rechnung nach der Rückzahlung zuviel gezahlter Steuern durch das Finanzamt schreiben, und Internetagenturen stellen ihre Rechnung erst, nachdem die Website einige Tage erfolgreich im Netz aktiv ist und den Kunden begeistert. Nichts spräche dagegen, dass Banken erst nach Ablauf des Monats oder Quartals die Kontoführungsgebühren einziehen statt schon im Vorfeld. Es gibt durchaus etliche Beispiele, wann Rechnungen in der Tat zu früh gestellt werden und somit eher zu Verstimmung führen, als dass sie als natürlicher Teil des Prozesses anerkannt werden. Machen Sie sich für Ihre Leistung darüber Gedanken, wann der günstigste Zeitpunkt der Rechnungsstellung ist.

Ebenso gibt es aber etliche Fälle einer zu späten Berechnung der geleisteten Tätigkeit. Ein Paketdienstleister hat uns Rechnungen immer erst nach vielen Wochen gestellt – mit dem Problem, dass sich kaum noch jemand daran erinnern konnte, was vor Wochen an wen versandt wurde. Da oftmals die tatsächlichen Versandkosten aber in Rechnung gestellt werden mussten, waren auch wir gezwungen, mit unserer Rechnungsstellung solange warten, bis der Dienstleister endlich mit seiner Rechnung rausrückte. Für den Zeitpunkt der Rechnungsstellung sollte somit weniger die Buchhaltung als der Kundenbetreuer zuständig sein. Denn eine zu frühe Rechnungsstellung wirkt aufdringlich, und ein später Zeitpunkt kann für Kunden ärgerlich werden.

Der richtige Zeitpunkt für weitere Geschäfte

Auch für Folgegeschäfte sowie Up- und Cross-Selling gibt es einen optimalen Zeitpunkt. Und praktischerweise decken sich die Zeitpunkte sogar, sodass Sie automatisch vor der Rechnungsstellung an weitere Geschäfte denken können: Doch auch hier sollten Sie abwarten, bis sich die völlige Zufriedenheit oder sogar Begeisterung bei Ihren Kunden abzeichnet. Dann – und noch vor der Rechnungsstellung! – ist der Zeitpunkt ideal.

Darüber hinaus ist erfahrungsgemäß ein weiteres Zeitfenster ideal für weitere Geschäfte mit demselben Kunden: während des Erstellungsprozesses, wenn der Großteil der Arbeiten erledigt, der Kunde vom Anbieter bis dahin überzeugt ist und die Spannung steigt.

Die einfache Formel aber ist: Nutze die Begeisterung! Solange Kunden begeistert von einem Unternehmen sind, stehen die Türen für Cross-Selling weit offen. Verstreicht zu viel Zeit nach Fertigstellung, haben Sie zwar – wenn die Zufriedenheit anhält – Vorschußlorbeeren, aber Sie müssen wieder neu um Vertrauen kämpfen und Überzeugungsarbeit leisten. Die emotionale Komponente der Begeisterung ist dann eben schon etwas abgeflaut.

Eine unabdingbare Voraussetzung für Cross-Selling ist erfahrungsgemäß eine gute partnerschaftliche Ebene mit dem Kunden und eine Beschäftigung damit, wie das Angebot des Cross-Selling ihm helfen kann. Ein bloßes Anbieten von weiteren Services reicht nicht aus, um eine Unterschrift unter einen Vertrag zu bekommen. Aber durch das Erstgeschäft erhalten Sie intensiveren Einblick in die Prozesse des Kunden und können einfacher weitere Angebote platzieren, die der Kunde tatsächlich benötigt. Eine Agentur, die die Website eines Kunden relauncht, also erneuert, setzt sich ohnehin mit dem kompletten Angebot des Unternehmens und seiner Kommunikationskanäle auseinander. Die Überarbeitung auch der Printmedien ist somit nur ein logischer weiterer Schritt, den die Agentur dann anbieten kann, wenn sie ihre Kunden beim Relaunch der Internetseite begeistert hat.

Die Cross-Selling-Rate präsentiert wie keine andere Kennzahl den Erfolg kundenorientierter Dienstleistung, die zu begeisterten Kunden führt. Denn nur zumindest zufriedene Kunden sind überhaupt bereit, vom selben Anbieter weitere Leistungen zu beziehen. Einer Umfrage entsprechend äußern etwa 80 Prozent der amerikanischen Bankmanager, dass erst anhand der Cross-Selling-Rate beurteilt werden kann, ob ein Vertrieb erfolgreich ist. Ein guter Ansatz, aber meines Erachtens viel zu kurz gedacht. Der Vertrieb kann sich die Zähne an Kunden ausbeißen, die am Counter schlichtweg schlecht oder patzig bedient wurden. Das gesamte Erlebnisspektrum der Leistung zählt – nur wenn das stimmt, ist Cross-Selling überhaupt möglich. Ich freue mich über jeden neuen Kunden, aber noch viel mehr freue ich mich über einen bestehenden Kunden, der einen neuen Auftrag erteilt. Das ist die wahre Zertifizierung für mein Dienstleistungsunternehmen.

After Sales Service als Verkaufsargument

Mit der reinen Leistungserbringung und Rechnungslegung ist es für viele Unternehmen ohnehin noch nicht zu Ende. Denn die erstellten Leistungen und die damit verknüpften Kunden benötigen und erwarten auch nach Fertigstellung umfassenden Service. Wenn beispielsweise ein Ingenieurbüro für eine Organisation die Werte für das Facility Management ermittelt und in die Software einspeist, werden im Nachgang immer wieder Veränderungen und Fragen auftauchen. Dessen ist sich der Nachfrager auch bewusst und achtet von Beginn an im Kaufentscheidungsprozess auf den durch den Anbieter gegebenen After Sales Service.

Für den Kunden stellt der After Sales Service (der nicht zwangsweise unentgeltlich sein muss, nur weil es Service heißt) eine große Sicherheit dar. Mit dem Service verpflichtet sich der Dienstleister, eben auch nach dem Erstellungsprozess Verantwortung zu übernehmen und für den reibungslosen Einsatz zu sorgen. Ein bekanntes Unternehmen kommuniziert deshalb auf seiner Internetseite:

„Der umfassende After Sales Service von HOCHTIEF Construction garantiert den Kunden zuverlässige und kompetente Betreuung auch nach der Fertigstellung ihrer Projekte. Die neuen Dienstleistungsangebote beinhalten etwa regelmäßige Inspektionen neuer Immobilien, so genannte Service-Reviews, durch HOCHTIEF-Fachleute. Diese Kontrollen sorgen dafür, dass Qualität und Funktion der Immobilie langfristig erhalten bleiben. Individuelle Service- und Benutzerhandbücher dienen als Orientierungshilfe für den sachgemäßen Umgang mit Anlagen und Einrichtungen. Nicht zuletzt erhalten die Kunden auf Wunsch ein digitales Raumbuch mit sämtlichen Immobiliendaten, die als Arbeitsmittel von Facility Managern weiter genutzt werden können. Wir bieten somit auch nach Bauende herausragende Qualität durch ein strukturiertes Gewährleistungsmanagement."

Ein Systemhaus, das individuelle Software für seine Kunden entwickelt, hätte, wenn es keinen After Sales Service anbietet, keinen Erfolg. Kunden wie auch Anbieter sind durch die Software voneinander abhängig geworden. Der Kunde benötigt den Service für Korrekturen, Erweiterungen oder Updates, und dem Anbieter bietet sich eine dauerhafte Einnahmequelle sowie eine hervorragende Kundenbindung.

Erfahrungsgemäß möchten Interessenten schon in einem frühen Stadium detaillierte Auskünfte über Ablauf und Kosten der anschließenden Betreuung. Denn faktisch müssen die daraus entstehenden Kosten in die Kalkulation mit einfließen. Aber eben nicht jeder Kunde rechnet so vorausschauend, und somit ist es ein durchaus gängiges Verfahren geworden, die eigentliche Grundleistung im Prinzip sehr günstig zu verkaufen, um sich dann langfristige After-Sales-Service-Verträge zu sichern. Für den einen oder anderen mag es auch trotz Rechnerei interessant erscheinen, da sich die Kosten zeitlich eben etwas nach hinten verlagern und dadurch einfacher budgetieren lassen.

Belassen Sie es aber auch im Vorfeld nicht bei bloßen Worten, sondern definieren Sie die mögliche Leistungserbringung konkret. Wie wollen Sie sich um Ihren Kunden kümmern? Die verschiedensten standardisierten Formen des Services, wie beispielsweise Gewährleistung, Telefon-Hotline, Online-Support oder Wartungsverträge, können unterschiedlicher kaum sein. Werden Sie gegenüber Ihren Interessenten also konkret – wer sich gar unter verschiedenen Leistungspaketen das für ihn passende aussuchen kann, ist auch nicht enttäuscht, wenn er um drei Uhr morgens niemanden erreicht. Er hat sich ja bewusst gegen eine 24-Stunden-Erreichbarkeit entschieden, die eben etwas teurer wäre. Schon an der Website Ihres Unternehmens wird ein potenzieller Interessent ablesen, wie sehr Sie an After Sales Service interessiert sind. Gibt es lediglich Onlineformulare und sind Telefonnummern nur auf Umwegen herauszufinden, oder kommunizieren Sie Ihre Service Levels und Erreichbarkeiten ganz offen? Nicht jeder braucht einen 24-Stunden-vor-Ort-Service, aber jeder möchte gerne ernst genommen werden und wissen, dass Sie sich auch nach der eigentlichen Leistungserbringung aktiv um Ihre Kunden kümmern.

Nachher ist vorher – aktive Beschwerdepolitik fördern

Getreu dem Motto „Was ich nicht weiß, macht mich nicht heiß" leben wir gerne in dem Irrglauben, dass Kunden, die sich nicht beschweren, zufrieden sind. Allerdings haben die meisten Menschen ein mehr oder weniger ausgeprägtes Harmoniebedürfnis und neigen eher dazu, Ärger und Unzufriedenheit zumindest gegenüber dem Dienstleister nicht offen auszusprechen und ihn damit nicht zu konfrontieren. Stattdessen ziehen diese Kunden beim nächsten Kauf die Konsequenz und wählen einen anderen Anbieter. Der ach so teuer geworbene Kunde kommt nie wieder, und kaum einer weiß, warum. Können sich Dienstleister ein solches Abwanderungsverhalten von Kunden leisten? Nein, im Gegenteil: Es sind keine Kosten und Mühen zu scheuen, Kunden dazu zu bringen, sich zu beschweren. Was paradox klingt, hat einen ernsten Hintergrund. Denn Unzufriedenheit tritt ja erst dann auf, wenn zwischen der Kundenerwartung und der geleisteten Tätigkeit eine Diskrepanz besteht. Wenn Sie sich nicht die Mühe machen herauszufinden, wo im Detail eine Differenz zwischen Erwartung und Leistung besteht, können auch nachfolgende Kunden unzufrieden werden und schließlich abwandern. Darüber hinaus kann Ihre Leistung nicht verbessert oder kundenfreundlicher und dadurch für Neukunden attraktiver werden.

Unzufriedene Kunden können auf unterschiedliche Art und Weise reagieren:

- Beschwerde gegenüber dem Dienstleister
- negative Mund-zu-Mund-Propaganda (persönlich, Foren, Hate-Sites)
- Beschwerde gegenüber Dritten, z. B. Verbraucherschutzvereinigungen
- keine Reaktion
- Wechsel des Anbieters

Nicht jeder meldet sich couragiert und besteht auf sein Recht. Wenn wir sogar davon ausgehen, dass der Großteil der unzufriedenen Kunden sich nie beschwert (was Untersuchungen bestätigen) und nie wieder eine Leistung des Dienstleisters beziehen, leuchtet ein, dass dem Unternehmen viel daran liegen muss, die Ursachen zu erheben und abzustellen. Sie kennen es aus eigener Erfahrung: Das Formular im Internet zeigt nach dem Absenden eine Fehlermeldung, die Beschwerde-Hotline ist nicht erreichbar – und wenn doch, gibt es nicht geklärte Zuständigkeiten und nicht zuletzt mangelnde Entscheidungsbefugnisse. Fazit: Beschwerden unerwünscht.

Wie kommen Sie zur ehrlichen Meinung Ihrer Kunden? Entweder beschwert sich Ihr Kunde aus eigenem Antrieb heraus, oder aber Sie befragen ihn nach seinen Erlebnissen. Denn wer ehrlich und offen gefragt wird, gibt meist auch Auskunft darüber und lässt seinen Ärger heraus. Und genau das müssen Unternehmen forcieren: dass Kunden mit ihrer Meinung gegenüber dem Dienstleister nicht hinterm Berg halten. Fordern Sie also Ihre Kunden auf, sich zu beschweren! Es gibt zahlreiche Möglichkeiten, dies zu tun – hier ein paar Beispiele:

- Sorgen Sie dafür, dass Ihre Kontakt- und Beschwerdeformulare im Internet leicht auffindbar sind.
- Legen Sie Beschwerdekarten aus, z. B. in Hotelzimmern, Supermärkten etc.
- Richten Sie Touch-Screens (Nutzung vorhandener Screens, z. B. Bankautomaten, Ticketautomaten, Check-In-Automat etc.) ein.
- Versenden Sie Fragebogen.
- Richten Sie kostenfreie 0800-Nummern ein (die auch erreichbar sein müssen).
- Benennen Sie Vertrauenspersonen (Patientenfürsprecher in einem Klinikum, Beschwerdeteams etc.).
- Platzieren Sie öffentliche Gästebücher am Ausgang, z. B. bei Erlebnisparks.

Äußern sich Kunden nicht von selbst, sollten Sie aktiv werden und sicherstellen, dass Ihre Kunden restlos begeistert sind. Im ersten Schritt direkte Fragen per Telefon oder persönlich zu stellen, schreckt viele Kunden ab und wird als Eingriff in die Privatsphäre verstanden. Insofern sind, wenn der Kunde nicht direkt vor Ort ist und dort einen Fragebogen ausfüllen kann/will, beispielsweise zusammen mit der Rechnung Fragebogen zu versenden. Nachdem der Fragebogen ausgefüllt ist, können Sie dann auch persönlich oder telefonisch in Kontakt treten und Details abfragen. Insbesondere bei eher negativen Bewertungen sollten Sie sich schildern lassen, was zu Missfallen geführt hat.

Bei einem üblichen Bewertungsbogen nach einem Workshop, an dem ich teilgenommen habe, habe ich durch meine Bewertung klar zum Ausdruck gebracht, dass ich mit der Dozentin und ihrer Art überhaupt nicht klargekommen bin. Die Inhalte waren mir schlichtweg zu oberflächlich, und die Dozentin hatte meiner Meinung nach keine Praxiserfahrung. Schon tags darauf klingelte das Telefon, und der Geschäftsführer des Veranstalters besprach mit mir offen und ehrlich im Detail meine Beschwerde. Das hat mich überrascht und beeindruckt. Fazit: Dieser Anbieter ist zu empfehlen, denn er bügelt Beschwerden nicht einfach ab, sondern ist interessiert an den Meinungen seiner Kunden.

In der Regel sind sich Kunden sehr bewusst, dass Probleme und Fehler auftreten können. Das Unverständnis dafür tritt aber erst auf, wenn das Dienstleistungsunternehmen sich nach der Beschwerde uneinsichtig oder sich ein Kundenkontaktmitarbeiter nicht zuständig zeigt.

Allerdings: Die Beantwortung einer Beschwerde muss und wird auch nicht immer mit völliger Zufriedenstellung des Kunden enden. Es wird Beschwerden über Details geben, die das Unternehmen bewusst so macht oder wegen anderer Kunden (Familien mit lebhaften Kindern in einem Hotel) nicht zu ändern sind. Zeigen Sie dennoch höchstes Verständnis für die Unzufriedenheit des Kunden, aber äußern Sie klar den jeweiligen Standpunkt. Allerdings können und sollten diese Beschwerden intern ebenso für eine Qualitätsverbesserung der Leistung herangezogen werden und mit der Unternehmensstrategie verglichen werden. Wenn das Hotel beispielsweise gesteigerten Wert auf ältere und betuchte Gäste legt, muss konsequenterweise eine Altersuntergrenze für Kinder festgelegt werden. Sie können es nie jedem Ihrer Kunden recht machen – kommunizieren Sie also am besten schon vorab, wie bei Ihnen der Hase läuft.

Etliche Dienstleister haben erkannt, dass es überwiegend die engagierten Kunden sind, die sich beschweren, und reagieren in der Regel positiv auf Beschwerden. Beschwerdeabteilungen sind keine Abteilungen mit bissigen Anwälten, sondern mit freundlichen und zuvorkommenden Menschen, die Kunden binden und begeistern wollen. Ich rate kleineren und mittelständischen Dienstleistungsunternehmen in der Regel immer dazu, dass der Geschäftsführer selbst alle Beschwerden bearbeitet und in Kontakt mit dem Kunden tritt. Das nimmt in der Regel die Spannung aus der Situation, und der Kunde erhält das unmissverständliche Signal, dass seine Beschwerde sehr ernst genommen und zur Chefsache erklärt wird. Darüber hinaus wird somit sichergestellt, dass die Leistungserbringung auch wahrscheinlicher eine Qualitätsverbesserung erfährt, als wenn ein Mitarbeiter ohne ausreichende Befugnisse auf eine Beschwerde reagiert. Es müsste dann zumindest sichergestellt sein, dass der Beschwerdegrund offen diskutiert wird und somit die Leistungsqualität an die Kundenbedürfnisse angepasst werden kann.

Wenn nun aber der Geschäftsführer selbst die Angelegenheit in die Hand nimmt, meldet er sich mit der Aussage: „Danke, dass Sie uns offen Ihre Meinung sagen und uns dadurch helfen, immer besser zu werden" oder so ähnlich. Der Kunde erwartet Konfrontation, indem Sie ihm aber nun danken, nehmen Sie ihm den Wind aus den Segeln, und ein konstruktives Gespräch kann beginnen. Für den Kunden, der sich beschwert, steht eine Problemlösung bzw. Wiedergutmachung im Vordergrund. Der nun besonders kritische Kunde beobachtet genau, wie Unternehmen mit Beschwerden umgehen. Nicht nur deshalb muss auch für das Beschwerdemanagement ein Ablaufdiagramm vorliegen. Definieren Sie die einzelnen Schritte im Detail – dann können sich auch Ihre Mitarbeiter an das Prozedere halten. Bei schriftlichen Beschwerden können Sie eine Eingangsbestätigung versenden, und grundsätzlich sind Verantwortlichkeiten und Fristen festzuhalten. Eine Beschwerde sollte innerhalb von 48 Stunden bestätigt und innerhalb weiterer 48 Stunden gelöst sein – lassen Sie Kunden mit einer negativen Gestimmtheit nicht zu lang warten. Vier Tage wirken für einen wartenden Kunden gefühlt viel länger.

So werden Kunden zu Stammkunden

Stammkunden sind für ein Dienstleistungsunternehmen besonders wichtig, denn mit zunehmender Dauer der Geschäftsbeziehung sinken die Aufwendungen der Akquisition. Darüber hinaus sind Stammkunden weniger preissensibel (Sie bauen auf den Erfahrungswert mit dem Dienstleister und wollen kein Risiko beim Wechsel des Anbieters eingehen), die Cross-Selling-Rate ist höher und last but not least steigt aufgrund der erhöhten Zufriedenheit auch die Bereitschaft, anderen von den guten Erfahrungen mit dem Unternehmen zu berichten. In der Summe: Stammkunden sind bares Geld wert und im Prinzip unbezahlbar. Allerdings ist es ein mühevoller Weg, aus einem Erstkäufer einen Wiederkäufer und dann einen Stammkunden zu machen.

Aber da es sich lohnt, sollte kein Versuch ungenutzt bleiben, Kunden zu profitablen Stammkunden auszubauen. Zwei wesentliche Faktoren machen Kunden zu Stammkunden:

- Begeisterung
- dauerhafte Kommunikation

Über den Faktor Begeisterung haben wir bereits gesprochen. Einen unzufriedenen Kunden, der auch durch Maßnahmen der Nachbesserung oder Wiedergutmachung nicht zu begeistern ist, werden Sie kaum in diesem Schritt als Stammkunden gewinnen können. Wenn Sie es aber geschafft haben, einen Kunden zu begeistern, müssen Sie ihn halten und zum Stammkunden machen. Ansonsten sind alle Anfangsinvestitionen umsonst gewesen – und wie Sie bereits erfahren haben, rechnen sich Kundenbeziehungen oftmals erst nach einer gewissen Transaktionshäufigkeit. Bleiben Sie also mit Ihren Kunden im Gespräch. Das meine ich wörtlich. Warten Sie nicht darauf, dass Ihr Kunde (auch wenn er begeistert war) von selbst wieder auf Sie zukommt, sondern bleiben Sie nahe bei ihm. Werben Sie auch weiterhin um ihn, als wäre er ein Erstkunde. Ihr Kunde soll spüren, dass er bei Ihnen in guten Händen ist und rundum betreut wird. Schaffen Sie beispielsweise Glücksmomente, indem Sie Ihren Kunden beschenken – unabhängig davon, ob er gerade Bedarf an Ihrer Leistung hat oder nicht. Bedenken Sie ihn zumindest zu Weihnachten. Wer viel Geld für Neukundenwerbung ausgibt, darf die Pflege seines bestehenden Kundenstamms nicht vergessen. Er ist wertvoller, denn die Einstiegshürde ist genommen, und bereits bestehende Kunden lassen sich leichter erneut aktivieren.

In Kapitel 2 haben wir im Zusammenhang mit Kundengewinnung und Aufbau des Bekanntheitsgrades bereits Mandanteninformationen, Newsletter (Print und Online), Weblogs und Kundenzeitungen angesprochen. Binden Sie Ihre Kunden an Ihr Unternehmen, indem Sie sie teilhaben lassen an Ihren Entwicklungen und Erfolgen. Kunden sollen sich mit Ihrem Unternehmen identifizieren können und durch dauerhafte Kommunikation mit Ihnen ein Teil des Unternehmens werden – emotional. Ihre Kunden müssen spüren, dass Sie sie wichtig und ernst nehmen. Dann werden sie gerne zu Stammkunden.

Kundenbindungsprogramme gibt es mittlerweile zur Genüge. **Kundenkarten** oder **Kundenclubs** sind ausschließlich Instrumente, um mehr über Kunden zu erfahren und die Kommunikation dadurch zu intensivieren. Sie sind Mittel zum Zweck geworden und meines Erachtens im größeren Stil nicht das Konzept der Zukunft. Ich habe eine Schublade voll solcher Karten, ohne dass ich sie aktiv nutzen würde. Um die für den Fall der Fälle immer dabei zu haben, müsste ich ständig einen Trolley hinter mir herziehen.

Nahezu alle Fluggesellschaften und Tankstellengesellschaften sowie etwa die Hälfte aller Banken haben bereits Kundenbindungsprogramme, überwiegend Bonusprogramme, im Einsatz. Bislang bleiben die Kundenbindungsprogramme allerdings weit hinter ihren Erwartungen zurück. Roland Berger Strategy Consultants ermittelten, dass in der Regel die Programme nicht oder nur unzureichend in die strategische Ausrichtung des Unternehmens und Marketings eingebunden sind. Aus Kundensicht gibt es drei Gründe, warum die Programme bislang nicht zufrieden stellend angenommen werden:

- Der Vorteil wird nicht erkannt.
- Das Programm ist zu kompliziert.
- Die Rabatte und Prämien sind unattraktiv.

Bei der Görtz Kundenkarte müssen Sie – vorausgesetzt Sie kaufen sich jährlich Schuhe im Wert von 300 Euro – sechseinhalb Jahre lang ihre Karte regelmäßig einsetzen, um einen Bonus von immerhin ganzen 50 Euro zu erhalten. Na, kein Wunder, dass Kunden von Kundenkarten und den damit verknüpften Bonusprogrammen kaum überzeugt sind. Da Konsumenten nicht bereit sind, mehr als drei Bonus- oder Kundenkarten im Portemonnaie zu tragen, können wir nur mit einer geringen Akzeptanz rechnen.

Durch unterschiedlichste **Veranstaltungen** wie organisierte Kundenstammtische, Events, Seminare oder Schulungen bieten Sie Ihren Kunden weitere interessante Möglichkeiten, mit Ihrem Unternehmen in engem Kontakt zu bleiben und erweisen sich ständig als kompetenter Partner, der am Ball bleibt. In der durchaus gängigen Praxis, einen Kundenwert nur solange zu betrachten, bis der Auftrag ausgeführt ist, fühlen sich Kunden – lassen Sie es mich überspitzt sagen – gewissermaßen „gebauchpinselt", wenn Sie ihnen signalisieren, dass Sie auch weiterhin Interesse an ihnen haben. Der Grund, warum Kunden nach der Leistung mitunter schonmal wie eine heiße Kartoffel fallen lassen werden, liegt meines Erachtens in der Arbeitsweise der meisten Verkaufs- und Vertriebsleute. Sie sind auf kurzfristigen und schnellen Erfolg getrimmt – da bleibt kaum Zeit für langfristige Investitionen und Beziehungspflege. Ist der Vertrag geschlossen, hat der Vertriebler in der Regel ja verständlicherweise nur ein Ziel: Neugeschäft. Den Aufwand, langfristig intensiven Kontakt zu halten, kann der übliche Vertriebsmitarbeiter gar nicht treiben. Wenn es in Ihrem Unternehmen also nur Vertrieb und kein strategisches Marketing gibt, das auch langfristige Kundenpflege konsequent plant und durchführt, lassen Sie sich gutes Geschäft entgehen. Nicht heute, aber in der Zukunft.

Zurück zu den Veranstaltungen: Sie sind hervorragende Tools, um persönlichen Kontakt zu halten, ohne allerdings aufwändige Einzeltermine pflegen zu müssen. Darüber hinaus beweisen Sie eben Ihre Kompetenz. Für Banken bieten sich Vortragsabende zu den unterschiedlichsten Themen wie gezielte Altersvorsorge, Vermögensaufbau, Bauen ohne Risiko oder oder oder an. Internetagenturen können Veranstaltungen zu den aktuellen Trends des Onlinemarketing anbieten, Steuerberater laden ihre Mandanten für „Aktuelle Informationen aus dem Steuerrecht" ein und der Physiotherapeut informiert interessierte Patienten über neueste Erkenntnisse und Behandlungsmethoden. Entweder tragen Sie selbst vor, holen sich einen Fachmann als Referenten oder lassen sogar einen Ihrer Kunden davon berichten, was ihm diese oder jene Leistung gebracht hat. Auch hier gilt wieder: Nichts ist so überzeugend wie der Bericht eines Ihrer „Opfer" – denn die haben Ihre Leistungen erfahren und können darüber erzählen, wie sich beispielsweise mit der Vermögensberatung das Vermögen vermehrt hat, wie durch das Onlinemarketing die Verkaufszahlen des Onlineshops gestiegen sind und so weiter.

Die Redewendung „Nach dem Kauf ist vor dem Kauf" bewahrheitet sich auch bei Dienstleistungen. Sie haben das Vertrauen eines Kunden gewonnen, konnten Ihre Leistung bei ihm so platzieren, dass er zufrieden oder sogar begeistert ist, und haben ihm auch nach der Leistungserbringung weiterhin das Gefühl gegeben, dass er bei Ihnen in guten Händen ist. Nun aber beginnt der Prozess von vorne – natürlich haben Sie schon den Fuß in der Tür, aber auch beim nächsten Projekt gilt es wieder, den Kunden völlig zu überzeugen und in jedem einzelnen Prozessschritt volle Leistung zu bringen. Denn Kunden sind kaum loyal und müssen von Ihnen immer wieder aufs Neue begeistert werden.

Also: Legen Sie dieses Buch nicht zu lange auf die Seite, sondern beginnen Sie, es schon bald wieder von vorne zu lesen. Ihnen werden dabei neue Aspekte auffallen, die Ihre Kundenbeziehungen bereichern werden.

Quintessenz

- In der Erinnerung zählt das Gesamterlebnis. Der Kunde möchte mit gleich bleibend guter Servicebereitschaft bedient werden.
  - Zeigen Sie Interesse am abschließenden Urteil des Kunden.
  - Stellen Sie die Rechnung zum richtigen Zeitpunkt.
  - Nutzen Sie Begeisterung für Cross-Selling. Ihr Kunde wird sich nicht bedrängt, sondern gut umsorgt fühlen.
  - Stimulieren Sie Beschwerden und gewinnen Sie enttäuschte Kunden zurück.
- Dadurch erreichen Sie eine Servicequalität, die mit anhaltender Kommunikation aus Ihren Kunden Stammkunden macht.
- Lassen Sie nicht locker und begeistern Sie Ihre Kunden ständig neu.

Checkliste

	Ja	To-Do
Sie bleiben auch nach dem Kauf gleichbleibend freundlich und zuvorkommend.		
Sie stellen nach der Leistungserbringung sicher, dass Kunden zufrieden/begeistert sind und leiten anderenfalls umgehend Maßnahmen ein.		
Up- und Cross-Selling gibt es nur, wenn dem Kunden aus der Leistung ein tatsächlicher Nutzen entsteht.		
Rechnungen werden zeitnah dann gestellt, wenn der Kunde den Nutzen der Leistung erfahren hat.		
Ihr After Sales Service wird als langfristige Kundenbetreuung verstanden.		
Sie bieten Kunden unterschiedliche Betreuungsformen (Hotline, Wartungsverträge etc.).		
Sie fördern aktiv Beschwerden und analysieren diese.		
Durch verschiedene Instrumente betreiben Sie eine dauerhafte Kommunikation mit Ihren Stammkunden.		
Durch Veranstaltungen begeistern Sie Ihre Kunden und halten den Kontakt aufrecht.		

Ihr Fazit

Was haben Sie in diesem Kapitel gelernt, was soll in Ihrem Unternehmen umgesetzt werden? Tragen Sie es gleich hier ein, damit Sie nichts vergessen:

Literaturempfehlungen

Mit Ausnahme des unten gelisteten Buchs von Schüller/Fuchs gibt es für den Praktiker kaum in deutscher Sprache geschriebene gute Fachliteratur zum Dienstleistungsmarketing – bestenfalls für einige wenige Branchen wie Steuerberater, Anwälte und Kliniken. Ich empfehle daher eine ausgiebige Suche bei Amazon (www.amazon.de). Wer sich allerdings vor wissenschaftlicher Literatur nicht scheut und tief in die Materie eindringen möchte, für den gibt es durchaus einige interessante Bücher. Wer darüber hinaus der englischen Sprache mächtig ist, dem empfehle ich das Buch von Zeithaml/Bitner. Der recht flüssige Schreibstil lässt einen selbst trockene Sachverhalte gut aufnehmen.

Biberstein, I. (2001), Dienstleistungs-Marketing, 3. Aufl., Ludwigshafen

Bruhn, M./Stauss, B. (2000), Dienstleistungsqualität, 3. Aufl., Wiesbaden

Bruhn, M./Meffert, H. (2002), Exzellenz im Dienstleistungsmarketing, Wiesbaden

Bühler, C. (1999), Kommunikation als integrativer Bestandteil des Dienstleistungsmarketing, Bern

Kroehl, H. (2000), Corporate Identity als Erfolgskonzept im 21. Jahrhundert, München

Meffert, H./Bruhn, M. (2003), Dienstleistungsmarketing, 4. Aufl., Wiesbaden

Scheuch, F. (2002), Dienstleistungsmarketing, 2. Aufl., München

Schüller, A. M./Fuchs G. (2004), Total Loyalty Marketing, 2. Aufl., Wiesbaden

Zeithaml, V.A./Bitner, M.J. (2003), Service Marketing: Integrating Customer Fokus Across the Firm, 3. Aufl., New York

Stichwortverzeichnis

Ablaufplan 30
Abmachungen 72
Abwanderungsgefahr 158
After Sales Service 171
Alleinstellungsmerkmal 87, 95, 96, 100
Angebote 72, 77
Annoncen *Siehe* Anzeigenwerbung
Anzeigenwerbung 36, 49
Augenblick der Wahrheit 42, 46, 48
Bankbürgschaft 130
Basisanforderungen 159
Befragungen 22
Begeisterung 89, 142, 158, 162, 175, 180
Begeisterungsanforderungen 161
Bekanntheitsgrad 26, 33, 36
Bekanntmachung 63
Beobachtung 25
Beschwerdepolitik 177
Beschwerdestatistik 22
Bestandskunden 22
Besuchsberichte 22
Blogs 35
Bonus 157
Broschüren *Siehe* Printprodukte
Buying Center 124
Counter *Siehe* Empfangsbereich
Credence Qualities 31
Cross-Selling 34, 174
Dienerschaft 16
Dienstleistungsprozess 42

Dienstleistungsqualität 143
Distanzbereiche 61
Ehrlichkeit 133
Einflussnehmer 125
Einfühlungsvermögen 68, 77, 157
Eingangsbereich 47
Einkäufer 125
Einzelgespräche 24
E-Mail 128
E-Mail-Newsletter 35
Empfangsbereich 54
Empfehlungsschreiben 116
Entscheidungsprozess *Siehe* Kaufentscheidungsprozess
Entscheidungsträger 125
Erfahrungseigenschaften 31
Ergebnisphase 31
Ergebnisqualität 150
Erinnerungsvermögen 33
Erlebnisse 163
Erreichbarkeit 78
Ersatzindikatoren 42
Erscheinungsbild 57, 67, 69
Erstellungsprozess 107, 137
Erstkontakt 42, 46, 67, 81
Erwartungshaltung 17, 87, 142, 158
Events 182
Evoked Set 33, 37
Experience Qualities 31
externer Faktor 12
Fachausstellungen 27
Fachkompetenz 75

Fachmessen 27
Fairness 132
Fax 128
Flexibilität 73
Fragebogen 22, 25
ganzheitliche Lösungen 18
GAP-Modell 138
Garantien 108
Geräusche 69
Gruppendiskussionen 24
Gruß 61
Imagewerbung 33
Immaterialität 11, 52, 92, 104
Individualität 12
Informanten 126
Informationsvermittlung 32
Initiative 171
Initiator 125
Inneneinrichtung und -dekoration 69
Integration der Kunden 107, 146, 150
Internet 48, 52
Involvement 22, 163
Kano 159
Kaufentscheidungsprozess 20, 30, 95, 105, 123
Kaufrisiko 42, 110
Kleidung 58
Kommunikation 127, 143, 180
Kontaktphase 31
Kontaktpunkt 41, 56
Kontaktpunktanalyse 43
kulturelle Unterschiede 90
Kundenbefragung 21
Kundenbindungsprogramme 181
Kundenclubs 181
Kundenfokusgruppen 24
Kundenkarten 181
Kundennutzen 30
Kundenzeitschriften 33

Kundenzufriedenheit 88, 92
Leasing 129
Leistungsanforderungen 161
Leistungskompetenz 68, 74, 157
Leistungsprozess 31
Leistungsqualität 94
Leitbild 130
line of visibility 44
Luftqualität 69
Make-or-Buy 123
Marketingmix 13
Marktforschung 21
Marktunsicherheit 28
Mitarbeiter *Siehe* Personal
Mitgliedschaft in Vereinen 28
Nachkontaktphase 31
Newsletter 33
Normen 144
Nutzen 100, 165
Online-Befragung 25
Onlinemarketing 37
Personal 52, 70, 92, 142
Personalmanagement 92, 93
Potenzialphase 31
Präsentation 81
Preis 98, 165
Preis-Mengen-Strategie 100
Premium-Strategie 100
Printprodukte 52
Privatkunden 78
Problemunsicherheit 28
Projektbeschreibungen 117
Prozessphase 31, 32
Prozessschritte 44
Qualität 138
Qualitätsindikator 92
Qualitätsstandards 108
Ratenzahlung 129
Räumlichkeiten 47, 67, 68
Reaktionsfähigkeit 68, 73, 157
Reaktionszeit 73

Rechnungsstellung 173
Referenzen 34, 82, 115
Risiko 128
Schulungen 182
Search Qualities 31
Seminare 182
sequenzielle Ereignismethode 44
Service-Design 144
Servicestandards 145
Sicherheit 19, 30
Sichtbares Umfeld 67
Signaling 30, 31
Skimming-Strategie 100
Smalltalk 63
soziale Kompetenzen 75
Spezialisierung 95
Sprache 76
Stammkunden 180
Standards 144
Standort 80
Strukturen 144
Stundung 130
Sucheigenschaften 31
Suchmaschinen 27, 37
Tangibilisierung 105
tangibles Umfeld 157

Teamarbeit 146
Telefonzentrale 55, 78
Termine 72, 81
Testimonials 53, 116
Transaktionsunsicherheit 28, 31
Unsicherheit 28, 31
Unternehmensphilosophie 130
Unzufriedenheit 158
USP *Siehe* Alleinstellungsmerkmal
Veranstaltungen 182
Verantwortungsbewusstsein 171
Verhalten 58
Verlässlichkeit 67, 71, 133, 157
Vertrauen 12, 30, 42, 52, 104
Vertrauensaufbau 50, 103, 152
Vertrauenseigenschaften 31
Verwender 125
Vorkontaktphase 31
Vorleistung 119
Wartezeit 151
Weblogs 35
Zahlungsmöglichkeiten 129
Zertifizierung 118
Zielgruppe 26
Zusatzleistung 17, 96

Der Autor

Thomas Scheuer ist Unternehmer, unter anderem Inhaber der SCHEUER MARKETINGBERATUNG in Hannover, die sich in ihrer Tätigkeit ausschließlich auf Dienstleistungsunternehmen spezialisiert hat.

Nach einer Berufsausbildung bei BMW absolvierte Thomas Scheuer ein Studium an der Fachakademie für Marketing und Kommunikation in Hannover sowie der Leibniz-Akademie, das er als Marketingbetriebswirt abschloss. Anfang 1996 gründete er die expression GmbH mit den Geschäftsfeldern Marketingberatung, Werbeagentur und Internetagentur. Einige Jahre später wurde die unabhängige und eigenständige Marketingberatung für Dienstleister ins Leben gerufen.

Heute betreut Thomas Scheuer als Marketingberater mehrere Unternehmen aus dem Dienstleistungssektor intensiv auf langfristiger Basis. Darüber hinaus berät und trainiert er Unternehmern, Marketingverantwortliche und Kundenkontaktpersonal durch Workshops, Seminare und Vorträge.

Kontakt:

Internet: www.marketingberatung.de
E-Mail: scheuer@marketingberatung.de